Hans-Ulrich Hoche / Werner Strube

Analytische Philosophie

Handbuch Philosophie

Herausgegeben von
Elisabeth Ströker und Wolfgang Wieland

Hans-Ulrich Hoche
Werner Strube

Analytische Philosophie

Verlag Karl Alber Freiburg/München

CIP-Kurztitelaufnahme der Deutschen Bibliothek

Handbuch Philosophie / hrsg. von Elisabeth Ströker u. Wolfgang Wieland. – Freiburg (Breisgau); München: Alber.

NE: Ströker, Elisabeth [Hrsg.]

Hoche, Hans-Ulrich: Analytische Philosophie. – 1985

Hoche, Hans-Ulrich:
Analytische Philosophie / Hans-Ulrich Hoche; Werner Strube. – Freiburg (Breisgau); München: Alber, 1985.
(Handbuch Philosophie)
ISBN 3-495-47491-9

NE: Strube, Werner:

Satz und Druck: Presse-Druck Augsburg
ISBN 3-495-47491-9

Inhalt

Vorwort 13

Teil A (von Hans-Ulrich Hoche):
Grundzüge und Möglichkeiten der analytischen Philosophie 21

I. „Analyse und Unterscheidung sind oft sehr schwierig“ 23

1. Sprachanalytische Philosophie, Sprachphilosophie, Linguistik 23
2. Die ‚analytische Tradition‘ und ihre Mißachtung 26
3. „Ist die Zahl der Planeten notwendigerweise größer als 7?“ 29
4. „Sind der Morgenstern und der Abendstern notwendigerweise derselbe Himmelskörper?“ 31
5. ‚Notwendige Wahrheiten a posteriori‘. ‚Natürliche‘ und ‚nominale‘ Arten 38

II. Sprachliche ‚Therapie‘ und ‚Hygiene‘ 41

1. Frege und die spätere sprachanalytische Philosophie 41
   a. ‚Formale Redeweise‘ und ‚semantic ascent‘: Frege, Carnap und Quine 42

b. ‚Kampf mit der Sprache‘: Frege, Wittgenstein und die ‚Ordinary Language Philosophy‘ 46
2. Freges logische Analyse der Existenzaussagen und der ontologische Gottesbeweis 49
a. Freges normalsprachliche Analyse der Existenzaussagen 49
b. Zurückweisung eines Einwands. Existenz und Identität 52
c. Freges formalsprachliche Rekonstruktion der Existenzaussagen 55
d. Philosophiegeschichtliche Konsequenzen 58
3. Sprachanalytische Kritik an Heidegger und Sartre 60
a. ‚Therapie‘ und ‚Hygiene‘ 60
b. Carnap gegen „das Nichts“ 61
c. Warnung vor „le présent“ 64

III. Sprachliche ‚Ökologie‘ 67

1. ‚Biotop‘ und ‚Logotop‘. Wittgensteins „Sprachspiele“ 67
2. Sprachspiele mit dem Wort „wissen“. ‚Privatheit‘. ‚Grammatische Sätze‘ 71
3. Können verschiedene Personen ‚die gleichen‘ Empfindungen haben? 77
4. Kann man Regeln ‚privatim‘ folgen? 82
a. „Ich folge der Regel blind“ 82
b. „Darum ist ‚der Regel folgen‘ eine Praxis“ 86
c. „Ein ‚innerer Vorgang‘ bedarf äußerer Kriterien“ 90

d. „Aber in unserm Falle habe ich ja kein Kriterium für die Richtigkeit“ 93
e. Die Grenzen der Argumentation Wittgensteins 95
5. ‚Die Revolution in der Philosophie‘ und das Apriori 97

IV. Sprachliche ‚Elenktik‘, ‚Apodeiktik‘, ‚Heuristik‘ 101

1. Hare über die Methode der Begriffsanalyse 101
a. Begriffsanalyse als ‚Dialektik‘ oder ‚Elenktik‘ 101
b. ‚Argumente der offenen Frage‘ 104
c. Begriffsanalyse als ‚Experiment mit Worten‘ 105
d. Begriffsanalyse als ein nicht-empirisches Verfahren der ‚Anamnesis‘ 106
e. Kritik und Metakritik 107
f. Begriffsanalyse als Idiolekt-Analyse 109
2. ‚Argumente der offenen Frage‘: Vertiefung 114
a. Moores ‚open-question argument‘ gegen den metaethischen Naturalismus 114
b. Broads und Wisdoms ‚open-question argument‘ gegen den Behaviorismus 115
3. Logische und pragmatische Implikation 119
a. Hares Definition von ‚logischer Implikation‘ ist nicht haltbar 119

b. ‚Mooresche Paradoxien‘ 120
c. Zwei Kriterien (K-1 und K-2) zur Unterscheidung zwischen pragmatischer und logisch-semantischer Implikation 121
d. Konsequenzen für die analytische Metaethik 125
4. Pragmatisch-semantische Kombinationstests 127
a. Zum Begriff und zur Anwendungspraxis pragmatisch-semantischer Kombinationstests 127
b. ‚Sinnkonstanz‘ und ihre systematische Destruktion 130
c. ‚Apodeiktische‘ und ‚heuristische‘ Begriffsanalyse 132
d. Umrisse eines Beispiels: Der Begriff der moralischen Verpflichtung 134
e. Methodologische Kommentare 140

V. *Sprachliche ‚Typologie‘* 148

1. Ryles Methode der Substitutionstests 148
a. Widersinn und Analyse, Unsinn und Klärung 148
b. Sinn und Unsinn 151
c. Kategorien und Kategorienfehler 153
d. „Der Begriff des Geistes“ 157
2. Wittgensteins Methode der Sequenzbildung 166
a. Wissen, Erfahren und Verifizieren: Die erkenntnistheoretische Sonderstellung des eigenen Empfindens 166

b. Methodologische Kommentare zu Ryles Substitutions- und Wittgensteins Sequenzbildungs-Tests 170

VI. Sprachliche ‚Phänomenologie‘ 175

1. „Linguistic Phenomenology“ 175
2. Analytische Philosophie und transzendentale Phänomenologie 179
   a. Sind Wittgenstein und Ryle Behavioristen? 180
   b. Die Sonderstellung des eigenen gegenwärtigen oder unmittelbar vergangenen subjektiven Erlebens in der analytischen Philosophie 185
   c. Bezüge zu einer noematischen Phänomenologie 195
   d. „The Philosophy of Mind and Action“ 198
3. Analytische Philosophie oder transzendentale Phänomenologie? 200

Teil B (von Werner Strube):
Spezifische Methoden der analytischen Philosophie 205

I. Sibley und die vergleichende informal-logische Analyse ästhetischer Begriffe 207

1. Sibleys informal-logische Fragestellung 209
   a. Die ‚Logik‘ ästhetischer Begriffe 210

b. Die ‚informale Logik‘ ästhetischer Begriffe 212
2. Sibleys vergleichende informallogische Analyse ästhetischer Begriffe 214
3. Kritische Würdigung der Analyse Sibleys 222

II. Austin und die linguistisch-phänomenologische Analyse des Sprechens 225

1. Die Präsentation von Beispielen 226
2. Austins ‚Intuitionismus‘ 230
Exkurs: Die ‚empiristische‘ Kritik der intuitionistisch-sprachanalytischen Philosophie 234
3. Der Weg über die ‚Unglücksfälle‘, die sich beim Sprechen ereignen können 237
4. Die Einteilung der Unglücksfälle und die Fixierung ‚positiver‘ Unterschiede 242
5. „Ordinary language is not the last word“ 245
6. Kritische Würdigung der Analyse Austins 247

III. Strawson und die performative Analyse des Wahrheitsbegriffs 252

1. Strawsons Auseinandersetzung mit der Redundanztheorie und der semantischen Theorie der Wahrheit 255
2. Die Bildung einer ‚neuen Analogie‘ 256
3. Die performative Analyse 258

4. Strawsons Analyse im Vergleich mit der ‚klassischen logischen Analyse' Russells 260
5. Performative Analysen auf dem Gebiet der Ethik und Ästhetik 266
6. Kritische Würdigung von Strawsons Analyse 269
7. Zu Searles Kritik an Strawsons Wahrheitstheorie 276

IV. Searle und die philosophisch-sprachwissenschaftliche Sprechaktanalyse 280

1. Die Variation der Sprechaktkomponenten 280
2. Die Analyse des illokutionären Akts 286
   a. Die pragmatische Analyse 286
   b. Die semantische Analyse 290
   c. Die Ausweitung der Analyse 294
3. Die Konstruktion des einfachen und idealisierten Falles 295
4. Kritische Würdigung der Sprechakttheorie Searles 299

Literaturverzeichnis 305

Personenregister 347

Sachregister 352

Vorwort

Wenn man im Rahmen eines „Handbuches Philosophie" auch das ‚analytische' Philosophieren abhandeln will, so kann das Ergebnis nicht ein disziplin-, sondern nur ein methodenorientierter Beitrag sein. Denn die sogenannte ‚analytische Philosophie' hat mit den ihr eigentümlichen Methoden Probleme aus wohl allen Disziplinen der Philosophie in Angriff genommen – Probleme der Ontologie, der Erkenntnis- und Wissenschaftstheorie, der Handlungstheorie, der Religionsphilosophie, der Ethik und der Ästhetik (um nur einige der wichtigsten zu nennen), und natürlich auch Probleme der Logik und der Sprachphilosophie.

Die Sprachphilosophie wird hier deshalb an letzter Stelle genannt, weil man gar nicht oft genug hervorheben kann, daß die analytische Philosophie – für die im englischen Sprachbereich der Ausdruck „linguistic philosophy" gegenüber „analytic philosophy" weit überwiegt und die man um der Eindeutigkeit willen tatsächlich als ‚sprachanalytische' Philosophie charakterisieren sollte – etwas ganz anderes ist als Sprachphilosophie (wofür man im englischen Sprachraum „philosophy of language" zu sagen pflegt): Sprachanalytische Philosophen sind, wie Gustav Bergmann (*1953*, 63) einmal treffend bemerkt hat, nicht „philosophers *of* language", sondern „philosophers *through* language".

Natürlich kann auch für sprachanalytische Philosophen die Sprache hin und wieder zum zentralen Thema und

Forschungsgegenstand werden. Durchweg und regelmäßig aber ist sie für sie, wie für andere Philosophen auch, ihr Ausdrucksmittel und Werkzeug, und von den übrigen Philosophen unterscheiden sich die sprachanalytischen insbesondere dadurch, daß sie sich dieses Mediums oder Instrumentes nicht unreflektiert bedienen. Daher konnte der sicher methodenbewußteste der gegenwärtig tätigen Sprachanalytiker, der Oxforder Philosoph Richard M. Hare (geb. 1919), mit Recht einmal sagen: „'Linguistic philosophy' is simply philosophy, but done with a proper awareness of the pitfalls of language, which others ignore, and a determination to avoid these pitfalls" (Hare *1959*, 52); und es dürfte nicht übertrieben sein, mit einem amerikanischen Historiographen dieser Richtung noch einen Schritt weiterzugehen: „analytic philosophy is, at its best, just good philosophizing, and not in any deep way distinguishable from any other sort of philosophy" (Corrado *1975*, 129).

Eine in diesem Sinne sprachbewußte Art des Philosophierens ist schon vom Platonischen Sokrates und von Aristoteles gepflegt worden, und in den folgenden mehr als zweitausend Jahren hat sie immer wieder Zeiten des Aufstiegs und des Verfalls erlebt. Doch wenn man heute von ‚analytischer Philosophie' spricht, so will man mit diesem Wort gewöhnlich nicht den soeben charakterisierten allgemeinen Stil des Philosophierens bezeichnen, sondern eine philosophiegeschichtliche Strömung, die vor allem von Frege (1848–1925), Russell (1872–1970) und Moore (1873–1958) ihren Ausgang genommen und in Wittgenstein (1889–1951) ihren bisher wohl bedeutendsten Exponenten gefunden hat.

Auch dieser „Handbuch"-Band gilt in erster Linie der so verstandenen ‚analytischen Philosophie'. Freilich haben die beiden Autoren weder die Entwicklungsgeschichte noch das (wie auch immer zu begrenzende) gegenwärtige Stadium dieses ‚historischen Individuums' darzustellen versucht. *Jenes* haben sie nicht getan, weil es der Zielsetzung des gesamten „Handbuches Philosophie" nicht entsprechen würde (und weil etwa Urmson *1956*; Ayer u. a. *1956*; Warnock *1958*; v. Savigny *1969a* und *1970*; Stegmüller *1969ff.* und Corrado *1975*, von teilweise ganz verschiedenen Interessen geleitet, diese Arbeit mehr oder minder umfassend und detailliert schon geleistet haben); und *dieses* nicht, weil die heute gerade im deutschen Sprachraum noch immer so genannte „analytische Philosophie" (vgl. z. B. Bieri *1981*) zum großen Teil schon seit Jahren in einer Entwicklung begriffen ist, die auch nach der Meinung derer, die sie tragen und zu verantworten haben, ihre „sprachanalytische Phase" längst ‚überwunden' hat und wenigstens nach der Meinung der beiden Autoren des vorliegenden Bandes keine („permanente") Fortsetzung der sprachanalytischen „Revolution in der Philosophie" darstellt, sondern bereits als eine teils historistische, teils szientistische „Restauration" zu betrachten ist.

Im folgenden gilt daher das Hauptaugenmerk weder der Geschichte der sprachanalytischen noch der Gegenwart der in einem weiteren, aber diffusen Sinne so genannten „analytischen" Philosophie, sondern primär der Zukunft der besonders stark von Frege und Wittgenstein geprägten Weise des Philosophierens: Die beiden Autoren haben es als ihre Aufgabe angesehen, vor allem denjenigen historisch entwickelten Einsichten und Methoden der analytischen Philosophie Raum zu geben, die es, wie sie glauben, wegen ihrer Fruchtbarkeit wert sind – und wegen ihrer mangelnden Angepaßtheit an das philosophisch Gewohnte auch ganz besonders nötig haben –, in Schutz genommen, bewahrt und weiterentwickelt zu werden.

Dies ist zugegebenermaßen ein sehr subjektiver, aber doch sicherlich auch ein legitimer Gesichtspunkt der Auswahl; und daß jede Darstellung eines noch so kleinen Gebiets der Natur oder der Geschichte notwendig „selektiv" ist, hat nach Windelband (*1894*, 20f.) und Max Weber (*1922*, 171, 177f.) besonders Popper (*1957*, 62, 117–119) überzeugend herausstellen können: „Wie die Naturwissenschaften muß auch die Geschichtsforschung *selektiv* sein, wenn sie nicht unter einem Wust von wertlosem und unzusammenhängendem Material ersticken will... Der einzige Ausweg aus dieser Schwierigkeit ist... die bewußte Einführung eines *vorgefaßten selektiven Standpunkts* in die historische Forschung, d.h. wir schreiben *die Geschichte, die uns interessiert.*" (117f.; Hervorhebungen durch Popper)

Um einer allzu starken subjektiven Einseitigkeit der interessenbedingten Auswahl entgegenzuwirken, hat der von den „Handbuch"-Herausgebern erstgeworbene Autor einen Kollegen um seine Mitarbeit gebeten, mit dem er auch durch langjährige gemeinsame Lehrveranstaltungen an der Ruhr-Universität Bochum eng verbunden war und noch ist. So haben, bildlich gesprochen, zwei Maler von unterschiedlichem Interesse, Stil und Temperament ein und dasselbe Land bereist und teils ganz verschiedene, teils aber auch dieselben Sujets von jeweils ihrem eigenen individuellen Standpunkt aus, und in jeweils ihrer eigenen individuellen Sehweise, darzustellen versucht. Das Ergebnis sind sozusagen zwei Mappen von Bildern und Skizzen – zwei anstelle von tausend ganz anderen, die tausend andere hätten mitbringen können. Ihre Absicht dabei war es nicht (und konnte es bei den eng gezogenen Grenzen des Unternehmens nicht sein), das von ihnen durchstreifte Land zugleich auch zu kartographieren und seine Chronik zu schreiben. Vielmehr werden sie ihr Ziel für erreicht halten, wenn es ihnen gelingen sollte, im Betrachter Interesse an ihrem Reiseland – also im Leser Interesse an der analytischen Philosophie – zu erwecken: Interesse, das stark genug ist, um der ‚Kontemplation' die ‚Aktion' des eigenen ‚Reisens' folgen zu lassen.

Ein aktives, zur eigenen Sachforschung stimulierendes Interesse an der analytischen Philosophie – im Gegensatz zu einer überwiegend rezeptiven und vergleichend historisierenden Einstellung gegenüber ihrem bisherigen Weg – wäre zudem die einzig angemessene Haltung gegenüber dieser Weise des Philosophierens. Denn es würde dem Geiste analytischen Philosophierens durchaus widersprechen, wenn man sich, in „selbstverschuldeter Unmündigkeit", auf „ein Buch, das für mich Verstand hat", verlassen wollte (vgl. Kant *1784*, A 481 f.). Der Wahlspruch der analytischen Philosophie ist derselbe, den Kant den „Wahlspruch der Aufklärung" nennt: „Sapere aude! Habe Mut, dich deines *eigenen* Verstandes zu bedienen!" (A 481, Hervorhebung durch Kant)

Viele der deutschen Nachfahren Kants, die sich als seine legitimen Erben verstehen, sehen das freilich ganz anders: Für sie ist die analytische Philosophie – die sich durch das oft wiederholte Schlagwort, ‚systematisches' Philosophieren könne nur ‚ineins' mit philosophiehistorischer Forschung gelingen, in ihrem eigenständigen Denken nicht hat beirren, korrumpieren oder gar lähmen lassen – nicht etwa „mündig" und „aufgeklärt", sondern bloß „ahistorisch" (und damit ‚ineins' wohl auch ‚aphilosophisch'). Hier stehen sich, wie es scheint, zwei Formen des Konservatismus, nämlich „Struktur-" und „Wertkonservatismus" (vgl. E. Eppler: Ende oder Wende, Stuttgart 1975, 29), schroff gegenüber: Die einen wollen „Strukturen" (z. B. überkommene Werke), die anderen aber „Werte" (z. B. überkommene Grundhaltungen menschlichen Wirkens) bewahren und fortentwickeln; und für die analytischen Philosophen ist Philosophie (etwa im Sinne der Humboldtschen Gegenüberstellung) nicht ἔργον, sondern ἐνέργεια.

Um dies alles deutlich zu machen, haben sich die beiden Autoren des vorliegenden „Handbuch"-Bandes bemüht, wesentliche Züge, Methoden und Möglichkeiten des analytischen Philosophierens exemplarisch ans Licht zu bringen und dabei trotz der Knappheit des zur Verfügung stehenden Raums so detailliert zu behandeln, daß der Text, für sich allein genommen, nicht nur verständlich, sondern auch lesbar, ja kontrollierbar wird. Dafür schien es oft sinnvoll und gelegentlich unvermeidlich, Vertreter der analytischen Philosophie auch selber zu Wort zu bringen: nicht als Ersatz für das eigene Denken und Formulieren, sondern im Interesse seiner Konkretion und nachprüfbaren Rechtfertigung. Man kann ja mit zusammenfassenden ‚eigenen Worten' nicht nur Verständnis bezeugen, sondern auch Unverständnis verschleiern und Mißverständnis verbreiten, und dies um so mehr, je abstrakter und allgemeiner die Darstellung ist. „In philosophy, generalizations are unclarifications. The nature of philosophy is to be taught by producing concrete specimens of it." (Ryle *1951*, 255) Dementsprechend haben die beiden Autoren nach besten Kräften versucht, das, was sie sagen wollten, klar und deutlich zu sagen und darüber hinaus auch Punkt für Punkt zu belegen – sei es durch Argumente, sei es eben durch Dokumente aus der Literatur. Sie haben infolgedessen den stets nützlichen Grundsatz des „multum non multa" befolgt; oder den nicht minder nützlichen Grundsatz, daß Kunst „Weglassen" sei. Ihr Negativ-Leitbild waren all jene Bücher (die man gerade aus der Handbuch-Literatur zur Genüge kennt), von denen Goethe einmal beklagt hat, daß man durch sie

„alles erfährt und doch zuletzt von der Sache nichts begreift“.

Für hilfreiche Kommentare, Anregungen oder Kritik danken die beiden Autoren an dieser Stelle besonders den Herren Prof. Dr. Günter Gawlick, Ludger Gerbracht, Dr. Gerhard Heyer, Ralf Kese, Christian Müller, Prof. Dr. Frithjof Rodi sowie den vielen interessierten Teilnehmern ihrer Lehrveranstaltungen während der letzten Jahre; für die sorgsame Reinschrift des Typoskripts besonders den Damen Britta Borowy, Christa Matthies und Gudrun Sikora; für die Bearbeitung des Literaturverzeichnisses und der Register den Herren Alfred Elsler, Ludger Gerbracht und Ulrich Hartwich; für ein großzügiges Entgegenkommen bei Termin- und anderen ‚Grenz'-Fragen Herrn Dr. Meinolf Wewel vom Verlag Karl Alber; und den Herausgebern des „Handbuchs Philosophie“, Frau Prof. Dr. Elisabeth Ströker und Herrn Prof. Dr. Wolfgang Wieland, daß sie die Abfassung dieses Bandes über „Analytische Philosophie“ den Unterzeichneten anvertraut und in der Schlußphase durch eine Reihe wichtiger Straffungs- und anderer Verbesserungsvorschläge nicht unerheblich gefördert haben.

Ruhr-Universität Bochum, im April 1985

Hans-Ulrich Hoche
Werner Strube

Teil A:
Grundzüge und Möglichkeiten der analytischen Philosophie

Von Hans-Ulrich Hoche

IN MEMORIAM HANNELORE

11.8.1933 – 11.4.1985

I. „Analyse und Unterscheidung sind oft sehr schwierig“

1. *Sprachanalytische Philosophie, Sprachphilosophie, Linguistik*

„Mir scheint, daß in der Ethik wie in allen übrigen philosophischen Untersuchungen die Schwierigkeiten und Meinungsverschiedenheiten, an denen ihre Geschichte reich ist, im wesentlichen eine sehr einfache Ursache haben: nämlich den Versuch, Fragen zu beantworten, ohne vorher genau herauszufinden, *was für eine* Frage es ist, die man beantworten möchte. Ich weiß nicht, inwieweit sich diese Fehlerquelle beseitigen ließe, wenn die Philosophen *versuchen* würden herauszufinden, was für eine Frage sie stellen, bevor sie daran gehen, sie zu beantworten; denn Analyse und Unterscheidung sind oft sehr schwierig, und selbst wenn man einen entschiedenen Versuch macht, gelingt die notwendige Entdeckung oft nicht. Aber ich glaube, daß in vielen Fällen ein entschlossener Versuch zum Erfolg führen würde, so daß, wenn es erst einmal zu diesem Versuch käme, viele der offenkundigsten Schwierigkeiten und Mißverständnisse der Philosophie verschwinden würden. Jedenfalls scheinen die Philosophen im allgemeinen diesen Versuch nicht zu unternehmen. Ob nun wegen dieser Versäumnis oder nicht, sie bemühen sich ständig zu beweisen, daß ‚Ja‘ oder ‚Nein‘ Fragen beantworten, für die *keine* der beiden Antworten die richtige ist, und zwar deshalb, weil das, was ihnen vorschwebt, nicht *eine* Frage ist, sondern mehrere, deren einige mit ‚Nein', andere mit ‚Ja' zu beantworten sind." (Moore *1903*; dt. *1970*, 3)

Mit diesen Worten beginnt eines der frühesten und einflußreichsten Werke der analytischen Philosophie: das 1903 erschienene Buch „Principia Ethica" von George Edward Moore. Drei Punkte verdienen in diesem Zusammenhang schon festgehalten zu werden:

1) Obwohl Moore später – besonders in Vorlesungen aus den Jahren 1933/1934 (*1966*, 153–171, 191–196) und in einer „Reply to my Critics" (*1942*, 660–667) – ausgesprochen professionelle Verwendungsweisen des Wortes ‚Analyse' herauszuarbeiten sucht und insbesondere zwischen der ‚Analyse' einer Bedeutung und der ‚Unterscheidung' verschiedener Bedeutungen eines Ausdrucks differenziert (*1966*, 168), scheint er an der zitierten Stelle das Wort ‚Analyse' noch gänzlich unprofessionell und dennoch in einem für das ‚analytische' Philosophieren fundamentalen Sinn zu verstehen: Analyse ist zunächst einmal bloß die Zerlegung eines Konglomerats von ähnlich- oder gleichlautenden, aber bedeutungsverschiedenen Fragen in seine einzelnen Elemente (vgl. *1903*, 24, 26; ebd. S. VII heißt es tatsächlich im grammatischen Singular: „the work of analysis and distinction is often very difficult", so daß die pluralische Übersetzung „Analyse und Unterscheidung sind [!] oft sehr schwierig", genaugenommen, schon einen sinnentstellenden Fehler enthält).

2) Die als Auflösung sprachlicher Mehrdeutigkeiten verstandene Analyse wird im allgemeinen nur der erste, aber nicht der einzige Schritt der philosophischen Untersuchung sein: Wer das vor ihm liegende philosophische Problem eindeutig formuliert und von anderen unterscheidet, leistet damit einen gewöhnlich zwar notwendi-

gen, aber noch nicht hinreichenden Beitrag zu seiner Lösung. Das Moore-Zitat läßt keinen Zweifel daran, daß „die Arbeit der Analyse und Unterscheidung" der Beantwortung einer philosophischen Frage zwar vorausgehen muß, aber diese Beantwortung nicht ersetzt; und 1933/1934 hat Moore diesen wichtigen Punkt ausdrücklich bestätigt (*1966*, 168f.). Daher wäre es falsch, von dem Philosophen, der sich der Analyse in diesem ersten Sinne bedient, behaupten zu wollen, an die Stelle der philosophisch zu fordernden ‚Sach-Analyse' trete bei ihm eine bloße ‚Sprach-Analyse'.

3) In „Principia Ethica" wendet Moore die Methode der „Analyse und Unterscheidung" auf ethische Fragen wie „Was ist gut?" an (*1903*, §§ 2–6). Die begriffliche Präzisierung philosophischer Fragen betrifft die Sprache in diesem Fall also nur als Medium oder Werkzeug, aber nicht als Forschungsobjekt oder Thema der Philosophie; und genauso verhält es sich in den meisten anderen Fällen auch. ‚Sprachanalytische Philosophie' ist daher im allgemeinen nicht ‚Sprachphilosophie', sofern man unter dieser z.B. mit Searle (*1971 b*, 1) den Versuch versteht, „to analyse certain general features of language such as meaning, reference, truth, verification, speech acts, and logical necessity": Sprachanalytische Philosophen sind nicht „philosophers *of* language", sondern „philosophers *through* language" (Bergmann *1953*, 63; vgl. Moore *1954/1955*, 257, 324). Gegen die methodologische Forderung Moores, der Philosoph solle seine Fragen nicht gleich blindlings zu beantworten versuchen, sondern sich zuvor erst einmal um ihre eindeutigen und präzisen sprachlichen Formulierungen kümmern, kann man also nicht einwenden, hier werde einer Fundierung der Philosophie überhaupt in der Philosophie der Sprache das Wort geredet.

(Eine solche Fundierung fordert allerdings Dummett *1978*, 441f., 454; doch seine Begründung und Berufung auf Frege sind anfechtbar.) Noch viel weniger aber würde es einen Sinn ergeben, in diesem Zusammenhang von einer Reduktion – Zurückführung oder Verkürzung – der Philosophie auf so etwas wie empirische Sprachwissenschaft, Linguistik oder gar Philologie zu sprechen (vgl. Vendler *1967*, 1.4; Ryle *1956*, 8; s.u. IV, 1 und IV, 4 e).

2. *Die ‚analytische Tradition' und ihre Mißachtung*

Wohl aber könnte man gegen die Forderung Moores nach „Analyse und Unterscheidung" den eher entgegengesetzten Einwand erheben wollen, sie spreche im Grunde nur eine Selbstverständlichkeit aus und sei daher kaum geeignet, den Anfang einer philosophischen Strömung oder eines philosophischen Stils zu markieren. Ein solcher Einwand enthielte tatsächlich ein Körnchen Wahrheit; denn man wird der wiederholt und vor kurzem z.B. von Donald Davidson (*1983* II, 23f.) ausgesprochenen Auffassung zustimmen müssen, „die analytische Tradition" sei „stärker, zentraler und älter als irgendeine besondere Menge von Doktrinen", gehe sie doch „geradewegs ins Mittelalter... und bis zu Plato und Aristoteles" zurück. In der Tat lassen sich die am Anfang des vorigen Abschnitts zitierten Worte Moores (der von Hause aus Altphilologe war) durchaus als Erinnerung lesen an das, was Aristoteles etwa in der „Nikomachischen Ethik" (1168 a 28 – 1169 b 2) bei der Behandlung der Frage, „ob man sich selbst am meisten lieben soll oder einen anderen", nicht allein praktiziert, sondern in einer kurzen methodologischen Reflexion auch ausdrücklich gefordert hat (bes. 1168 b 13f.). Aber die Geschichte der Philosophie ist voll von Beispielen dafür, daß man sich gar nicht oft genug klarmachen kann, wie sehr und in welchem Ausmaß „the work of analysis and distinction" – das διαιρεῖν καὶ διορίζειν des Aristoteles (1168 b 13) – in jedem einzelnen Falle not tut.

Man braucht hier gar nicht an die deutsche Philosophie von Hegel bis Heidegger (und darüber hinaus), aber auch nicht an den ‚Britischen Idealismus' zu denken, gegen den sich um die letzte Jahrhundertwende Russell und Moore mit um so größerer Heftigkeit wandten, als sie ihn selber während ihrer ersten Studentenjahre „enthusiastisch bewundert" hatten (Moore *1942*, 13–22; Russell *1944*, 9–12). Denn selbst bei Vertretern einer um größte Exaktheit bemühten Richtung der gegenwärtigen wissenschaftlichen Philosophie – der „Neurophilosophie", wie sie von ihren Gegnern manchmal genannt wird (Rager *1982*, 453) – kann man immer wieder bemerken, wie dringend nötig es wäre, der „Analyse und Unterscheidung" viel mehr Beachtung zu schenken. Geeignete Beispiele sind wenigstens zwei der zehn „Postulate wissenschaftlicher Erkenntnis", die Gerhard Vollmer (*1981*, 28–34) seiner „Evolutionären Erkenntnistheorie" als „Prinzipien" zugrunde legt, die „weder evident noch beweisbar" sind (28):

Da steht an erster Stelle sein „Realitätspostulat", welches lautet: „Es gibt eine reale Welt, unabhängig von Wahrnehmung und Bewußtsein." (28) Um die Sache durch die Nebenordnung von ‚Wahrnehmung' und ‚Bewußtsein' nicht unnötig kompliziert zu machen, möchte ich die entsprechende (Teil-)Frage einfach so formulieren: „Gibt es eine bewußtseinsunabhängige Welt?" Diese Frage wird man *bejahen* wollen, um einem Berkeleyschen Idealismus und zumal seiner Auffassung zu entgehen, „that all the choir of heaven and furniture of the earth, in a word all those bodies which compose the mighty frame of the world, have not any subsistence without a mind, that their being is to be perceived or known" (Berkeley *1710* I, § 6). Auf der anderen Seite jedoch wird man jene Frage *verneinen* müssen, wenn man der Einsicht Husserls (*1913*, 135) gerecht werden will, „daß die Welt selbst ihr ganzes Sein als einen gewissen ‚Sinn' hat, der absolutes Bewußtsein, als Feld der Sinngebung, voraussetzt" (vgl. Hoche *1973 b*, 50–55); und auch an die Worte Freges (*1884*, 36) wird man hier denken müssen, daß „Objektivität eine Unabhängigkeit von unserm Empfinden, Anschauen und Vorstellen..., aber nicht eine Unabhängigkeit von der Vernunft" sei; „denn die Frage beantworten, was die Dinge unabhängig von der Vernunft sind, hieße urteilen, ohne zu urteilen, den Pelz waschen, ohne ihn naß zu machen". Es ist also offenkundig, daß die Worte „Gibt es eine bewußtseinsunabhängige Welt?" nicht eine *einzige* Frage, sondern ein *Konglomerat* von Fragen ausdrücken; und man wird hinzufügen dürfen, daß „die Arbeit der Analyse und Unterscheidung" in diesem Falle „sehr schwierig" und dennoch nicht mehr als ein erster Schritt in der Diskussion der verschiedenen ‚Realismen' und ‚Idealismen' wäre.

In sinngemäßer Anwendung gilt dies alles auch für das „Fremdbewußtseinspostulat" Vollmers (*1981*, 30), das er so formuliert: „Auch andere (menschliche und tierische) Individuen haben Sinneseindrücke und Bewußtsein." Die entsprechende (Teil-)Frage, ob auch meine jeweiligen Mitmenschen Bewußtseinserlebnisse haben, kann niemand, so scheint es, *verneinen*, ohne sich einem völlig implausiblen Solipsismus zu überantworten. Aber, so scheint es weiter, man kann sie auch nicht *bejahen*, ohne den Umstand zu übersehen, daß das fremde Bewußtsein jeweils für mich etwas völlig anderes ist als mein eigenes

„subjektives Erleben“ (30), mit dem allein ich vertraut bin (vgl. etwa Frege *1894*, 317; *1918*, 67f.; Waismann *1939*, 97–101; *1976*, 53–59; Wittgenstein *1953*, §§ 271–302, 350–353; s.u. III, 2–3; V, 2 a und VI, 2 a–c). Auch das „Fremdbewußtseinspostulat“ kann daher so, wie es dasteht, weder verworfen noch akzeptiert werden: es bedarf zuvor einer Aufklärung dessen, was eigentlich damit ganz genau gesagt werden soll, also einer „Analyse und Unterscheidung“ im Sinne Moores.

3. „Ist die Zahl der Planeten notwendigerweise größer als 7?“

In der zeitgenössischen analytischen Philosophie finden sich Beispiele für die Fruchtbarkeit, aber zugleich auch für die Schwierigkeit von „Analyse und Unterscheidung“ vor allem im Bereich der Logik der Modalitäten und zweier aus ihr hervorgegangener Forschungszweige: der ‚Mögliche-Welten‘-Semantik und der Theorie der ‚natürlichen Arten‘.

Einen einfachen Einstieg bietet die Untersuchung der Frage, ob die Zahl der Planeten nur kontingenter- oder vielmehr notwendigerweise größer als 7 sei. (Der Satz „The number of planets is necessarily greater than 7“ ist durch Quine *1943*; *1953 b* und die im Anschluß daran entstandene Diskussion um die Möglichkeit einer quantifizierten Modallogik zu einem fast schon klassischen Beispiel geworden; einen guten Überblick über diese Diskussion gibt Plantinga *1974*, „Appendix“.) Man wird spontan dazu neigen, sich zugunsten der Kontingenz jenes Sachverhalts zu entscheiden; und dazu hat man, wie die genaue Nachprüfung zeigt, allen Grund. Doch wird man im Verlauf dieser Prüfung erst einmal schwankend; denn es tritt dabei eine Ambiguität vor den Blick, die, wie es scheint, zuerst von Rundle (*1965*, 31 f.) bemerkt worden ist und der neuerdings auch Quine (*1981*, 114) Rechnung trägt. Diese Doppeldeutigkeit läßt sich besonders gut darstellen, wenn man sich (anders als Rundle und Quine) des Idioms der ‚Mögliche-Welten'-Semantik bedient. Dabei kann man sich unter ‚möglichen Welten' einfach die wirkliche Welt und ihre ‚kontrafaktischen' Varianten vorstellen (Kripke *1971*, 148; *1981*, 23–28, 58 Anm. 15). Mit solchen ‚kontrafaktischen Situationen' als nicht realisierten, aber durchaus vorstellbaren Welt-Varianten sind wir alle von frühester Kindheit an durch den – mit Vorliebe schuldzuweisenden – Umgang mit irrealen Bedingungssätzen bestens vertraut: „Wenn du mich nicht gestoßen hättest, wäre ich nicht gestolpert." (Vgl. Hoche *1977 a*, 268–280) Wollen wir nun den Satz

„Die Zahl der Planeten ist notwendigerweise größer als 7"

in das ‚Mögliche-Welten'-Idiom übertragen, so bietet sich etwa die folgende einfache Fassung an:

„In jeder möglichen Welt w ist die Zahl der Planeten größer als 7".

Bei dieser Fassung springt aber leicht in die Augen, was in der Ausgangsfassung eher verdeckt bleiben konnte: daß nämlich die bestimmte Kennzeichnung „die Zahl der Planeten" ein *elliptischer* Ausdruck ist, der nach *Ergänzung* verlangt. Dafür gibt es aber in der zweiten Fassung unseres Satzes, in der bereits von allen ‚möglichen Welten' die Rede ist (also über mögliche Welten mit Hilfe des All-Operators ‚quantifiziert' wird), zwei gleichermaßen naheliegende Kandidaten, und so kommen die beiden folgenden Lesarten in Betracht:

„In jeder möglichen Welt w ist die Zahl der Planeten *in w* größer als 7";
„In jeder möglichen Welt w ist die Zahl der Planeten *in der wirklichen Welt* w_0 größer als 7".

Die erste dieser beiden Versionen ist so zu verstehen, daß es in jeder möglichen Welt mehr als 7 Planeten gebe; sie ist daher abzulehnen, da es offenbar sinnvoll ist, irreale Bedingungssätze der Form „Wenn die Sonne nicht 9, sondern nur 6 Planeten hätte, dann wäre dieses oder jenes der Fall" zu bilden. Die zweite Version dagegen ist so zu verstehen, daß in jeder möglichen Welt die Zahl der Planeten in der wirklichen Welt – d.h. die Zahl 9 – größer als 7 sei; und dem wird man zustimmen müssen, wenn man die arithmetischen Wahrheiten als notwendige ansieht. Daß man trotzdem spontan bestreiten möchte, die Zahl der Planeten sei notwendigerweise größer als 7, scheint also darauf hinzudeuten, daß uns die zweite Lesart – sei es wegen ihrer vermeidbaren Umständlichkeit, sei es deshalb, weil sie nur zu einer im allgemeinen „nicht bemerkenswerten" Bemerkung taugt (vgl. Searle *1969*, 144) – an den Haaren herbeigezogen und vernachlässigenswert erscheint.

4. „Sind der Morgenstern und der Abendstern notwendigerweise derselbe Himmelskörper?"

Nach der Überlegung im letzten Abschnitt fällt es uns nicht mehr schwer, auch *Identitätsaussagen* hinsichtlich ihrer Modalitäten zu analysieren. Sind es z.B. notwendige oder bloß kontingente Wahrheiten, daß a) der Morgenstern (Phosphorus) derselbe Himmelskörper wie der Abendstern (Hesperus) ist oder daß b) der Himmelskörper, der morgens am längsten beobachtet werden kann, identisch mit dem ist, der abends als erster erscheint? Da im Beispielsfall b) keine grammatischen Eigennamen, sondern nur ‚bestimmte Kennzeichnungen' („definite descriptions" im Sinne Russells) vorkommen, bietet es sich sofort der gleichen Behandlung dar wie das Beispiel von der Zahl der Planeten. Prüfen wir also zunächst den Satz

„Der Himmelskörper, der morgens als letzter verschwindet, ist notwendigerweise derselbe wie der, der abends als erster kommt".

Seine Paraphraseform

„In jeder möglichen Welt w ist der Himmelskörper, der morgens als letzter verschwindet, derselbe wie der, der abends als erster kommt"

läßt aus kombinatorischen Gründen vier Lesarten zu, da jede der beiden darin enthaltenen Kennzeichnungen durch „in w" oder durch „in (der wirklichen Welt) w_0" ergänzt werden kann. Man macht sich leicht klar, daß man die „w/w"-Variante, also den Satz

„In jeder möglichen Welt w ist der Himmelskörper, der *in w* morgens als letzter verschwindet, derselbe wie der, der *in w* abends als erster kommt",

nicht zu akzeptieren vermag; denn diese Behauptung liefe darauf hinaus, man könne sich nicht einmal in der zügellosesten Science-fiction-Phantasie vorstellen, daß diese zwei verschiedenen Rollen auch von zwei verschiedenen Himmelskörpern gespielt würden. Auch die „w/w_0"- und „w_0/w"-Varianten sind offenbar abzulehnen; denn vor dem Hintergrund unserer astronomischen Tatsachenkenntnisse würden diese Varianten besagen, daß auch bei jedem denkbaren kontrafaktischen Weltverlauf ausgerechnet die *Venus* morgens als letzter bzw. abends als erster Himmelskörper zu sehen sei. Dagegen scheint die „w_0/w_0"-Variante, also der Satz

„In jeder möglichen Welt w, in der es die Venus überhaupt gibt, ist der Himmelskörper, *der in der wirklichen Welt w_0* morgens als letzter verschwindet, derselbe wie der, der *in der wirklichen Welt w_0* abends als erster kommt",

völlig in Ordnung zu sein; denn dies heißt im Grunde ja nur, in jeder möglichen Welt, in der es die Venus gibt, sei die Venus kein anderer Himmelskörper als die Venus, d.h. von sich selbst nicht verschieden. Aber gerade weil diese einzig akzeptierbare Lesart trotz ihrem großen sprachlichen Aufwand so selbstverständlich und nichtssagend („nicht bemerkenswert") ist, wird man an sie im allgemeinen zuallerletzt denken und die noch nicht desambiguierte Ausgangsbehauptung infolgedessen spontan bestreiten.

Wie sich gleich zeigen wird, ist es gerade auch dieser Umstand, der sich auf unser Verständnis des Beispiels a), nämlich des Satzes

„Der Morgenstern ist notwendigerweise identisch mit dem Abendstern",

äußerst verwirrend auswirkt. In der Ausdrucksweise der ‚Mögliche-Welten'-Semantik würde dieser Satz zunächst etwa lauten:

„In jeder möglichen Welt w ist der Morgenstern identisch mit dem Abendstern."

Man könnte nun meinen wollen, auch diese Formulierung lasse vier Lesarten zu, da man die Eigennamen „der Morgenstern" und „der Abendstern" jeweils durch „in w" oder durch „in w_0“ komplettieren könne. Doch hier ist Vorsicht am Platze; denn was sollte ein Ausdruck wie „der Morgenstern in w“ besagen? Hier käme eine neue Ambiguität – die von ‚Sein‘ und ‚Heißen‘ – ins Spiel: „der Morgenstern in w“ könnte einmal verstanden werden als „das, was in w der Morgenstern *ist*“ und einmal als „das, was in w ‚der Morgenstern‘ *heißt*“. Nun muß man sich aber klarmachen, daß das, was *in* einer anderen möglichen Welt oder kontrafaktischen Situation „der Morgenstern“ *hieße* – d.h. nicht im Rahmen unserer *tatsächlichen*, sondern im Rahmen einer bloß *fiktiven* Terminologie so *genannt* würde –, keineswegs der Morgenstern – nämlich das, was wir *tatsächlich* „den Morgenstern“ nennen – *sein* muß. Der Morgenstern *ist* vielmehr in jeder möglichen Welt genau das, was wir *in der wirklichen Welt* (und sei es auch *mit Bezug auf* andere mögliche Welten) „den Morgenstern“ nennen, und was man vielleicht *in* einer anderen möglichen Welt „den Morgenstern“ nennen würde, ist für unsere Überlegungen gänzlich irrelevant; denn diese führen wir allenfalls *mit Bezug auf* bloß hypothetische Situationen, aber natürlich niemals *in* bloß hypothetischen Situationen durch (vgl. Hoche *1978 a*, 362–364; *1981 a*, 32): wir argumentieren immer im Rahmen und auf dem Boden der *wirklichen* Welt und benutzen dazu die *tatsächliche* Sprache und Nomenklatur. Eigennamen gebrauchen wir aber de facto so, daß das und nur das, was wir in der wirklichen Welt – in bestimmten Redezusammenhängen, die sich in jedem einzelnen Falle präzise angeben lassen – z.B. „Aristoteles“ oder „den Morgenstern“ *nennen*, Aristoteles respektive der Morgenstern *ist*, und zwar nicht nur in der wirklichen, sondern auch in jeder anderen möglichen Welt. Andernfalls würde es nämlich z.B. unmöglich sein, die zwar denkbare, nach dem Stand der historischen Forschung aber kontrafaktische Situation, in der Aristoteles nicht „Aristoteles", sondern „Aristeides" geheißen hätte (und vielleicht, von seiner Amme vertauscht, ein Bauer geworden wäre), *so* zu beschreiben, wie dies hier soeben geschehen ist. (Vgl. Hoche *1983 d*, 3.2, 5.1.) Wenn also allgemein gilt, daß das und nur das, was in der *wirklichen* Welt „N.N." *heißt*, in *jeder möglichen* Welt N.N. *ist*, dann ist aber unser Beispiel a) vom Morgenstern und vom Abendstern keineswegs mehrdeutig, sondern nur in einem einzigen Sinn zu verstehen, den man etwa so präzisieren könnte:

„In jeder möglichen Welt w ist das, was *in der wirklichen Welt* w_0 (in genauer angebbaren Kontexten) ‚der Morgenstern' heißt, identisch mit dem, was *in der wirklichen Welt* w_0 (in genauer angebbaren Kontexten) ‚der Abendstern' heißt."

Dies darf man aber getrost behaupten: liefe es doch aufs neue darauf hinaus, daß man sich auch in der zügellosesten Phantasie nicht vorstellen könne, daß die Venus von der Venus verschieden sei. Demnach müssen wir zugeben, daß der Morgenstern *in jeder möglichen Welt*, in der es die Venus überhaupt gibt – und das heißt: *notwendig* – derselbe Himmelskörper wie der Abendstern ist.

Daß dies vermutlich auf den ersten Blick befremdlich erscheint, hat wenigstens zwei Gründe: eine Verwechslung von Sein und Heißen und eine Verwechslung von grammatischen Eigennamen mit bestimmten Kennzeichnungen. Man ist nämlich erstens geneigt, die Frage, ob der Morgenstern und der Abendstern zwei verschiedene Himmelskörper *sein* könnten, mit der Frage durcheinanderzubringen, ob es sein könnte, daß wir mit den Namen „der Morgenstern" und „der Abendstern" zwei verschiedene Himmelskörper *bezeichnen*; diese aber läßt im ‚Mögliche-Welten'-Idiom wieder vier Lesarten zu, von denen die einzige, die verneint werden muß, aus den schon bekannten sprachpragmatischen Gründen gewöhnlich außer Betracht bleibt: nämlich die Variante „Gibt es eine mögliche Welt, in der das, was in der wirklichen Welt ‚der Morgenstern‘ heißt, und das, was in der wirklichen Welt ‚der Abendstern‘ heißt, zwei verschiedene Himmelskörper sind?“ Zweitens aber ist man geneigt, die *Eigennamen* „der Morgenstern“ und „der Abendstern“ mit den *bestimmten Kennzeichnungen* „der Himmelskörper, der morgens als letzter verschwindet“ und „der Himmelskörper, der abends als erster kommt“ zu vermengen; und wie wir gesehen haben, ist es keineswegs notwendig, daß der Himmelskörper, der morgens als letzter geht, auch abends als erster kommt.

Es ist also festzuhalten, daß grammatische Eigennamen wie „der Abendstern“ (oder „Hesperus“) auf der einen und bestimmte Kennzeichnungen wie „der Himmelskörper, der abends als erster kommt“ auf der anderen Seite eine charakteristisch verschiedene „Tiefengrammatik“ (Wittgenstein *1953*, § 664) haben, d.h. bei genauerer Analyse ein höchst unterschiedliches „logical behaviour“ (z.B. Ryle *1949 a*, 214; Hare *1963*, 22, 73) an den Tag legen. Der in Rede stehende Unterschied ist in den älteren Namenstheorien der analytischen Philosophie von Frege (*1892 a*, 27 Anm.) und Russell (etwa *1918*, 200f.) über Wittgenstein (*1953*, § 79) bis hin zu Strawson (*1959*, 190–194) und Searle (*1969*, 7.2) nicht beachtet worden: In diesen „deskriptivistischen“ Theorien (vgl. Searle *1983*, Kap. 9) glaubte man nämlich grammatische Eigennamen in der einen oder anderen Weise auf bestimmte Kennzeichnungen – oder Disjunktionen solcher Kennzeichnungen – reduzieren zu können. Erst Kripke (*1971*, 144–149; *1972*, 269f.) hat jenem Unterschied durch die terminologische Differenzierung zwischen „rigid“ und

„non rigid or accidental designators“ Rechnung getragen, wobei er unter „starren Designatoren“ (oder „konstanten Bezeichnungen“: Hrachovec *1981*, 74–78) solche Bezeichnungen versteht, die mit Bezug auf jede mögliche Welt, bezüglich derer sie überhaupt etwas designieren, ein und dasselbe bezeichnen. Eigennamen – allerdings auch eine Reihe bestimmter Kennzeichnungen wie z. B. „die positive Quadratwurzel aus 81“ (vgl. Kripke *1971*, 144f., 149) oder (vermutlich) „das Element mit dem Atomgewicht 1,0081“ oder (vermutlich) „der Vater des Aristoteles“ – sind in diesem Sinne *starre* Designatoren, während bestimmte Kennzeichnungen individueller materieller Objekte in aller Regel (sofern sie nämlich nicht auf möglicherweise anzunehmende ‚essentielle‘ Eigenschaften ihrer Designata abheben) *nicht-starre* oder *akzidentelle* Bezeichnungen sind.

Aus der Starrheit von Eigennamen hat Kripke (bes. *1972*, 303–311; vgl. aber auch Strawson *1974*, 56) den Schluß gezogen, daß wahre Identitätsaussagen, die nur Eigennamen enthalten, *notwendigerweise* wahr sind, und ich bin in diesem Abschnitt seiner Darstellung im wesentlichen gefolgt. Die dabei verwandte ‚sprachanalytische‘ Methode weicht von den üblichen Verfahrensweisen der Linguistik sehr deutlich ab: Wir haben nicht ‚sprachlich kompetente‘ Gewährsleute (etwa uns selber) unmittelbar befragt, ob sie mit Sätzen wie „Der Morgenstern ist (derselbe Himmelskörper wie) der Abendstern“ einen notwendigen oder einen bloß kontingenten Sachverhalt intendieren – diese Frage hätten viele gar nicht richtig verstanden, und viele andere hätten sie aus den erwähnten Gründen wahrscheinlich auf die von uns als falsch erkannte Weise beantwortet –, sondern wir haben uns klargemacht, wie wir Eigennamen mit Bezug auf kontrafaktische Situationen (z. B. in irrealen Bedingungssätzen) tatsächlich verwenden, und daraus Schlüsse gezogen (vgl. Hare *1981*, 80f.; s.u. IV, 1).

5. *‚Notwendige Wahrheiten a posteriori'. ‚Natürliche' und ‚nominale' Arten*

Wahre Identitätsaussagen mit lauter Eigennamen sind nun aber offensichtlich nicht nur *notwendige* Wahrheiten, sondern in vielen Fällen zugleich auch *empirische* Sätze; denn Behauptungen wie „Der Mogenstern ist derselbe Himmelskörper wie der Abendstern" werden nicht a priori, sondern a posteriori – im Beispielsfalle durch astronomische Forschung – als wahr eingesehen, und grundsätzlich sind sie auch korrigierbar. Man muß also in der Tat mit Kripke (*1972*, 260–263) – und entgegen der philosophischen Tradition vor allem seit Kant – die Gegensatzpaare ‚a priori/a posteriori' und ‚notwendig/kontingent' sorgfältig auseinanderhalten und „notwendige Wahrheiten a posteriori" zulassen.

Dafür kommen als Beispiele neben Identitätsaussagen, die ausschließlich grammatische Eigennamen enthalten, auch ‚theoretische Identifizierungen' in Betracht, da in ihnen nur Namen für ‚natürliche Arten' vorkommen und „natural kind terms" starre Designatoren sind. So ist z.B. der ohne Zweifel empirische Satz „Wasser ist H_2O" – im Gegensatz etwa zu dem Satz „Wasser ist diejenige Flüssigkeit, die aus den Wolken regnet und Seen, Flüsse und Meere füllt" – in allen möglichen Welten und in diesem Sinne *notwendig* wahr, sofern er, was heute niemand bestreitet, *tatsächlich* wahr ist (vgl. bes. Kripke *1972*, 303f., 314–331; Putnam *1975 b*, 223–234).

Teils im Anschluß an diese Überlegungen Kripkes und Putnams, teils aber auch in kritischer Auseinandersetzung vor allem mit Putnam (bes. *1975 b*, 242–244), hat Stephen P. Schwartz (*1977*, 37–41; *1978*; *1980)* den Versuch unternommen, zwischen „natürlichen" und „nicht-natürlichen" oder „nominalen" Arten eine scharfe Grenze zu ziehen und insbesondere „natural kind terms" (wie „Wasser" und „Tiger") von „nominal kind terms" (wie „Junggeselle" und „Kinderarzt") aufgrund des folgenden Kriteriums zu trennen: „A term is a natural kind term if and only if it occurs as the subject term in some stable generalizations. A term is a nominal kind term if and only if it does not occur in any stable generalizations." (Schwartz *1980*, 187)

Dabei versteht er unter „stable generalizations" korrigierbare, aber nicht durch einzelne Gegenbeispiele falsifizierbare Allgemeinheiten wie z.B. „(Alle) Tiger sind Tiere" (185f.). Dieser Satz ist nicht analytisch (nämlich nicht „true by virtue of its meaning and true in all possible worlds by virtue of its meaning": Kripke *1972*, 264; vgl. 352f. Anm. 63), sondern insofern empirisch und korrigierbar, als man sich in einer Science-fiction-Geschichte ohne weiteres vorstellen kann, genauere Forschungen führten eines Tages zu dem Ergebnis, Tiger seien in Wahrheit gar keine Tiere, sondern raffiniert konstruierte Roboter (Schwartz *1980*, 184; vgl. Putnam *1975 b*, 243, 267). Jener Satz ist aber trotzdem nicht kontingent, sondern insofern notwendig, als man sich auch in der gänzlich ungezügelten Phantasie nicht vorzustellen vermag, daß die meisten Tiger zwar animalische Wesen, einige wenige unter ihnen aber Roboter seien.

Die Frage „Can we conceive of a tiger that isn't an animal?" bedarf in diesem Sinne der „Analyse und Unterscheidung": Sie kann einmal besagen: „Können wir uns einen Tiger vorstellen, der, *wie alle anderen Tiger*, kein Tier (sondern z.B. ein Roboter) ist?"; und einmal: „Können wir uns einen Tiger vorstellen, der, *im Gegensatz zu allen (oder doch den meisten) anderen Tigern*, kein Tier (sondern z.B. ein Roboter) ist?“ Die erste dieser Fragen wird man bejahen, die zweite aber deshalb verneinen müssen, weil man vor dem Hintergrund einer größeren Population von animalischen Tigern einige wenige ‚tigroide‘ Gebilde, die sich bei genauerer Prüfung als Roboter herausstellen würden, aus der Klasse der Tiger ausschließen, als falsifizierende Gegeninstanzen für den Satz „(Alle) Tiger sind Tiere“ also gar nicht zulassen würde.

Diese Überlegung von Schwartz (*1980*, 185f.) ist methodologisch insofern von besonderem Interesse, als sie ein ausgezeichnetes Beispiel für das ist, was Austin in einem programmatischen Aufsatz als „linguistic phenomenology“ gekennzeichnet hat: Schwartz fragt in der Tat auch nach dem, „what we should say when, what words we should use in what situations“ (Austin *1956*, 130), und dabei schenkt er den Situationen in einer Weise Beachtung, die man als *sprachanalytische Phantasieabwandlung einer nicht-sprachlichen Situation* charakterisieren könnte und die in enger Beziehung zu bestimmten Methoden der Husserlschen Phänomenologie steht (s.u. Kap. VI).

II. Sprachliche ‚Therapie' und ‚Hygiene'

1. *Frege und die spätere sprachanalytische Philosophie*

Wenn es jemanden gibt, auf den *alle* Richtungen der analytischen Philosophie ihren Stammbaum zurückführen können, so ist dies Frege. Mit Recht nennt ihn Dummett (*1973*, 683) „the father of ‚linguistic philosophy', where this phrase is to be taken ... as denoting all philosophy which sees the key to the analysis of concepts as consisting in the study of the means of their expression" (vgl. *1973*, Kap. 19; *1981*, Kap. 3). Insbesondere hat man Frege nicht bloß als den eigentlichen Begründer der modernen formalen Logik *(1879)*, der ‚logizistischen' Philosophie der Arithmetik *(1884; 1893; 1903)* sowie der gegenwärtigen logisch-philosophischen Semantik *(1892 a)* zu betrachten, sondern auch, was weniger beachtet zu werden pflegt, als wesentlichen Initiator der heutigen Sprachpragmatik und Sprechakttheorie. Denn auf ihn geht die Lehre von der Existenz-‚Präsupposition' zurück (*1892 a*, 39–41; vgl. *1969*, 67; s.u. IV, 4 a mit Anm. 8), und seine Rede von der „behauptenden Kraft" (*1918*, 63; *1919*, 152; s. *1969*; *1976*; Register) war für Austin (*1962 a*, 33, 72f., 99, 134, 145, 148f.) der Anlaß (vgl. dazu auch Searle *1969*, 30f.; *1983*, 187, 189, 192), den allgemeiner gefaßten Begriff der „illocutionary force" – der „illokutionären Kraft" oder, wie man im Deutschen nicht ohne sachliches Recht meistens sagt, der „illokutionären Rolle" eines Sprechakts – zu konzipieren. (Die verborgene Zwiespältigkeit dieses „Kraft"/„Rolle"-Begriffs hat Hare *1966*; *1970*; *1971 c* – in Korrektur von *1952*, 2.1–4, 12.5 – durch die Aufspaltung seines ursprünglichen „Neustikons" in ein „Neustikon" neuen Stils und ein „Tropikon" augenfällig gemacht; zur Würdigung dieser Weiterentwicklung eines Fregeschen Grundgedankens über Frege, Austin und Searle hinaus vgl. Hoche *1976a*, 98–102; *1984*.)

a. ‚Formale Redeweise' und ‚semantic ascent': Frege, Carnap und Quine

Als Begründer der modernen formalen Logik muß Frege insofern gelten, als es ihm als erstem gelungen ist, eine logische Kunstsprache – eine von ihm als „Begriffsschrift" bezeichnete „Formelsprache des reinen Denkens" *(1879)* – zu schaffen, die es möglich macht, alle traditionellerweise als logisch relevant erachteten Satzstrukturen eindeutig darzustellen und damit die auf die Stoa zurückgehende Aussagen- oder Junktorenlogik mit der auf die Aristotelische Syllogistik zurückgehenden Prädikaten- oder Quantorenlogik unter ein Dach zu bringen (vgl. Patzig *1970*, 82). Freges Begriffsschrift wurde zum Vorbild für alle gegenwärtigen symbolisch-logischen Notationen, die von ihr im wesentlichen nur typographisch abweichen.

Eine logische Kunstsprache ist für Frege deshalb notwendig, weil es nach seiner Überzeugung „eine Aufgabe der Philosophie ist, die Herrschaft des Wortes über den menschlichen Geist zu brechen, indem sie die Täuschungen aufdeckt, die durch den Sprachgebrauch über die Beziehungen der Begriffe oft fast unvermeidlich entstehen, indem sie den Gedanken von demjenigen befreit, womit ihn allein die Beschaffenheit des sprachlichen Ausdrucksmittels behaftet" (*1879*, S. VIf.; vgl. *1882*, 48–50; *1969*, 74f., 282, 285, 289, 291).

Allerdings ist die natürliche Sprache trotz all ihren Mängeln nicht nur im Alltag, sondern auch in der Logik „ein unentbehrliches Werkzeug“ (Frege *1969*, 272, 285); denn sie muß als „Darlegungssprache“ dienen, in der man über die Sätze und die Satzteile der künstlichen „Hilfssprache“ redet (280f.). Mit dieser erst in seinen „Nachgelassenen Schriften“ veröffentlichten Unterscheidung zwischen „Hilfs-“ und „Darlegungssprache“ nimmt Frege die in den dreißiger Jahren vor allem von Tarski und Carnap entwickelte Unterscheidung zwischen „Objekt-“ und „Metasprache“ (oder „Syntaxsprache“: Carnap *1934*) vorweg.

Nicht einmal bei dieser metasprachlichen Verwendung der natürlichen Sprache kann man sich ihren Unvollkommenheiten und Zwängen völlig entziehen; ja, gerade hier ist die durch sie verschuldete Irreführung mehr als bloß „*fast* unvermeidlich“. So ist es nach der Auffassung Freges zwar unbedenklich, bestimmte Teile der hilfssprachlichen Sätze als Eigennamen von Gegenständen zu kennzeichnen; aber „Gegenstand“ wird von Frege bloß negativ eingeführt als „alles, was nicht Funktion ist, dessen Ausdruck also keine leere Stelle mit sich führt“ (*1891*, 18; vgl. *1893*, §§ 1–2), und von diesen für seine Ontologie also fundamentalen Funktionen, und damit auch von Bezeichnungen für Funktionen, kann man, strenggenommen, nicht sprechen, ohne einen systematischen Fehler zu machen. Denn „die Neigung der Sprache, durch den Gebrauch des bestimmten Artikels als Gegenstand abzustempeln, was Funktion, also Nichtgegenstand ist“, erweist sich als „Quelle von schiefen und irreleitenden Ausdrücken und damit auch von Gedankenfehlern“ (*1969*, 292, vgl. 132f., 257f.). Philosophisch bedeutsam ist das vor allem bei jenen Funktionen, „deren Wert immer ein Wahrheitswert ist“, d.h. bei „Begriffen“ und „Beziehungen" (*1891*, 15, 28; *1893*, §§ 3–4; *1969*, 269). „Wir können nämlich kaum umhin, Ausdrücke zu gebrauchen wie ‚der Begriff *Primzahl*'. Hier ist von der Ungesättigtheit, dem prädikativen Charakter, nichts mehr zu bemerken. Der Ausdruck ist vielmehr ganz ähnlich gebaut wie ‚der Dichter Schiller'. Die Sprache stempelt so einen Begriff zu einem Gegenstande, indem sie seine Bezeichnung nur als Eigennamen in ihr grammatisches Bauwerk einzufügen weiß. Aber damit begeht sie eigentlich eine Fälschung. So ist das Wort ‚Begriff' selbst, genau genommen, schon fehlerhaft, indem die Worte ‚ist ein Begriff' einen Eigennamen als grammatisches Subjekt fordern; denn damit fordern sie eigentlich einen Widerspruch, da kein Eigenname einen Begriff bezeichnen kann, oder vielleicht besser noch einen Unsinn." (*1969*, 192, vgl. 210, 212, 269; *1892 b*; Burge *1984*, 29f.)

Einen Ausweg aus dieser unerfreulichen Situation bringt Frege im Verlaufe seines Briefwechsels mit Russell im Sommer 1902 zur Sprache (dieser Briefwechsel wurde ausgelöst durch die Mitteilung Russells, er habe in Frege *1893* einen Widerspruch gefunden, nämlich die später so genannte „Russellsche Antinomie" der Mengenlehre): „Die Schwierigkeit in dem Satze ‚eine Function nimmt niemals die Stelle eines Subjects ein' ist wohl nur scheinbar, veranlaßt durch die Ungenauigkeit des sprachlichen Ausdrucks; denn die Wörter ‚Function' und ‚Begriff' sind logisch eigentlich zu verwerfen... Wenn wir uns genau ausdrücken wollen, bleibt uns wohl nichts übrig, als von den Worten oder Zeichen zu sprechen." Nach einer Betrachtung des Unterschiedes zwischen „ergänzungsbedürftigen" Funktionsbezeichnungen und „in sich abgeschlossenen" Gegenstandsnamen fährt Frege allerdings einschränkend fort: „Diesem Unterschiede in den Zeichen muß auch ein Unterschied im Gebiete der Bedeutungen entsprechen, obwohl es nicht möglich ist, davon zu sprechen, ohne das Ergänzungsbedürftige in etwas Abgeschlossenes zu verwandeln und damit die Sachlage eigentlich zu verfälschen. Dies thun wir schon, wenn wir sagen ‚die Bedeutung von ›ist eine Quadratzahl‹'. Dennoch sind die Worte ‚ist eine Quadratzahl' nicht bedeutungslos." (*1976*, 224, vgl. 218f.)

Ungeachtet dieser Einschränkung hat der von Frege hier gesehene Ausweg, von der Rede über das Bezeichnete zu der Rede über die Bezeichnungen selbst ‚aufzusteigen' (vgl. auch Frege *1969*, 60, 67, 208, 250), in der Folgezeit Schule gemacht. Rudolf Carnap, einer der wenigen persönlichen Schüler Freges, empfiehlt für philosophische Zwecke ganz allgemein, überall da, wo von seiten der Sprache Verwirrung droht, die übliche „inhaltliche Redeweise" („die von ‚Objekten' und ‚Sachverhalten', vom ‚Sinn' oder ‚Inhalt' der Sätze und der ‚Bedeutung' der Wörter spricht") durch eine „formale Redeweise" („die nur von sprachlichen Formen redet") zu ersetzen (Carnap *1931 b*, 435; vgl. *1934*, §§ 63–64, 72–81). Unter ausdrücklichem Bezug auf diese Unterscheidung Carnaps zwischen einem „material" und einem „formal mode of speech" (diese Ausdrücke sind zum Teil auch in falschen Rückübersetzungen in der neueren deutschsprachigen Philosophie anzutreffen: vgl. z.B. Grewendorf/Meggle *1974 a*, 171, 189, 222), aber auch unter ebenso ausdrücklichem Bezug auf die Leistungen Freges, spricht Willard Van Orman Quine vom „semantic ascent", also vom „semantischen Aufstieg": „It is the shift from talking in certain terms to talking about them." (Quine *1960*, § 56, vgl. *1974*, 35, 37, 39, 71, 74, 85f.; *1981*, 2, 24, 67f.)

b. ‚Kampf mit der Sprache': Frege, Wittgenstein und die ‚Ordinary Language Philosophy'

Als ausgesprochen „verhängnisvoll" – und zwar nicht nur „für die Zuverlässigkeit des Denkens" im allgemeinen, sondern im besonderen auch für die Erreichung von Freges Lebensziel, die Arithmetik auf rein logischer Grundlage zu errichten – hat sich nach seiner eigenen Einschätzung auch die Tendenz der Sprache erwiesen, „Eigennamen zu schaffen, denen kein Gegenstand entspricht" (*1969*, 288; vgl. *1892 a*, 40f.). Dies gilt insbesondere für Ausdrücke der Form „der Umfang des Begriffes *a*": „Hieraus sind die Paradoxien der Mengenlehre entstanden, die diese Mengenlehre vernichtet haben. Ich selbst bin bei dem Versuche, die Zahlen logisch zu begründen, dieser Täuschung unterlegen, indem ich die Zahlen als Mengen auffassen wollte. Es ist schwer, einen allgemein üblichen Ausdruck zu vermeiden, wenn man die Fehler, die daraus entspringen können, noch nicht kennengelernt hat. Es ist gar schwer, vielleicht unmöglich, jeden Ausdruck, den uns die Sprache darbietet, auf seine logische Unverfänglichkeit zu prüfen. So besteht denn ein großer Teil der Arbeit des Philosophen – oder sollte wenigstens bestehen – in einem Kampfe mit der Sprache." (*1969*, 288f.; zu den Antinomien der Mengenlehre vgl. *1903*, Nachwort, und zum „Kampf mit der Sprache" *1918*, 66 Anm. 4; *1969*, 161, 272)

Diese Warnungen Freges vor den Gefahren der Irreführung unseres Denkens durch die Mittel unserer Sprache klingen besonders bei Ludwig Wittgenstein nach, der den „außerordentlich starken" Einfluß der „großartigen Werke Freges" auf seinen „Stil" sowohl wie auf seine „Gedanken" ausdrücklich bezeugt (*1921*, Vorwort; *Schriften V*, 428: Zettel 712) und auch ganz unmittelbar Freges Rede von einem „Kampf mit der Sprache" aufgreift: „Philosophie, so wie wir das Wort gebrauchen, ist ein Kampf gegen die Faszination, die die Ausdrucksformen auf uns ausüben" (*1933/1934*, 51, vgl. 50, 56), ja, „ein Kampf gegen die Verhexung unsres Verstandes durch die Mittel unserer Sprache" (*1953*, § 109). Mit einer etwas anderen Metaphorik spricht Wittgenstein in diesem Sinne auch gern von „philosophischen Krankheiten" und ihren „verschiedenen Therapien" (bes. *1953*, §§ 133, 255, 593), und auch diese Formulierungen könnten sehr wohl durch Frege (vgl. *1894*, 332) angeregt worden sein.

Frege bedient sich aber auch noch eines anderen Bildes, auf das spätere analytische Philosophen immer wieder zurückkommen. In seiner logischen Untersuchung über „Die Verneinung" betont er, es sei „nicht eine der geringsten Aufgaben des Logikers, auf die Fallstricke hinzuweisen, die von der Sprache dem Denkenden gelegt werden" (*1919*, 150). Dieses Bild, und gleichzeitig das von der Sprache als einem „unentbehrlichen Werkzeug" (s. o. II, 1 a), benutzt auch John L. Austin, einer der bedeutendsten Exponenten der sogenannten „Ordinary Language Philosophy" Oxforder Provenienz, in seinem als programmatisch geltenden Aufsatz „A Plea for Excuses": „Words are our tools, and, as a minimum, we should use clean tools: we should know what we mean and what we do not, and we must forearm ourselves against the traps that language sets us." (*1956*, 129 f.) Doch auch Richard M. Hare, der wohl interessanteste und wichtigste gegenwärtige Vertreter einer „Philosophie der normalen Sprache", variiert in seiner grundlegenden Kennzeichnung dessen, was sprachanalytische Philosophie überhaupt ist und sein soll (*1959*, 47, 50–52), das Fallstrick-Thema und andere unverkennbar Fregesche Themen; hier stehe als Beleg nur das folgende Zitat (52): „‚Linguistic philosophy' is simply philosophy, but done with a proper awareness of the pitfalls of language, which others ignore, and a determination to avoid these pitfalls, both by carefully charting those which have been discovered, and by keeping a good look-out for any uncharted ones that there may be.“ Zumindest in diesem Punkt ist auch Quine mit Wittgenstein, Austin und Hare einer Meinung: „I do not advise giving up ordinary language... But I urge awareness of its pitfalls.“ (*1977*, 168)

Da man Quine neben Carnap als einen der wichtigsten „ideal language philosophers“ anzusehen gewohnt ist, und da man den späteren Wittgenstein, Austin und Hare als „ordinary language philosophers“ zu betrachten pflegt, und da sie alle, jeder auf seine Weise, das Erbe Freges bewahren und mit Fregeschen Pfunden wuchern, sollte man einmal fragen, ob die auf Gustav Bergmann zurückgehende (vgl. Rorty *1967*, Introduction), die Unterschiede so scharf profilierende Klassifizierung der analytisch-philosophischen Richtungen in eine „Philosophie der idealen Sprache“ (vgl. Sinnreich *1972*) und eine „Philosophie der normalen Sprache“ (vgl. Savigny *1969a*; *1969b*) wirklich hilfreich ist und nicht gerade wesentliche Gemeinsamkeiten und Möglichkeiten der Zusammenarbeit verdeckt. Ohne Frage muß man ‚normalsprachliche‘ und ‚formalsprachliche‘ *Methoden* genau auseinanderhalten; aber diese sollte man nicht zur Abgrenzung feindlicher *Lager* mißbrauchen, sondern besser als einander ergänzend betrachten (s.u. II, 2 und IV, 4 e, 3. Kommentar).

2. *Freges logische Analyse der Existenzaussagen und der ontologische Gottesbeweis*

Wie man von ‚Fall' zu ‚Fall' die das philosophische Denken bedrohenden „Fallstricke" unserer Sprache (s.o. II, 1 b) unschädlich machen kann, läßt sich nicht ein für allemal sagen: „Es gibt nicht *eine* Methode der Philosophie, wohl aber gibt es Methoden, gleichsam verschiedene Therapien." (Wittgenstein *1953*, § 133) Daß selbst bei der Behandlung einer und derselben „philosophischen Krankheit" zwei auf den ersten Blick ganz verschiedene Wege zu demselben Ziel führen können, zeigt besonders eindrucksvoll Freges logische Analyse der Existenzaussagen, die u.a. wichtige Konsequenzen für die Beurteilung des ontologischen Gottesbeweises enthält.

Daß es nicht allzu hilfreich sein dürfte, die analytische Philosophie in ein „formalsprachliches" und ein „normalsprachliches" *Lager* zu unterteilen, wurde im letzten Abschnitt (II, 1 b) schon bemerkt. Das schließt indessen nicht aus, daß es sehr nützlich sein kann, „formalsprachliche" und „normalsprachliche" *Methoden* zu unterscheiden. In diesem Sinn kann man sagen, daß Frege die Existenzaussagen in seinen „Grundlagen der Arithmetik" *(1884)* „normalsprachlich" analysiert hat, daß er jedoch auf dem Wege einer „formalsprachlichen" Rekonstruktion zu demselben Ergebnis schon *1879* in seiner „Begriffsschrift" gelangt ist. Dort hat er das Ergebnis zwar noch nicht ausdrücklich in Worte gefaßt, doch holt er das später nach (*1893*, 12, 37f.).

a. Freges normalsprachliche Analyse der Existenzaussagen

In den „Grundlagen der Arithmetik" geht es Frege vor allem um eine Definition des Begriffs der Anzahl (*1884*,

§ 68), doch fällt dabei insofern auch eine Analyse des Existenz-Begriffs ab, als „Bejahung der Existenz nichts anderes als Verneinung der Nullzahl" ist (§ 53). Auf die fundamentale Frage, *wovon* denn durch eine Zahlangabe etwas ausgesagt werde, antwortet Frege, „daß die Zahlangabe eine Aussage von einem Begriffe enthält" (§ 55). Er gelangt zu diesem Ergebnis durch eine Untersuchung der „ursprünglichen Anwendungsweise" unserer Zahlausdrücke „im Zusammenhange eines Urteils" und durch die Beachtung bestimmter Eigenheiten des „deutschen Sprachgebrauchs" (§§ 46, 52, vgl. S. XXII, §§ 62, 69, 106). Kripke (*1982*, 75 Anm. 64) bemerkt dazu treffend: „The famous contextual principle of *Grundlagen der Arithmetik* (that one should ask for the signification of a sign only in the context of a sentence) and his emphasis in particular on asking how numerical expressions are actually applied is in the spirit of Wittgenstein's discussion."

In diesem Sinne ‚sprachanalytisch' argumentiert Frege auch in seiner Rezension von *1894* gegen die abweichende Auffassung Husserls (*1891*, 166), daß sich die Anzahl „nicht auf den *Begriff* der gezählten Gegenstände, sondern auf deren *Inbegriff*" beziehe. Der damit bezeichnete Unterschied zwischen Husserl und Frege könnte leicht unbedeutend erscheinen, da Husserl den „Inbegriff" immerhin mit dem „Umfang" eines Begriffes gleichsetzt (122, 168). Der Unterschied wiegt aber deswegen außerordentlich schwer, weil Husserl den Terminus „Inbegriff" zugleich auch im selben Sinne wie die Ausdrücke „Aggregat" und „konkrete Vielheit" verwendet (14, 64, 143) und folglich Begriffsumfänge nicht als abstrakte, sondern als konkrete Gegenstände betrachtet, während Frege – und zwar nicht allein gegenüber Husserl, sondern bemerkenswerterweise sogar gegenüber Russell und anderen mathematischen Logikern – mit guten Gründen zur Geltung bringt, daß sich diese Position nicht verteidigen läßt (*1894*, 322; *1969*, 196–199; *1976*, 222f.; vgl. *1884*, §23). *Wenn* man jedoch, so wendet er gegen Husserl ‚sprachanalytisch' ein, „Begriffsumfang" und „Aggregat" gleichsetzt und die Anzahl einer konkreten Vielheit beilegt, so sollte man eigentlich erwarten, daß die tatsächlich verwendeten Zahlaussagen die Form „A und B und C und … Q ist n" hätten („oder wenigstens auf diese gebracht werden könnten"), also etwa nach dem Muster „Berlin und Dresden und München sind drei" gebildet wären; und da sei es „doch sonderbar, daß diese Form der Zahlaussage im Leben fast nie vorkommt, und, wenn sie vorkommt, nicht als Zahlangabe gemeint ist" (*dieses* vor allem in Fällen wie „Rübsen und Raps sind zwei" und „Ich und der Vater sind eins"). Der Satz „Die Anzahl von Deimos und Phobos ist zwei" beispielsweise „enthält, wenn überhaupt einen Gedanken, jedenfalls einen andern, als der Satz ‚die Anzahl der Marsmonde ist zwei'. Da man nun einen Satz von jener Form niemals gebraucht, um eine Zahlangabe zu machen, so ist der Sinn einer solchen vom Verfasser verfehlt." (*1894*, 321f., vgl. 327f.) Auch aufgrund dieser Überlegungen also kann Frege an seiner Auffassung festhalten, daß man im Beispielsfalle nicht den Marsmonden Deimos und Phobos *selbst*, sondern dem *Begriff* ‚(… ist ein) Marsmond' die Anzahl beilegen möchte. „Am deutlichsten ist dies vielleicht bei der Zahl 0. Wenn ich sage: ‚die Venus hat 0 Monde', so ist gar kein Mond oder Aggregat von Monden da, von dem etwas ausgesagt werden könnte; aber dem *Begriffe* ‚Venusmond' wird dadurch eine Eigenschaft beigelegt, nämlich die, nichts unter sich zu befassen." (*1884*, § 46; vgl. zur Gegenposition Husserl *1891*, 129–134)

Insofern nun, wie schon gesagt, „Bejahung der Existenz nichts anderes als Verneinung der Nullzahl" ist, gilt für die

Existenz dasselbe wie für die Anzahl: sie ist „Eigenschaft des Begriffes" (Frege *1884*, § 53). Diese Position läßt sich in zweifacher Weise akzentuieren: Wie die Anzahl, so ist die Existenz eine Eigenschaft des *Begriffes* – und nicht etwa der *Gegenstände*, die unter ihn fallen; aber auch so: Wie die Anzahl, so ist die Existenz eine *Eigenschaft* des Begriffes – und nicht etwa eins seiner *Merkmale* (‚Merkmale' nennt man seit Frege die *Bestandteile* eines Begriffes: vgl. G. Gabriel in Ritter/Gründer *1971ff.* V, 1153f.). Beides läuft jedoch auf dasselbe hinaus; denn „die Merkmale, die den Begriff zusammensetzen,... sind Eigenschaften der Dinge, die unter den Begriff fallen" (Frege *1884*, § 53). Daher kann eine Eigenschaft von Gegenständen auch „Begriff" (erster Ordnung oder „erster Stufe") und eine Eigenschaft eines solchen Begriffes, z.B. die Existenz, auch „Begriff zweiter Ordnung" oder „Begriff zweiter Stufe" heißen (ebd.; *1891*, 27 mit Anm.; *1893*, 37f.).

b. Zurückweisung eines Einwands. Existenz und Identität

Die Behauptung Freges, daß Existenz eine „Eigenschaft des Begriffes" sei, hat Prauss (*1980*, 200) als „unhaltbar" bezeichnet; denn da Frege natürlich nicht sagen wolle (und unter Strafe eines „regressus in infinitum" nicht sagen *könne*), daß „die Existenz von Dingen eigentlich die Existenz ... von ihrem jeweiligen Begriff" sei, müsse er „diese Rede von Existenz selber preisgeben" und statt dessen dem Begriff die Eigenschaft beilegen, daß er etwas „unter sich befasse" oder daß etwas „unter ihn falle" (200f.; vgl. Frege *1884*, §§ 46, 49). Dieser kaum bestreitbare Tatbestand läuft nun aber für Prauss (*1980*, 201) „geradezu auf eine Bekräftigung dessen hinaus, daß Existenz selbst eben offenbar doch nur ein Prädikat oder eine Eigenschaft von Dingen sein könne... Denn das Entsprechende beim Begriff ist ja gerade nicht seine Existenz, sondern sein ‚Befassen von etwas unter sich' oder daß etwas ‚unter ihn fällt'." Mit diesem Schritt aber macht sich Prauss, wie mir scheint, eines Fehlschlusses, und zwar eines ‚non sequitur', schuldig. Als unakzeptabel erscheint mir ferner die von Prauss (201 f.) hinzugefügte Behauptung, bei der Rede davon, „daß ‚unter einen Begriff' etwas ‚falle' oder daß ‚unter einem Begriff' etwas ‚befaßt' werde", handele es sich um „leere Metaphern". Denn daß „unter einen Begriff etwas fällt" – daß er nicht „leer", sondern „erfüllt" ist (vgl. etwa Frege *1892 b*, 199; *1969*, 133, 193, 269) –, besagt für Frege klipp und klar dies: es gibt mindestens einen Argumentausdruck (z.B. den Eigennamen „Phobos"), der das als einstelligen Funktionsausdruck aufgefaßte Begriffswort (z.B. „...ist ein Marsmond") zu einem Namen für das Wahre – etwas laxer gesagt: zu einem wahren Behauptungssatz; in diesem Falle zu: „Phobos ist ein Marsmond" – ergänzt (vgl. etwa *1891*, 21–26; *1893*, §§ 5–8; *1969*, 193). In dieser Formulierung könnte man freilich wegen des Vorkommens von „es gibt" einen Zirkel oder eher noch den Beginn eines unendlichen Regresses vermuten; doch darf man nicht übersehen, daß Freges Ziel nicht die *Definition von Begriffen*, sondern die *Analyse der logischen Struktur von Aussagen* ist (zu einem analogen Bedenken im Zusammenhang mit „Identität" vgl. Wiggins *1976*, 226, und dagegen Hoche *1982*, 173).

Die von Prauss an Frege geübte Kritik dürfte daher mißlungen und eher ein Beispiel dafür sein, daß auch ein ausgewiesener Philosoph nicht davor gefeit ist, sich gelegentlich in den „Fallstricken" unserer Sprache zu verfangen. Ein weiteres Beispiel dafür ist das bis heute vorherrschende Verständnis der Identität als ‚Selbst-Identität':

Identität sei diejenige „zweistellige Relation..., in der jeder Gegenstand allein zu sich selbst steht" (Lorenz *1976*, 144); „it holds only between each thing and itself" (Kripke *1982*, 18f. Anm. 13; vgl. *1972*, 309f., 341, 350 Anm. 50). Denn nur durch diese Auffassung, identisch könne immer nur ein Gegenstand mit sich selbst sein, kann man einer parallelen sprachlichen Paradoxie wie der von Prauss herausgestellten entgehen. Würde man nämlich z.B. – wie der frühe Frege (*1879*, § 8) und der frühe Wittgenstein (*1921*, 4.241–4.243, vgl. 5.53–5.535) – die Identität nicht als Beziehung zwischen *Gegenständen* (oder genauer: zwischen einem Gegenstand und sich selbst), sondern als Beziehung zwischen (gleichbedeutenden) Gegenstands-*Namen* verstehen, dann müßte man über die *Identität* etwas ganz Entsprechendes sagen wie das, was Frege über die *Existenz* sagt: Wie wir nach Frege in einer Existenzaussage gerade nicht den eigentlichen Träger der Existenz-Eigenschaft, also den Begriff, als existierend hinstellen, sondern das, was unter diesen Begriff *fällt*, so würden wir in einer Identitätsaussage unter der genannten Voraussetzung gerade nicht die eigentlichen Träger der Identitäts-Beziehung, also die (in der Regel verschiedenen) Gegenstands-Namen, als miteinander identisch hinstellen, sondern das, was diese Namen *bezeichnen*. Nun gibt es freilich (von der letzten Überlegung unabhängige) Gründe, die gegen dieses Verständnis der Identität als Relation zwischen Namen sprechen (vgl. Dummett *1973*, 544; Caton *1976*, 174f.; Hoche *1982*, 1.3.4, vgl. 1.4.1). Doch gibt es andererseits auch gute Gründe dafür, daß Frege später (*1892 a*, 25–27) die Identität als Relation zwar nicht zwischen gleichbedeutenden Gegenstands-*Namen*, wohl aber zwischen „bedeutungs"-gleichen *„Sinnen"* von Gegenstands-Namen aufgefaßt hat und daß diese Auffassung auch von der Sache her zu vertreten ist (vgl. Hoche *1973 a*,

215 f.; *1982*, 1.3.1–1.4.2; aus Frege-Stellen wie *1903*, § 4, oder *1969*, 131 f., 198, dürften sich keine schlagkräftigen Gegenargumente rekrutieren lassen). Auch bei dieser Sicht der Dinge sind wir aber mit der paradox erscheinenden sprachlichen Tatsache konfrontiert, daß wir gerade nicht für die Fundamente der Identitäts-Beziehung Identität in Anspruch nehmen, sondern dasjenige für ein und dasselbe erklären, was nicht in jener Relation (zueinander oder zu sich selbst) steht: *Ein und dasselbe* ist die *„Bedeutung"*, aber in der Relation der *Identität* stehen gleichbedeutende *„Sinne"* von Gegenstands-Namen. Von solchen sprachlichen Schwierigkeiten darf man sich aber ebensowenig beirren lassen wie im Vergleichsfall der Existenz, in dem nach Frege etwas ganz Analoges gilt: *Es gibt* die *Gegenstände*, die unter den jeweiligen Begriff fallen, aber die Eigenschaft der *Existenz* kommt diesem *Begriff* zu.

c. Freges formalsprachliche Rekonstruktion der Existenzaussagen

„In dem Satze ‚Es gibt Menschen' scheint von Individuen gesprochen zu werden, die unter den Begriff ‚Mensch' fallen, während doch nur vom Begriffe ‚Mensch' die Rede ist... Man sieht hieraus, wie leicht man durch die Sprache zu falschen Auffassungen verleitet wird, und welchen Wert es daher für die Philosophie haben muß, sich der Herrschaft der Sprache zu entziehen. Wenn man versucht, auf ganz anderen Grundlagen mit ganz anderen Mitteln ein Zeichensystem zu errichten, wie ich es bei der Erfindung meiner Begriffsschrift versucht habe, wird man auf die falschen Analogien in der Sprache sozusagen mit der Nase gestoßen." (Frege *1969*, 74 f.)

In dem hier in Rede stehenden Fall geht Frege von dem Gedanken aus, daß Existentialurteile und partikuläre Urteile ineinander „umgesetzt“ werden können (70). Bei einem zusammengesetzten Begriff wie ‚leichter Körper‘ ist das ganz zwanglos möglich: „Es gibt leichte Körper“ besagt dasselbe wie „Einige Körper sind leicht“; und bei einem einfachen Begriff wie ‚Mensch‘ bietet sich eine analoge, wenn auch künstliche Konstruktion an: „Es gibt Menschen“ kann verstanden werden als „Einiges Seiende ist Mensch“ (70f.).

Nun kann man, wie eine Betrachtung des Sprachgebrauchs lehrt, die partikuläre Satzform „Einiges Seiende ist f“ ohne Verlust an „begrifflichem Inhalt“ (vgl. *1879*, S. IV u. § 3) in die Form „Nicht alles Seiende ist nicht f“ überführen, und diese Satzform wird insofern durch die von Frege entwickelte Formelsprache erfaßt, als seine „Begriffsschrift“ Zeichen für die Verneinung und für die Allgemeinheit enthält (*1879*, §§ 7, 11–12). Freges eigene – nicht ‚lineare‘, sondern ‚zweidimensionale‘ – Schreibweise ist heute nicht mehr gebräuchlich, doch trifft man seine Absicht genau, wenn man die Satzform „Nicht alles Seiende ist nicht f“ beispielsweise so wiedergibt: „$\neg$ (x) $\neg$ fx“ (*1879*, 23; *1893*, 12), in Worten etwa: „Es ist nicht der Fall, daß für jedes x gilt: es ist nicht der Fall, daß x f ist (die Eigenschaft f hat).“

Diese reglementierte Satzform läßt sich in einen logischen (zum formalen Symbolismus gehörigen) und einen deskriptiven (inhaltlichen) Bestandteil zerlegen, nämlich in „$\neg$ (x) $\neg$ --- x“ auf der einen Seite und „f“ oder vielmehr – um die Ergänzungsbedürftigkeit des Begriffs zum Ausdruck zu bringen: vgl. etwa Frege *1969*, 131f., 292 – „f ( )“ oder „f...“ auf der anderen Seite. Gegenüber Frege stellt es eine nicht sachliche, sondern ausschließlich terminologische und schreibtechnische Neuerung dar, daß man den logischen Bestandteil heute als Existenzquantor oder Existenzoperator zu bezeichnen pflegt und gewöhnlich abkürzt, etwa in der Form „(Ex) --- x“, „(Ex) x ---“ oder „(Ex) --- x ---“. (Meistens schreibt man sogar bloß „(Ex)“, doch folge ich diesem Brauch nicht, um ganz deutlich zu machen, daß sowohl die durch „---“ markierte Argument- oder Leerstelle wie auch das außerhalb der Klammern stehende „x“ – das hier nicht als „Platzhalter“ oder *„freie“*, sondern als *„gebundene* Variable“ dient – Bestandteile des Funktionszeichens sind. Frege macht den Unterschied zwischen „freien“ und „gebundenen Variablen“ – wie man seit Hilbert zu sagen pflegt – durch den Gebrauch von griechischen gegenüber gotischen – oder, in etwas anderer Weise: lateinischen – Kleinbuchstaben deutlicher, als es heute gewöhnlich geschieht: vgl. bes. *1893*, 12f.; *1969*, 258.)

Von der Sache her können wir also festhalten, daß Existenzaussagen für Frege die allgemeine Form „(Ex) fx“ haben. Ein Beispiel dafür wäre etwa der Satz „(Ex) x ist ein Marsmond“ (in Worten etwa: „Es gibt mindestens einen Marsmond“). Aus seiner Betrachtung geht augenfällig hervor, daß der Existenzoperator „(Ex) x ---“ durch das *Begriffswort* „... ist ein Marsmond“ in ganz analoger Weise zu einem wahren Behauptungssatz vervollständigt wird wie dieses Begriffswort selbst beispielsweise durch den *Gegenstandsnamen* „Phobos“. Diese Analogie läßt sich nun dadurch charakterisieren, daß man den durch „... ist ein Marsmond“ bezeichneten Begriff (den Begriff ‚Marsmond‘) als eine Eigenschaft von *Gegenständen* betrachtet und daher einen „Begriff *erster* Stufe“ nennt, den durch „(Ex) x ---“ bezeichneten Begriff hingegen (den Begriff ‚Existenz‘) als eine Eigenschaft von *Begriffen* (erster Stufe) betrachtet und daher einen „Begriff *zweiter* Stufe“ nennt (*1893*, 37f.). Dieses Ergebnis Freges deckt sich also mit dem zuvor besprochenen ganz genau; nur ist es nicht auf dem Wege einer rein „normalsprachlichen“

Analyse erzielt worden, sondern mit Hilfe einer „formalsprachlichen“ Rekonstruktion, die allerdings (und das ist bemerkenswert) auf „normalsprachliche“ Erwägungen nicht gänzlich verzichten konnte.

d. Philosophiegeschichtliche Konsequenzen

Daß Existenz kein „Merkmal“, sondern eine „Eigenschaft“ von Begriffen, also ein „Begriff zweiter Stufe“ ist, hat auch eine philosophiegeschichtlich wichtige Konsequenz. Frege formuliert sie in einem einzigen Satz: „Weil Existenz Eigenschaft des Begriffes ist, erreicht der ontologische Beweis von der Existenz Gottes sein Ziel nicht“ (*1884*, § 53); er „leidet an dem Fehler, daß er die Existenz wie einen Begriff erster Stufe behandelt“ (*1891*, 27 Anm.; vgl. ferner *1967*, 269, 397; *1976*, 73, 148). Eine kritische Würdigung dieser knappen und eleganten Widerlegung des auf Anselm zurückgehenden und u. a. von Descartes und Leibniz verwendeten Arguments würde hier zu weit führen, und dies gilt erst recht für einen Vergleich mit früheren Einwänden wie insbesondere denen von Gassendi und Kant; doch sei wenigstens auf die kontrovers geführte Diskussion bei Stuhlmann-Laeisz *(1975)* und Prauss (*1980*, 197–212) hingewiesen.

Freges logische Analyse der Existenzsätze hat weiterhin dazu beigetragen, den Boden für Russells Theorie der ‚bestimmten Kennzeichnungen‘ zu bereiten (vgl. bes. Russell *1905*; *1918*, 241–254; Whitehead/Russell *1910*, 30–32, 66–71). Nach dieser Theorie sind ‚bestimmte Kennzeichnungen‘ wie z. B. „der König von Frankreich“ unvollständige Ausdrücke („incomplete symbols“), die nur im Zusammenhang eines Satzes analysiert werden können, derart, daß z. B. der Satz „Der König von Frankreich hat eine Glatze“ wahlweise als eine Existenzsätze einschließende Konjunktion (vgl. Moore *1944*, passim; s.u. Teil B, III, 4) oder aber als ein komplexer Existenzsatz von etwa der folgenden Struktur zu verstehen ist: „Es gibt mindestens eine Person x, für die gilt: x ist ein König von Frankreich, und jede Person y, die ein König von Frankreich ist, ist mit x identisch, und x hat eine Glatze" (zu einer kompakteren Fassung vgl. Whitehead/Russell *1910*, 68, 70). Diese „theory of (definite) descriptions" hat jahrelang geradezu als ein „paradigm of philosophy" gegolten (vgl. Moore *1944*, 151, 195, im Anschluß an Ramsey *1931*, 263 Anm.) und ist erst durch Strawson (*1950 a*; vgl. aber schon Frege *1892 a*, 39–41; *1969*, 67) in Zweifel gezogen worden (doch s.u. IV, 4 a, bes. Anm. 8).

In der Vermittlung durch Russells Theorie der Kennzeichnungen (oder ‚Beschreibungen', wie man, weniger treffend, in der deutschsprachigen Literatur auch sagt) hat Freges Analyse letztlich auch mitgeholfen, alte Verwirrungen über die logischen Subjekte von *negativen* Existenzsätzen zu beseitigen und insbesondere bestimmte Ansprüche der „Gegenstandstheorie" von Alexius Meinong mit sprachanalytischen Argumenten zurückzuweisen (vgl. bes. Russell *1914*, 169f.; Hahn *1930*, 12; Waismann *1976*, 103; sowie eine Reihe von Beiträgen und die Bibliographie in Schirn *1974*).

Die von Frege eingeführte Differenzierung zwischen „Merkmalen" und „Eigenschaften" von Begriffen wirft aber schließlich auch auf ein so altehrwürdiges Lehrstück der Philosophie wie die Ideenlehre Platons ein neues Licht. Patzig (*1970*, 90f.) stellt dies so dar: „Platon hat... behauptet, die Ideen ... besäßen ... ihre Merkmale in vollkommener Ausprägung als Eigenschaften. Deshalb sind Platons Ideen von ihm nicht als Begriffe gedacht oder Platon war über die hier vorliegenden logischen Verhältnisse nicht hinreichend klar ... Dank Frege können wir also klar und deutlich reden über Dinge und Zusammenhänge, über die nicht nur Platon, sondern die meisten Philosophen nach Platon Falsches oder Verschwommenes gesagt haben (dabei ist die Verschwommenheit für die Philosophie noch hinderlicher und gefährlicher als die Falschheit). Es gibt wenig größere Verdienste in der Philosophie als dies, in einem so wichtigen Punkt Ordnung geschaffen zu haben."

3. Sprachanalytische Kritik an Heidegger und Sartre

a. ‚Therapie' und ‚Hygiene'

Im letzten Abschnitt (II, 2) dürfte deutlich geworden sein, in was für Netzen man sich verfangen kann, wenn man von ganz alltäglichen und sprachlich unproblematischen Sätzen wie „Es gibt treue Ehepartner" oder „Fidelio ist niemand anders als Leonore" ohne besondere Vorsichtsmaßnahmen zu Sätzen übergeht, die Substantivbildungen wie „Existenz" oder „Identität" enthalten. Denn dann liegt es nahe, sich für den ontologischen Status dessen zu interessieren, was diese sprachgeschichtlich spät entstandenen Kunstausdrücke bezeichnen, und die Existenz als eine „Eigenschaft" (ein „Prädikat", einen „Begriff") und die Identität als eine „Beziehung" zu deuten. Wenn man das aber tut, muß man weiter fragen, *wovon* die Existenz eine Eigenschaft und *wozwischen* die Identität eine Relation sei; und wenn man dann hört, daß die Existenz gerade keine Eigenschaft *dessen* sei, wovon man sagt, daß es existiere, und daß die Identität gerade keine Relation zwischen *dem* sei, wovon man sagt, daß es ein und dasselbe sei, dann fühlt man sich leicht in sprachliche Paradoxien verstrickt.

Diese Paradoxien lassen sich freilich, wie wir gesehen haben, durch eine ‚Therapie' der in Abschnitt II, 2 umrissenen Art beheben, und insofern besteht kein zwingender Grund, auf die Substantive „Existenz" und „Identität" schlechterdings zu verzichten. Doch gibt es unter Philosophen äußerst beliebte Substantive, deren Tücken ihren Nutzen (falls sie überhaupt einen haben) weit überwiegen, und in solchen Fällen sollte an die Stelle der ‚Therapie' doch wohl besser von vornherein eine Art von ‚Hygiene' treten. Wichtige Beispiele sind etwa auch „das Ich", „das Selbst" und „das Sein"; doch sollen im folgenden nur „das Jetzt" (τὸ νῦν), „die Gegenwart" („le présent") und vor allem „das Nichts" („le néant") untersucht werden.[1] Alle diese Ausdrücke sollte ein Philosoph, sofern er auf sie nicht überhaupt verzichten zu können meint, nur im vollen Bewußtsein ihrer Gefährlichkeit einführen und verwenden.

b. Carnap gegen „das Nichts"

Der klassische sprachanalytische Einwand gegen die Rede vom „Nichts" stammt von Carnap (*1931 a*, 229–232). Auch Carnap bestreitet nicht, daß es unter bestimmten Bedingungen eine durchaus legitime Rede vom „Nichts" geben kann (231); sein Angriff richtet sich aber gegen das Vorgehen Heideggers, aus dem schlichten Indefinitpro-

---

[1] Vgl. auch die materialreichen und geistvollen Ausführungen des Sprachwissenschaftlers Kainz *(1972)* über „unangemessene Substantivierungen" („die ja immer zugleich Substantialisierungen sind": 216) im allgemeinen (208–233) und über „das Ich" (214–217, 221, 253), „das Sein" (257–261, 268–271, 450f.) und „das Nichts" (185, 300–302, 451f., 464f., 469f.) im besonderen. Auf 185 exemplifiziert er z. B. die „Nichts-Ontologie Martin Heideggers" durch Morgensterns bekanntes Gedicht vom „Lattenzaun mit Zwischenraum, hindurchzuschaun".

nomen „nichts“ der gewöhnlichen Sprache in der folgenden Weise ein Substantiv zu kreieren: „Gerade in dem, wie der wissenschaftliche Mensch sich seines Eigensten versichert, spricht er von einem Anderen. Erforscht werden soll nur das Seiende und sonst – nichts; das Seiende allein und weiter – nichts; das Seiende einzig und darüber hinaus – nichts. Wie steht es um dieses Nichts?... Die Wissenschaft will vom Nichts nichts wissen. Aber ebenso gewiß bleibt bestehen: dort, wo sie ihr eigenes Wesen auszusprechen versucht, ruft sie das Nichts zu Hilfe.“ (Heidegger *1929*, 24; vgl. Hegel *1812*, 22)

Im zweiten Satz dieses Zitats wird das Wort „nichts“ in demselben uns allen vertrauten Sinne gebraucht wie z. B. in dem Satz „Ich habe nichts gehört“; und diesen würde man in einer „logisch korrekten Sprache“ (Carnap *1931 a*, 230), nämlich in der auf Freges „Begriffsschrift“ zurückgehenden Kunstsprache der modernen Logik, mit Hilfe des Negators und des All- oder des Existenzoperators wahlweise auf eine der beiden folgenden Arten wiedergeben: „(x) ¬ ich habe x gehört“; „¬ (Ex) ich habe x gehört“. Hier sieht man sofort, daß die Zeichenverbindungen „(x) ¬ --- x ---“ und „¬ (Ex) --- x ---“ ergänzungsbedürftig sind und durch „ich habe ... gehört“ oder eine andere Bezeichnung für einen Begriff (erster Stufe) zu einem wahren oder falschen Aussagesatz vervollständigt werden. Sie sind also Zeichen für einen Begriff zweiter Stufe, und von dem, was sie bezeichnen, kann man, falls überhaupt etwas, dann nur Begriffe dritter Stufe aussagen; dies liegt in der Konsequenz der im letzten Abschnitt (II, 2) dargestellten Überlegungen Freges. In den beiden letzten Sätzen des Zitats jedoch sagt Heidegger vom „Nichts“ dieses aus: „die Wissenschaft will von ... nichts wissen“; „die Wissenschaft ruft... zu Hilfe“; und diese Ausdrücke werden nur durch *Gegenstandsnamen* zu wahren oder falschen Sätzen ergänzt, sind also Begriffsausdrücke *erster* und nicht etwa dritter Stufe.

Derselbe Vorwurf ist gegen den folgenden, zentralen Satz Heideggers (*1929*, 29) zu richten: „Die Angst offenbart das Nichts." Denn auch der Prädikatausdruck „... wird durch die Angst offenbart" ist seiner Form nach von erster Stufe. Heidegger ist also einfach inkonsistent. Dadurch entwertet er in ganz unangemessener Weise einen Gedanken, der zum mindesten religionsphilosophisch höchstes Interesse verdienen könnte. Denn die Anklänge an die These der alten (beispielsweise von Moses Maimonides vertretenen) „negativen Theologie", daß sich von Gott nichts aussagen lasse, was vom geschaffenen Seienden prädiziert werden könne, wie auch an Rudolf Ottos (*1917*, Kap. 4) Rede vom „mysterium tremendum", in dem der Mensch dem Numinosen begegnen könne, lassen sich bei Heidegger kaum überhören, zumal bereits der erste Satz meines ausführlicheren Heidegger-Zitats darauf hinweisen könnte, daß für Heidegger „das Sein" in seiner „ontologischen Differenz" zum „Seienden" das „ganz Andere" und in *diesem* Sinne das numinos zu verstehende „Nichts" ist. Heidegger hätte seine Rede vom „Nichts" also in einer Weise einführen können, die ihn nicht der Kritik der Sprachanalytiker oder der an Husserl orientierten Phänomenologen ausgesetzt hätte (vgl. Hoche *1983 b*, 299 f.). Oder anders gesagt: Mit dem Satz „Die Angst offenbart das Nichts" hat Heidegger offensichtlich etwas im Sinn, was man in einer halbformalisierten Schreibweise etwa durch „Die Angst offenbart Ni" wiedergeben könnte (vgl. Carnap *1931 a*, 230), nicht aber durch „¬ (Ex) die Angst offenbart x"; daher ist die Art, wie Heidegger seine Rede vom „Nichts" auf den Weg bringt, einfach irreführend. Man möchte fast sagen: Unbewußt und von der anderen Richtung her, nur eben nicht so erfolgreich, bedient sich Heidegger einer ganz ähnlichen List wie Odysseus, der bei seiner Flucht aus der Höhle des Polyphem darauf baute, daß man seinen vorgetäuschten Namen Οὐδείς („Niemand") im entscheidenden Augenblick als ein negatives Indefinitpronomen auffassen würde (vgl. Patzig *1966*, 13f.).

c. Warnung vor „le présent"

Philosophisch kann man auch dadurch in größte Schwierigkeiten geraten, daß man dem in dieser Hinsicht schlechten Beispiel des Aristoteles folgt (vgl. etwa Phys. IV, 10, 218 a 10; VI, 9, 239 b 8–9, 32–33; Eth. Nic. X, 4, 1174 b 9: τὸ νῦν) und das Adverb „jetzt" zu einem Substantiv macht; das gleiche gilt für die Bildung des Substantivs „Gegenwart" aus dem älteren Adjektiv „gegenwärtig". Hier liegt zwar nicht, wie bei Heideggers Einführung seiner Rede vom „Nichts", ein Verstoß gegen die Regeln der logischen Syntax vor, doch tritt das folgende Problem auf (vgl. dazu Hoche *1972* bzw. *1973 b*, Kap. III). Wenn man das Wort „jetzt" in der üblichen Weise verwendet und nacheinander z.B. sagt: „Jetzt berät der Bundestag über den kommenden Haushalt", „Jetzt spricht der Oppositionsführer", „Jetzt fordert er den Bundeswirtschaftsminister zum Rücktritt auf", dann stellt sich die Frage nach der durch das Zeitadverb „jetzt" bezeichneten Zeitspanne ebensowenig, wie sich z.B. bei der Rede von der „gegenwärtigen Legislaturperiode" oder der „gegenwärtigen Bundestagssitzung" die Frage stellt, wie lang die durch das Adjektiv „gegenwärtig" bezeichnete Zeitspanne sei. In solchen Fällen kommt immer nur jeweils *eine* Zeitdauer in Betracht: die Dauer des „jetzt" verlaufenden, „gegenwärtigen" Vorgangs, von dem gesprochen wird, ganz gleich, ob dieser (wie die Aufforderung zum Rücktritt) ein paar Sekunden oder (wie die Legislaturperiode) ein paar Jahre in Anspruch nimmt. Wenn man dagegen das Adverb „jetzt“ von dem dadurch bestimmten Verb, das Adjektiv „gegenwärtig“ von dem dadurch bestimmten Substantiv *ablöst* und zu den Substantiven „das Jetzt“ und „die Gegenwart“ *verselbständigt*, dann stellt sich die Frage nach der Dauer „des Jetzt“ bzw. „der Gegenwart“ fast von selbst.

Ein klassisches Beispiel dafür hat Augustinus geliefert (Confessiones, Buch XI, Kap. 14–28). Bei ihm zeigt sich schon ganz deutlich die von Findlay (*1941*, 68) konstatierte „starke Tendenz“ der Sprache, „mit der ‚Gegenwart‘ zusammenhängende Ausdrücke in immer strengerer Weise zu gebrauchen, so daß, wenn man diese Tendenz bis an ihre Grenze verfolgt, die fraglichen Ausdrücke schließlich gar keine oder bestenfalls nur noch eine neuartige und gekünstelte Anwendung haben“. Den Beweis dafür, *wie* gekünstelt diese Anwendung sein kann, hat kurze Zeit später Sartre erbracht. Ganz in Übereinstimmung mit dem Diktum Augustins, daß die Gegenwart keine Ausdehnung habe („praesens autem nullum habet spatium“: Conf. XI, 15), sagt Sartre, daß sich die Gegenwart („le présent“), die man so gern durch das Sein („l'être“) im Gegensatz zu dem Nicht-mehr-Sein der Vergangenheit und zu dem Noch-nicht-Sein der Zukunft bestimme, bei genauerem Hinblick, nämlich beim Absehen von der unmittelbaren Vergangenheit und der unmittelbaren Zukunft, ganz im Gegenteil als ein unendlich kleiner Augenblick, und das heißt: als ein Nichts („un néant“), enthülle (Sartre *1943*, 164 f.). Dieses Ergebnis einer ungerechtfertigten – weil auf einer ungerechtfertigten Substantivierung und ‚Präzisierung‘ beruhenden – Überlegung fügt sich nun ausgezeichnet in die Sartresche Ontologie ein und kann ihr nach Meinung ihres Urhebers als eine weitere Bestätigung dienen: Als ein „néant“ kann „le présent“ kein „An-sich“, kein „en-soi“, sein; denn dieses *„ist“* („il *est*, tout simplement“); es kann also allenfallls ein „Für-sich“, ein „pour-soi“, sein – also menschliches Bewußtsein, von dem allein man in der Tat ja auch sagen kann, es habe den Charakter der „présence“, nämlich der Präsenz, des Gegenwärtigseins oder der Anwesenheit beim An-sich-Sein der Welt: „Le présent ne saurait donc être que présence du Pour-soi à l'être-en-soi.“ (165) Als Anwesenheit beim Sein ist die bewußtseinsmäßige Präsenz von dem Sein, bei dem sie anwesend ist, aber gerade verschieden, und wegen dieser „différence d'être“ kann man geradezu sagen, sie sei *nicht*: „le Présent *n'est pas*“ (167f.). Das „Pour-soi“, und nur dieses, hat also die vom „présent“ geforderte Eigenschaft, ein „néant“ zu sein. Leider ist diese elegante ontologische Konstruktion aber auf Sand gebaut.

III. Sprachliche ‚Ökologie'

1. ‚Biotop' und ‚Logotop'. Wittgensteins „Sprachspiele"

Im philosophischen Umgang mit nahezu unvermeidlichen, aber begrifflich sperrigen Ausdrücken wie „Existenz" oder „Identität" kann sprachliche ‚*Therapie*' erforderlich werden; ein Gebot der Sprach-‚*Hygiene*' hingegen ist es, auf vermeidbare und gefahrenträchtige Manipulationen der Sprache – z.B. auf Substantivierungen wesentlich nicht-substantivischer Ausdrücke wie etwa „ich", „jetzt" oder „nichts" – beim Philosophieren entweder ganz zu verzichten oder aber wenigstens ständig im Blick zu behalten, welche Tücken damit verbunden sein können. Wie es sich nun im Bereich des Gesundheitswesens als nötig erwiesen hat, therapeutische und hygienische Maßnahmen durch ökologische zu ergänzen, ja diesen den Rang der ‚primären Gesundheitsvorsorge' einzuräumen, so erscheint es auch als geboten, bei der Bekämpfung sprachlich bedingter „philosophischer Krankheiten" neben einer ‚therapeutischen' und einer ‚hygienischen' auch und vor allem eine ‚ökologische' Kampagne zu führen.

Als ein Zweig der Biologie untersucht die Ökologie die Beziehungen der Lebewesen zu der lebenden und leblosen Umwelt ihres jeweiligen Lebensraums (‚Biotops'), und daher liegt es nahe, überall dort von sprachlicher ‚Ökologie' zu reden, wo den Beziehungen der sprachlichen Ausdrücke zu der sprachlichen und außersprachlichen Umgebung ihres jeweiligen ‚Logotops' eine gezielte Aufmerksamkeit zuteil wird. Philosophisch ist eine so verstandene sprachliche ‚Ökologie' insofern von Interesse, als für die Entstehung unentwirrbarer Begriffsverknotungen und hartnäckiger Scheinprobleme oft der Umstand verantwortlich ist, daß man die natürliche ‚Umwelt' geläufiger Ausdrücke ignoriert und diese Ausdrücke unbedacht aus ihren angestammten ‚Lebensräumen' in ganz andere ‚Logotope' verpflanzt, in denen sie nicht gedeihen oder, schlimmer noch, das ‚ökologische Gleichgewicht' zerstören.

Dieser ‚ökologischen' Problematik in der Philosophie war sich wohl niemand so bewußt wie – in seinen späteren Jahren – Ludwig Wittgenstein. Einmal spricht er geradezu von der „Heimat" eines sprachlichen Ausdrucks und empfiehlt, sich beim philosophischen Gebrauch eines Wortes immer zu fragen: „Wird denn dieses Wort in der Sprache, in der es seine Heimat hat, je tatsächlich so gebraucht?" (*1953*, § 116, vgl. § 90, und *1933/1934*, 45f.) Vor allem jedoch ist in diesem Zusammenhang zweierlei von Belang, was geradezu den Rang eines Markenzeichens für die Philosophie des späteren Wittgenstein erlangt hat: seine Rede vom „Sprachspiel" und seine damit eng verbundene Auffassung, „die Bedeutung eines Wortes" sei in vielen, wenn auch nicht allen Fällen „sein Gebrauch in der Sprache" (§ 43).

Das Wort „Sprachspiel" wird bei Wittgenstein zwar recht verschiedenartig verwendet (vgl. Specht *1963*, Kap. III), doch verdienen die folgenden drei Verwendungsweisen besonders hervorgehoben zu werden: Als „Sprachspiele" bezeichnet Wittgenstein *erstens* einfache Sprachmodelle, an denen man die ‚in vivo' meist viel komplizierteren Verhältnisse unserer Sprache sozusagen ‚in vitro' studieren kann (vgl. bes. Wittgenstein *1933/1934*, 36f.; *1953*, §§ 2, 5, 7, 130); *zweitens* das, was man heute im

Anschluß an Austin, wenn nicht bereits an Reinach, Bühler und Trubetzkoy, gewöhnlich „Sprechakte“ nennt (vgl. bes. Wittgenstein *1953*, § 23, und II, 498f.); und *drittens* das, was ich soeben, in genauer Parallele zu der biologisch-ökologischen Rede von ‚Biotopen‘, unter dem Namen ‚Logotope‘ eingeführt habe.

Wie man unter dem ‚Biotop‘ den charakteristischen Lebensraum oder Standort eines Organismus versteht, so ist hier mit dem Wort „Logotop“ der sozusagen ‚natürliche Ort‘ eines Wortes oder ganzen Satzes gemeint: seine angestammte sprachliche und außersprachliche Umgebung.[2] Daß Wittgenstein das Wort „Sprachspiel“ nicht zuletzt in diesem Sinne verwendet, wird durch seine andersartige – nicht an Lebenszusammenhängen, sondern an Spielen, Spielregeln und Spielzügen orientierte – Metaphorik allerdings leicht verdeckt. Doch wird das, was ich hier hervorheben möchte, dadurch hinreichend deutlich, daß Wittgenstein wiederholt sagt, es brauche ein „Zug“, der in *einem* („Sprach“-)„Spiel“ erlaubt sei, in einem *anderen* keinen Sinn zu ergeben (vgl. bes. *1933/1934*, 107; *1953*, §§ 22, 49; ferner Moore *1954/1955*, 273f.; Cook *1965*, 302f., 308f.; Kripke *1982*, 74f.). Des weiteren ist hier aber an Wittgenstein-Stellen wie die folgenden zu erinnern: „Ich werde auch das Ganze: der Sprache und der Tätigkeiten, mit denen sie verwoben ist, das ‚Sprachspiel‘ nennen“ (*1953*, § 7); „Das Wort ‚Sprach*spiel*‘ soll hier hervorheben, daß das Sprechen der Sprache ein Teil ist einer Tätigkeit, oder einer Lebensform“ (§ 23); „Seltsam

---

[2] Eine gewisse Verwandtschaft zu dem hier eingeführten Begriff des „Logotops“ scheint auch Searles (*1979*, Kap. 5; *1983*, Kap. 5) Begriff des „Hintergrundes“ („Background“) von Sprechakten (und ihnen zugrunde liegenden intentionalen Zuständen und Erlebnissen) aufzuweisen; vgl. bes. *1983*, 145–148.

erscheint der Satz nur, wenn man sich zu ihm ein anderes Sprachspiel vorstellt als das, worin wir ihn tatsächlich verwenden" (§ 195; vgl. *1949–1951*, §§ 553f.); „Wenn z.B. Einer sagt, der Satz ‚Dies ist hier' (wobei er vor sich hin auf einen Gegenstand zeigt) habe für ihn Sinn, so möge er sich fragen, unter welchen besonderen Umständen man diesen Satz tatsächlich verwendet. In diesen hat er dann Sinn." (*1953*, § 117)

Die letzte Bemerkung leitet bereits zu dem oft zitierten Diktum Wittgensteins über: „Die Bedeutung eines Wortes ist sein Gebrauch in der Sprache." (*1953*, § 43) Man hat in der Literatur nicht selten darüber gestritten, ob hier von einer ausgesprochenen ‚*Theorie*' die Rede sein könne; eine Diskussion dieser Frage erübrigt sich aber zum mindesten deshalb, weil Wittgenstein gegen die philosophische Verwendung des Substantivs „die Bedeutung (eines Wortes)" ähnlich grundlegende Bedenken hatte wie der in dieser Hinsicht bekannter gewordene Quine (vgl. bes. *1953 a*, 11f., 22, 48f.): Der Übergang von wirklich nützlichen und ungefährlichen Wendungen wie „this means the same as that" oder „this has no meaning" zu dem isolierten Substantiv „the meaning" ist für Wittgenstein „bound to lead us wrong" (Moore *1954/1955*, 258; vgl. Waismann *1976*, 229, 236f.) und aus ‚sprachhygienischen' Gründen auch deswegen zu vermeiden, weil „der allgemeine Begriff der Bedeutung der Worte das Funktionieren der Sprache mit einem Dunst umgibt, der das klare Sehen unmöglich macht" (Wittgenstein *1953*, § 5; vgl. die beiden letzten Sätze von § 1, § 117 und die ambivalente Bemerkung: „Laß dich die Bedeutung der Worte von ihren Verwendungen lehren!" [II, 532]; ferner Ayer *1940*, II, 10; *1963*, 6; Austin *1940*, 24–30; Ryle *1956*, 8; Haller *1965*, 140; Dummett *1975*, 104; Hacking *1975*, 156). Doch wenn man dieser Einschränkung Rechnung trägt, so verdient es als eine wichtige Einsicht Wittgensteins festgehalten zu werden, daß es die Sprachspiele sind, in denen das Wort zu seiner ‚Bedeutung' und der Satz zu seinem ‚Sinn' kommt: „Die Bedeutung eines Wortes" ist für Wittgenstein „sein Gebrauch in den verschiedenen Sprachspielen..., in denen es eine Rolle spielt" (Pitcher *1964 a*, 289, vgl. 284); und: „Der Nutzen, d.h. Gebrauch, gibt dem Satz seinen besondern Sinn, das Sprachspiel gibt ihm ihn" (Wittgenstein, *Schriften VIII*, 60 (I–266); vgl. *1933/1934*, 109–113; *1953*, §§ 20, 199, 421, II, 499f., 526; Pitcher *1964 a*, 290, 292; Kripke *1982*, 73–77, 92, 108).

2. *Sprachspiele mit dem Wort „wissen". ‚Privatheit'. ‚Grammatische Sätze'*

Wie sehr es notwendig ist, die in verschiedenartigen Sprachspielen beheimateten Verwendungsweisen von solchen Wörtern auseinanderzuhalten, die dazu prädestiniert sind, philosophische Schlüsselrollen zu übernehmen, soll hier am Beispiel des Wortes „wissen" erläutert werden; denn damit wird zugleich in eine für Wittgenstein zentrale Sachproblematik eingeführt.

Ein wichtiges Sprachspiel mit dem Wort „wissen" ist dies: In Situationen, in denen Ungewißheit oder Zweifel möglich (oder sogar die Regel) sind, kann man mit der Äußerung eines Satzes der Form „Ich weiß, daß p" den Anspruch erheben, man habe durch geeignete Maßnahmen jene Ungewißheit oder jenen Zweifel beseitigt (vgl. Wittgenstein *1949–1951*, § 243). In solchen Situationen liegt es deswegen nahe, daß ein anderer mit der Frage „Woher wissen Sie das?" reagiert. Darauf kann der Befragte dann etwa antworten: „Ich habe es mit eigenen Augen gesehen", „Ein glaubwürdiger Gewährsmann hat mir den Vorfall berichtet", „Ich habe die nötigen chemischen Tests durchgeführt", usw. In Sprachspielen dieser Art stellt man mit Sätzen der Form „Ich weiß, daß p" *Behauptungen* auf, und „wissen" heißt hier etwa soviel wie „gesehen (oder erfahren) haben" (vgl. griechisch „οἶδα" mit lateinisch „vidi" und altindisch „véda"; s. u. V, 2 a). In solchen Zusammenhängen ist auch die Rede von ‚*Verifikation*' und ‚*Kriterien*' grundsätzlich sinnvoll.

Nun gibt es für Äußerungen der Form „Ich weiß, daß p" aber auch ganz andersartige eingespielte Gebrauchsweisen. „Ich weiß, daß du wieder ganz gesund werden wirst", „Ich weiß, daß du das Geld nicht gestohlen hast", „Ich weiß, daß du schon wieder neue Stiefel brauchst" sagt man im allgemeinen nicht, weil man damit eine Behauptung aufstellen oder eine Feststellung treffen wollte, sondern beispielsweise in der Absicht, den andern zu trösten, zu beruhigen oder zum Schweigen zu bringen. Die Äußerung solcher Sätze ist dann im Sinne Austins *(1958; 1962 a)* nicht „konstativ", sondern „performativ": ein nicht den Status quo bloß ‚fest-stellendes', sondern ein in den Lauf der Geschehnisse verändernd eingreifendes sprachliches Handeln. Daher wäre es hier auch unangemessen, die Frage „Woher weißt du das?" anzuschließen: diese Frage wäre hier kein durch die ‚Regeln' des ‚Sprachspiels' zugelassener ‚Zug'. „Ich weiß" heißt im Rahmen derartiger Sprechakte offensichtlich auch nicht soviel wie „ich habe in Erfahrung gebracht", und dementsprechend entfällt hier auch der Gedanke an ‚Kriterien', ‚Verifikationsmethoden' usw.

In nicht-behauptende (‚performative') Sprachspiele dieser Art kann nun z. B. auch der Satz „Ich weiß, daß ich Schmerzen habe" ohne weiteres eingehen (vgl. Wittgenstein *1953*, II, 533). So könnte man etwa eine als lästig empfundene Warnung („Arbeite nicht so viel; denk daran, daß dir der Rücken weh tut!") mit den Worten „Ich weiß, daß mir der Rücken weh tut!" ungeduldig vom Tisch wischen wollen, und niemand würde hier ernsthaft auf den Gedanken kommen, mit der Frage „Woher weißt du das denn?" zu kontern.

Ganz anders stünde es aber, wenn es jemand z.B. als eine informative philosophische These hinstellen wollte, je meine Schmerzen und anderen Empfindungen seien „privat", und diese These durch die auf den ersten Blick ganz plausibel erscheinende Begründung zu stützen versuchte: „Nur ich kann wissen, ob ich wirklich Schmerzen habe." (*1953*, § 246) Denn diese Formulierung muß doch den Eindruck erwecken, als hätte jeweils ich selbst einen erfahrungsmäßigen Zugang zu meinen Schmerzen, der allen andern verwehrt sei. Wenn ich einen solchen erfahrungsmäßigen Zugang indessen hätte, dann müßte die Frage „Woher weißt du denn, daß du Schmerzen hast?" ein möglicher Zug im Sprachspiel sein. Das aber ist nicht der Fall. Über diese Tatsache kann man sich allerdings leicht hinwegtäuschen, weil man scheinbar ganz parallele Fragen ohne weiteres stellen kann; z.B.: „Woher weißt du eigentlich, daß du Magenschmerzen hast? Könnte es nicht auch das Pankreas sein, das dir weh tut?" Die Frage, *woher* man das und das wisse, ist im Anschluß an die (‚ätiologisch' aufgefaßte) Bemerkung „Ich weiß, daß ich Magenschmerzen habe" also ein sinnvoller Zug im Sprachspiel, im Anschluß an die scheinbar ganz analoge Bemerkung „Ich weiß, daß ich Schmerzen habe" hingegen nicht.

Die Bedeutsamkeit solcher Überlegungen für die Ontologie des Menschen – und aller Humana – kann meiner Ansicht nach kaum überschätzt werden (s.u. V, 2 a und VI, 2 b); für das in der Literatur über Wittgenstein so genannte „Privatsprachenargument" („Private Language

Argument": vgl. z. B. Jones *1971*) spielen sie aber, so scheint mir, eine geringere Rolle, als man gewöhnlich annimmt. Denn in Wittgensteins Diskussion der „Privatheits"-Frage sind nicht weniger als drei Einzelfragen zu unterscheiden, von denen nur die dritte, die ich für die am wenigsten gravierende halte, durch die gegenwärtigen Überlegungen überhaupt betroffen wird. Ich meine folgende Fragen: 1) Kann ich in einer „privaten" Sprache, nämlich in einer Sprache, „die nur ich selbst verstehen kann", über meine „innern Erlebnisse" sprechen? (Wittgenstein *1953*, § 256, vgl. § 243); 2) Sind meine subjektiven Erlebnisse in dem Sinn „privat", daß andere „meine" Erlebnisse nicht haben können (und vielleicht nicht einmal „die gleichen" Erlebnisse haben können wie ich)? (§ 253); 3) Sind meine subjektiven Erlebnisse in dem Sinn „privat", daß ich als einziger authentisch und mit über jeden Zweifel erhabener Sicherheit sagen kann, daß ich sie habe? (§ 246; vgl. *1933/1934*, 89). Von diesen drei Fragen hat Wittgenstein die erste verneint (s. u. III, 4) und die zweite als gar nicht sinnvoll präzisierbar zurückgewiesen (s. u. III, 3); die dritte bejaht er aber in einer Weise, die er selbst als trivial anerkennt und über die an dieser Stelle einige Worte gesagt werden sollten.

Wittgenstein räumt klipp und klar ein: „Das ist richtig: es hat Sinn, von Andern zu sagen, sie seien im Zweifel darüber, ob ich Schmerzen habe; aber nicht, es von mir selbst zu sagen." (*1953*, § 246) Mithin bestreitet er nicht, daß im Fall meiner jeweils eigenen Empfindungen – und meiner jeweils eigenen ‚propositional attitudes' (vgl. Russell *1940*) oder intentionalen Zustände, z. B. meines Glaubens oder Beabsichtigens – „der Ausdruck der Ungewißheit sinnlos ist"; was er bestreitet, ist nur, daß man diese unvergleichliche Gewißheit *normalerweise* durch die Worte „ich weiß..." wiedergebe (Wittgenstein *1953*, §

247, II, 533; vgl. schon *1921*, 5.1362). *Normalerweise* – denn er ist sich durchaus des Umstands bewußt, daß *Philosophen* das häufig tun und im Zusammenhang mit Bewußtseinserlebnissen aller Art (vgl. Moore *1954/1955*, 261f., 266; s.u. VI, 2 b) etwa sagen: „‚Ich weiß, was ich will, wünsche, glaube, fühle,...‘ (usf. durch alle psychologischen Verben)“ (Wittgenstein *1953*, II, 533); „Ich weiß, was ich denke“ (534); „Nur er kann wissen, was er beabsichtigt“ (536); „Nur du kannst wissen, ob du die Absicht hattest“ (§ 247).

Der Gebrauch solcher Sätze in der Philosophie (die für Wittgenstein „Grammatik“ ist: s.u. III, 5 und V, 2 b) ist seiner Ansicht nach zwar irreführend, aber nicht schlechthin illegitim, sofern man sich nur darüber im klaren ist, daß sie keine „Erfahrungssätze“, sondern „grammatische Sätze“ („philosophische Sätze“) sind, mit deren Hilfe man rein „grammatische Behauptungen“ aufstellt (*1953*, §§ 85, 251; *1933/1934*, 35, 55f., 89f.). Solche „grammatischen“ Aussagen sind für Wittgenstein nichts anderes als „Urteile a priori“ (*1953*, § 251, II, 533). Doch schätzt er ihren Wert viel geringer ein, als es in der philosophischen Tradition üblich war, und gelegentlich nennt er sie sogar „Unsinn“ oder, weniger mißverständlich, „Philosophen-Unsinn“ (§§ 246, 252, II, 533, 536; *1933/1934*, 56).

Dies dürfte aber bloß so zu verstehen sein, daß grammatische Sätze wie die bereits erwähnten – oder etwa wie diese: „Jeder Stab hat eine Länge“, „Dieser Körper hat eine Ausdehnung“, „Patience spielt man allein“, „Empfindungen sind privat“, „Jemandes Sinnesdaten sind privat, d.h. nur ihm allein zugänglich“ (*1953*, §§ 248, 251f.; *1933/1934*, 89) – als ‚trivial‘, ‚selbstverständlich‘, ‚witzlos‘ und daher als ‚nicht bemerkenswert‘ (im Sinne von Searle *1969*, 6.3) erscheinen müssen, falls man sich durch ihre Ausdrucksweise dazu verleiten läßt, sie als Informationen über Stäbe, Körper, das Patience-Spiel, Empfindungen, Sinnesdaten usf. zu mißdeuten. Doch hat sich Wittgenstein explizit darauf festgelegt, daß es auch mit grammatischen Sätzen Sprachspiele gibt, aus denen sie „Sinn" gewinnen (so daß sie also nicht im *letalen* Verstande „unsinnig" sind): In seinen „Bemerkungen über die Grundlagen der Mathematik" charakterisiert er den Satz „Die Klasse der Löwen ist kein Löwe" als einen „grammatischen Satz", der „wie ein Unsinn erscheint, dem man nur aus Höflichkeit einen Sinn beilegen könne", fügt indessen hinzu, er wolle ihn, im Gegensatz zu seiner Position im „Tractatus",[3] „als einen rechten Satz" auffassen: „es gibt auch ein Sprachspiel mit *diesem* Satz" (*Schriften VI*, 401–403). Tatsächlich kann man grammatische Sätze dazu verwenden, jemandem die Bedeutung von Wörtern wie „Klasse", „Patience", „Sinnesdatum", „die Absicht haben" usw. zu erklären (vgl. *1953*, §§ 247f.); und insbeson-

[3] In der Tat hatte Wittgenstein in seiner Frühschrift (*1921*, 4.1272) Sätze wie „1 ist eine Zahl" als „unsinnig" im strengsten Verstand, nämlich als „unsinnige Scheinsätze", verurteilt. – Dieses Beispiel macht übrigens augenfällig, wie eng Wittgensteins „grammatische Sätze" mit Carnaps (*1934*, bes. § 74) „Pseudo-Objektsätzen" oder „quasi-syntaktischen Sätzen" der „inhaltlichen Redeweise" zusammenhängen; denn ein „Pseudo-Objektsatz" ist für Carnap z.B. auch der Satz „Fünf ist kein Ding, sondern eine Zahl" (211f.). Auf diesen Zusammenhang hat besonders erhellend Specht (*1963*, § 10) hingewiesen; er betont allerdings, daß Wittgenstein grammatische Sätze nicht als verkappte Aussagen über sprachliche Ausdrücke, sondern als nicht-empirische Aussagen über Gegenstände betrachte (129 Anm. 12): „Alle Aussagen Wittgensteins weisen darauf hin, daß unter einem grammatischen Satz ein Satz zu verstehen ist, der eine Aussage über einen Gegenstand macht, in seinem Wahrheitswert aber ausschließlich von den Verwendungsregeln des den Gegenstand bezeichnenden Sprachzeichens abhängt." (127) In jedem Fall steht zu vermuten, daß Wittgensteins Abwertung der grammatischen Sätze als „Philosophen-Unsinn" und Carnaps Ächtung der inhaltlichen Redeweise zugunsten der formalen (vgl. II, 1 a) wechselseitig Licht aufeinander werfen.

dere kann man mit Sätzen des Typs „Ein Diamant ist auch dann hart, wenn er nicht berührt wird“, „Ich kann auch Englisch, während ich schlafe“, „Der Wald ist auch dann noch da, wenn alle schlafen“ oder „Die Sonne wird noch scheinen, wenn es kein Leben mehr gibt“ zwar keine empirischen (oder anderweitig nachprüfbaren) Aussagen machen, wohl aber den tatsächlichen Gebrauch von „Eigenschafts“- bzw. von „Ding“-Wörtern erklären (vgl. Hoche *1973 b*, § 30).

3. Können verschiedene Personen ‚die gleichen‘ Empfindungen haben?

Im letzten Abschnitt habe ich Wittgensteins Überlegungen zur ‚Ökologie‘ des Wortes „wissen“ mit groben Strichen zu skizzieren versucht (s. auch unten V, 2 a). Ein von Wittgenstein für wichtig gehaltenes Resultat war dies: Mit dem grammatischen Satz „Nur ich kann wissen, ob ich wirklich Schmerzen habe“ (*1953*, § 246) könne man, wenn auch in äußerst irreführender und „Philosophen-Unsinn“ verratender Weise, dasselbe sagen wie mit den folgenden Worten (gegen die man nichts einwenden könne): *Ich*, und *nur* ich, kann mit zweifelsfreier Gewißheit sagen, ob ich Schmerzen habe. In diesem Sinn erkennt Wittgenstein an, daß meine Schmerzen „privat“ sind.

Doch für die Frage nach der „Privatheit“ meiner Schmerzen könnte man, wie sich gezeigt hat, auch noch einen ganz anderen Sinn beanspruchen wollen, nämlich den: Kann jemand anders dieselben Schmerzen haben wie ich? *Diese* Frage jedoch wird von Wittgenstein weder bejaht noch verneint. Vielmehr weist er sie als *sinnlos* zurück – und zwar nicht als bloßen, verzeihlichen, „Philosophen-Unsinn“, sondern als Unsinn im vernichtenden, letalen Sinne des Wortes.[4] Auch hierbei bedient er sich wiederum einer ‚sprachökologischen' Strategie. Sie betrifft die Wörter „das gleiche" und „dasselbe".

„Der Andre kann nicht meine Schmerzen haben", sagt der Verteidiger dieser zweiten Privatheits-These (Wittgenstein *1953*, § 253), und man darf hier gewiß an Frege (*1918*, 68) denken: „Kein anderer hat meinen Schmerz. Jemand kann Mitleid mit mir haben; aber dabei gehört doch immer mein Schmerz mir und sein Mitleid ihm an. Er hat nicht meinen Schmerz, und ich habe nicht sein Mitleid." Dem hält Wittgenstein (*1953*, § 253) entgegen: „Soweit es *Sinn* hat, zu sagen, mein Schmerz sei der gleiche wie seiner, soweit können wir auch beide den gleichen Schmerz haben." Der Kontext legt es nahe, die Worte „den gleichen" hier als „denselben" zu lesen (vgl. auch Cook *1965*, 314f.; Scholz *1969*, 58; Savigny *1969 a*, 48f.); und doch hatte Wittgenstein einen guten Grund, zwischen „der gleiche" und „derselbe" an dieser Stelle nicht zu differenzieren (vgl. *1953*, § 254): In demselben Zusammenhang (§ 253) erinnert er nämlich daran, daß es „im Falle physikalischer Gegenstände" wohlunterschie-

[4] Hätte Wittgenstein diese beiden Verwendungsweisen von „Unsinn" deutlicher unterschieden (vgl. aber unten Anm. 12), hätte er seinen Interpreten viel Mühe erspart. Doch manche Sätze sind in beiden Weisen „unsinnig": Der Satz „Nur ich kann wissen, ob ich Schmerzen habe" kann besagen, nur in meinem eigenen Fall sei der Ausdruck der Ungewißheit sinnlos (*1953*, §§ 246f.), und in dieser Deutung kann man ihn als bloßen „Philosophen-Unsinn" durchgehen lassen; doch ist dieser Satz als „Ich kann wissen, ob ich Schmerzen habe & Andere können nicht wissen, ob ich Schmerzen habe" zu analysieren, und von dieser Konjunktion ist das zweite Glied „falsch", das erste aber „unsinnig" (§ 246) im letalen Verstand, wenn man es so versteht, als könne ich *in Erfahrung gebracht haben* – und also auch *in Erfahrung bringen* –, ob ich Schmerzen habe (vgl. III, 2; V, 2 a; und allgemein zu „Unsinn" V, 1 a–b). Wiederum zeigt sich: „Analyse und Unterscheidung sind oft sehr schwierig".

dene Kriterien für Identität und für Gleichheit gibt, die sich auf den Fall von Empfindungen offensichtlich nicht übertragen lassen. So wichtig es also im Umgang mit Dingen der Körperwelt häufig ist, zwischen Identität und Gleichheit zu unterscheiden, so falsch ist es seiner Auffassung nach, diese begriffliche Unterscheidung auch für einen Bereich oder Logotop in Anspruch zu nehmen (sozusagen in einen ‚Biotop' zu ‚verpflanzen'), in dem sie überhaupt nicht ‚gedeihen' kann, weil es an den unerläßlichen Voraussetzungen für ihre konkrete Anwendung mangelt (vgl. auch Kripke *1982*, 117–119). Wie es müßig wäre, sich darüber zu streiten, ob zwei Personen ‚die *gleiche*' oder aber ‚*dieselbe*' Größe, Statur oder Haarfarbe hätten (Cook *1965*, 301–303, 307–310; vgl. Wittgenstein *1933/1934*, 90), so hat man auch keinen Grund, es für selbstverständlich zu halten, daß zwei Personen zwar möglicherweise den *gleichen*, aber bestimmt nicht *denselben* Schmerz haben können. Man müßte vielmehr erst zeigen, daß man der Unterscheidung zwischen Identität und Gleichheit (zwischen ‚numerischer' und ‚spezifischer' oder ‚qualitativer' Gleichheit), die ihr Paradigma in der Sprache über Dingliches hat (vgl. etwa Strawson *1959*, Teil I), auch beim Sprechen über Empfindungen einen guten und nützlichen Sinn abgewinnen kann; dies dürfte aber schwerlich gelingen, es sei denn, man wollte ad hoc bestimmte Spezialfälle konstruieren (vgl. Cook *1965*, 316f.; Scholz *1969*, 61 Anm. 1).

Nun darf man aber die schon zitierte Einschränkung Wittgensteins nicht vergessen: „Soweit es *Sinn* hat, zu sagen, mein Schmerz sei der gleiche wie seiner..." Dies zu sagen, hat nämlich in der Tat *keinen Sinn*, wie Frege mit Recht hervorhebt, und zwar bemerkenswerterweise genau an der Stelle, von der seine oben im Wortlaut wiedergegebenen Sätze über den eigenen Schmerz und das fremde Mitleid stammen: „Es ist unmöglich, meinen Sinneseindruck mit dem eines andern zu vergleichen. Dazu wäre erforderlich, einen Sinneseindruck, der einem Bewußtsein angehört, und einen Sinneseindruck, der einem andern Bewußtsein angehört, in einem Bewußtsein zu vereinigen"; und Entsprechendes gilt für Empfindungen wie Schmerzen und für Gefühle wie Mitleid (Frege *1918*, 67f.). Etwas ganz Ähnliches sagt Frege auch in seinem berühmten Aufsatz „Über Sinn und Bedeutung" (*1892 a*, 29f.), in seinen „Grundlagen der Arithmetik" (*1884*, 36) sowie an anderen Stellen (etwa *1894*, 317). Wittgenstein können diese Überlegungen also schwerlich entgangen sein (vgl. auch Wittgenstein *1953*, §§ 271f., 278, 293). Dafür, daß er ihnen *positiv* gegenüberstand, gibt es zumindest das folgende Indiz: Friedrich Waismann, der es sich nach 1929 zur Hauptaufgabe gemacht hatte, „eine systematische Darlegung von Wittgensteins Philosophie vorzulegen" (Waismann *1976*, Nachwort der Hrsg., 648; vgl. Wittgenstein, *Schriften III*), hat „Das Problem der Gleichheit von Empfindungen in verschiedenen Bewußtseinen" ganz im Sinne Freges in Angriff genommen und weiter entfaltet, und zwar nicht nur in einem Aufsatz (*1939*, 97–101), sondern fast gleichlautend auch in einem 1939 beendeten, aber erst 1965 in englischer Fassung und 1976 im deutschen Original erschienenen Buch (*1976*, II.2, vgl. 259, 349–351, 354, 356f.), das als „der beste vorliegende Versuch einer systematischen und durchdachten Einführung in den Gedankenbereich und den philosophischen Ansatz des reifen Wittgenstein" gelten darf (*1976*, Nachwort der Hrsg., 647).

Aus diesen Gründen scheint mir die hier vertretene Deutung von § 253 der „Philosophischen Untersuchungen" gegenüber anderen Deutungen wie beispielsweise der völlig abweichenden Hackers (*1972*, VIII. 6–7,

246–249) den Vorzug zu verdienen. Wittgenstein will also anscheinend sagen: Da es im Bereich der Empfindungen, z. B. der Schmerz- oder Farbempfindungen, keinen Sinn ergibt, zwischen ‚qualitativer‘ und ‚numerischer‘ Gleichheit, also z. B. zwischen den Ausdrücken „zwei gleiche Empfindungen“ und „eine und dieselbe Empfindung“, zu unterscheiden, könnte man durchaus sagen, daß zwei Menschen *denselben* Schmerz haben könnten, wenn sie den *gleichen* Schmerz haben könnten; *diese* Annahme ist aber *sinnlos* (und nicht etwa falsch; denn wenn man von Unterschieden der Lokalisierung absieht, vermag man auch nicht zu sagen, sie hätten – auch bloß: möglicherweise – *unterschiedliche* Schmerzen); und daher ist auch die Annahme sinnlos, sie hätten *denselben* Schmerz – und zwar wiederum *sinnlos* und nicht etwa falsch; und daraus folgt (wenn man die übliche Auffassung teilt, daß die Negationen sinnloser Sätze ebenfalls sinnlos sind), daß auch die Annahme, sie hätten *numerisch verschiedene* Schmerzen, *sinnlos* und nicht etwa wahr ist. Die Annahme, Empfindungen seien im Sinne der vorangegangenen Überlegungen *privat*, ist von Wittgenstein also nicht als falsch, sondern als *sinnlos* erwiesen (vgl. auch Malcolm *1954*, 75 f. Anm.); und die beiden entscheidenden Schritte in seinem Argument sind Überlegungen sprach-‚ökologischer‘ Art: Die aus unserem Sprechen über *Dinge* geläufige Unterscheidung zwischen Identität und Gleichheit kann auf den Bereich der *Bewußtseinserlebnisse* nicht übertragen werden, und ein Satz von der Form „a und b sind einander entweder gleich oder nicht gleich“ verliert in einer intersubjektiven Gegenüberstellung subjektiver Erlebnisse Sinn und Gültigkeit. (Dieser letzte Punkt wird 1) ähnlich gesehen bei Ryle *1949 a*, 193, 209; Quine *1969 a*, 49 f.; *1974*, 35; 2) ignoriert bei Moore *1942*, 588; Malcolm *1954*, 98; Quine *1975*, 315; Searle *1983*, 50, 62, 66, 68–70,

207; sowie im überwiegenden Teil der Sekundärliteratur zu Wittgenstein [vgl. etwa von Kutschera *1971*, 3.4.6]; 3) in Zweifel gezogen bei Feigl *1958*, 31, 34 f., vgl. 109. Daß der Satz vom ausgeschlossenen Dritten an sinnlosen Sätzen scheitert, wird im übrigen auch von intuitionistischen Logikern und ‚Quantenlogikern' [vgl. Hoche *1986*], aber z. B. auch von Russell *1908*, 63; *1918*, 263; und Husserl *1929*, § 90, deutlich gesehen; vgl. jedoch bes. Wittgenstein *1953*, §§ 352, 426, 516.)

4. Kann man Regeln ‚privatim' folgen?

Sprachökologische Erwägungen machen auch den Kern eines Lehrstücks aus, das zu den meistdiskutierten und wohl auch schwierigsten in der analytischen Philosophie gehört: nämlich den Kern des Wittgensteinschen Arguments gegen die Möglichkeit eines privaten Regelfolgens und damit auch einer privaten Sprache.

a. „Ich folge der Regel blind"

Daß man für sich allein („privatim": *1953*, § 202) einer Regel nicht folgen könne, hat für Wittgenstein einen ganz ähnlichen Grund wie die Tatsache, daß man von den subjektiven Empfindungen *verschiedener* Personen nicht sagen kann, sie seien einander gleich oder voneinander verschieden. Daß man dieses jedoch nicht sagen kann, bedeutet – wir erinnern uns – nicht, daß die Tatsache ihrer Gleichheit oder Verschiedenheit zwar bestünde, aber von uns nicht erkannt werden könnte, da wir, anders als möglicherweise Gott, zum fremden Bewußtsein einen unmittelbaren Zugang, als die unerläßliche Voraussetzung eines Vergleichs, nicht hätten. Es bedeutet vielmehr, daß es bezüglich der Gleichheit oder Verschiedenheit von Empfindungen verschiedener Menschen (oder auch Tiere) eine *Tatsache* überhaupt *nicht gibt*: „there is no fact of the matter", wie Quine (*1969 a*, 38, 47, 103; *1969 b*, 303; *1977*, 162, 167; *1981*, 23; vgl. *1960*, 73, 77–79) im Rahmen seiner strukturell vergleichbaren Argumente für die Unbestimmtheit der Übersetzung („indeterminacy of translation") und für die Unerforschlichkeit des Gegenstandsbezugs von Prädikaten („inscrutability of reference", „inscrutability of terms") gerne und treffend sagt. Man kann hier also nicht einmal sagen: „Meine subjektive Farbempfindung beim Anblick des blauen Himmels ist der deinen, nach dem Gesetz vom ausgeschlossenen Dritten, entweder gleich oder nicht; nur können wir grundsätzlich nicht herausfinden, welcher dieser beiden möglichen Sachverhalte tatsächlich besteht." Daß unsere subjektiven Farbempfindungen einander gleichen, oder daß sie einander nicht gleichen, sind eben nicht einmal mögliche Sachverhalte; das eine wie das andere zu sagen wäre insofern sinnlos, als man überhaupt nicht angeben könnte, welche denkbaren Erfahrungen für das Bestehen des einen und welche für das Bestehen des anderen Sachverhalts sprechen würden. Diese ‚verifikationistische' Charakterisierung der Situation läßt sich aber auch durch eine am Begriff des Sprachspiels orientierte ersetzen: Solange man keine Sprachspiele kennt (oder durch Festsetzung einführt), in denen Sätze wie „Meine subjektive Blauempfindung gleicht der deinen (oder: gleicht der deinen nicht)" einen bestimmten „Gebrauch" oder „Nutzen" haben, solange haben solche Sätze auch keinen Sinn (s. o. III, 1, 3; s. u. Teil A Anm. 19).

Eine der wichtigsten Thesen der „Philosophischen Untersuchungen" ist es nun, daß man auch im Rahmen seines jeweils *eigenen* Bewußtseins frühere Erlebnisse mit den gegenwärtigen nicht vergleichen und daher auch nicht sinnvoll fragen könne, ob z. B. ein gegenwärtiger Schmerz einem gestern empfundenen gleiche (oder wenigstens ähnlich sei) oder nicht. Aber kann ich mich denn an den gestrigen Schmerz nicht *erinnern* und den erinnerten Schmerz von gestern mit dem gegenwärtig empfundenen Schmerz nicht ebensogut vergleichen wie z. B. die Photographie eines Menschen mit diesem Menschen selbst? Sicher kann ich mein gegenwärtiges Schmerzerleben mit meiner gegenwärtigen Schmerzerinnerung vergleichen; aber ich will es doch nicht *damit* vergleichen, sondern mit meinem vergangenen Schmerzerleben, und gerade die Frage, ob meine gegenwärtige Schmerzerinnerung meinem vergangenen Schmerzerleben gleiche oder wenigstens ähnlich sei, kann nicht sinnvoll gestellt werden, solange man an ein Gleichheits- oder Ähnlichkeitskriterium denkt, das uns die Unmöglichkeit zumutet, „in die Vergangenheit zurück" zu gehen, „um die Erinnerung neben das Ereignis zu halten" (Waismann *1939*, 93 f.; *1976*, 48). Könnte es also sein, daß uns die Erinnerung an einen vergangenen Schmerz gelegentlich (oder ständig) täuscht, daß wir uns also gelegentlich (oder ständig) irren, wenn wir glauben, heute einen Schmerz von der gleichen Art zu haben wie gestern? Ganz und gar nicht. „Vielleicht gleicht mein heutiger Schmerz meinem gestrigen doch nicht" ist ein sinnloser Satz; denn wir würden damit die *Möglichkeit* eines Tatbestands unterstellen, von dem wir nicht einmal im entferntesten angeben können, was uns zu seiner Behauptung oder zu seiner Bestreitung legitimieren würde, und der insofern gerade *nicht möglich* ist. Auch hier also muß man sagen, daß ein „fact of the matter" – eine Tatsache, die getroffen oder verfehlt werden kann – überhaupt nicht vorliegt. Und das schließt offenbar ein, daß wir genausowenig zu sagen befugt sind, an meine vergangenen Empfindungen könne ich mich immer nur *richtig* erinnern. Weder daß meine Erinnerung mich in einem solchen Fall trügt, noch daß sie mich nicht trügt, ist ein möglicher Tatbestand: Mit der Rede von der *falschen* wird hier auch die von der *richtigen* Erinnerung sinnlos (vgl. Wittgenstein *1953*, § 258).

Dies gilt aber nicht nur für meine Erinnerung an vergangene Schmerzen, Farbempfindungen usw.; es gilt z. B. auch für meine Erinnerung daran, daß ich früher einmal gelernt habe, die Wörter „Zahnschmerzen" oder „blau" in der und der Art zu verwenden. Da ein Rückgang in die Vergangenheit grundsätzlich nicht in Betracht kommt, ist es eine sinnlose Frage, ob mich meine Erinnerung an meinen früheren Sprachgebrauch täuscht oder nicht: ob ich heute ‚*tatsächlich*' den Regeln folge, die ich früher einmal für die Verwendung dieses oder jenes Ausdrucks gelernt und zu befolgen mir vorgesetzt habe. Auch hier gibt es keine ‚Tatsache', die ich treffen oder verfehlen könnte. Heißt dies, daß ich heute dasselbe Wort vielleicht *ganz anders* verwende als gestern, und morgen abermals anders? Ganz im Gegenteil: dies zu behaupten, wäre genauso sinnlos wie die Behauptung, daß ich das Wort bei jeder Gelegenheit in der *gleichen* Weise verwende. Weil ich aber eben auch dies nicht behaupten darf – und ganz allgemein nicht behaupten darf, ich ließe mich bei der Anwendung einer Regel durch die ‚korrekte' Erinnerung an mein ursprüngliches Regelverständnis leiten –, meint Wittgenstein sagen zu können, daß ich einer Regel letzten Endes ohne „Rechtfertigung" und „Begründungen" folge: „Ich werde dann, ohne Gründe, handeln... Ich folge der Regel *blind.*" (*1953*, §§ 211, 217, 219; vgl. Kripke *1982*, 17, 81, 87, 107 f.; s. aber unten III, 4 e)[5]

[5] Bei der Konzeption der Unterabschnitte 4 a–c habe ich mich stark durch Kripke *1982* inspirieren lassen, dessen Interpretation des Wittgensteinschen ‚Privatsprachenarguments' mir von den vielen bisher vorgelegten, soweit ich sie kenne, die überzeugendste zu sein scheint. Demge-

b. „Darum ist ‚der Regel folgen' eine Praxis"

Wittgenstein fügt allerdings hinzu: „Ein Wort ohne Rechtfertigung gebrauchen, heißt nicht, es zu Unrecht gebrauchen" (*1953*, § 289; vgl. *Schriften VI*, 406, § 40); denn das Umgehen mit der Sprache, wie jedes andere Regelfolgen, beruht seiner Ansicht nach auf „Erziehung" oder vielmehr auf „Abrichtung" (*1953*, §§ 86, 189, 198, 206, vgl. §§ 5, 27, 223): es ist für ihn einfach eine „Gepflogenheit", „Institution" oder „Technik", ein „ständiger Gebrauch" – kurz: eine „Praxis" (§§ 198–205, vgl. §§ 150, 337, und II, 520). Daher sagt Wittgenstein, daß „nur *ein* Mensch, nur *einmal* im Leben" – ja, mehr noch: daß man „privatim" für sich – einer Regel nicht folgen könne (§§ 199, 202).

Die Mitwirkung meiner Sprachgenossen kann mir nun allerdings nicht diejenige „Rechtfertigung" meines Regelfolgens und insbesondere Sprachgebrauchs nachliefern, die mir als Einzelnem unerreichbar bleibt; denn erstens ist bezüglich des Regelfolgens jeder andere in der gleichen Lage wie ich, und zweitens bedürfte es einer unter Regeln stehenden Verständigung bereits dann, wenn ich mir die Richtigkeit meiner Regelbefolgung durch meine Sprachgenossen bestätigen lassen wollte. Vor allem dieser letzte Punkt ist sehr wichtig: Wenn ich z. B. an meiner korrekten

---

genüber meinen Baker/Hacker *1984*, Kripkes Wittgenstein-Deutung sei von Grund auf verfehlt, ja töricht. Allerdings vermag ich in ihrem recht polemischen Buch keine überzeugenden Gründe zu finden, die ihren Anspruch stützen könnten; wenn ich recht sehe, haben sich die Autoren nicht einmal ernsthaft bemüht, Kripke genau zu verstehen. Falls Baker/Hacker den „echten Kripke" angreifen, habe ich mich hier wohl durch einen „Pseudo-Kripke" auf die Spur setzen lassen; in diesem Falle sind meine Ausführungen also auch dann nicht automatisch betroffen, wenn Baker/Hacker recht haben sollten. Alles deutet darauf hin, daß Kripke *1982* noch Stoff für jahrelange Diskussionen der ‚Wittgenstein-Forscher' liefern wird (vgl. z. B. schon Winch *1983*; Horwich *1984*; McGinn *1984*; Scruton *1984*; Shanker *1984*).

Verwendung des Wortes „blau" rein akademisch zweifeln möchte und jemanden frage: „Ist dies hier blau?", dann nützt mir auch seine Antwort: „Ja, das ist blau" für die Behebung meines philosophischen Zweifels nichts; denn mit dem gleichen akademischen Recht könnte ich daran zweifeln, ob er und ich den Ausdruck „ja" oder „dies hier" oder die Zeigegeste in gleicher Weise verwenden. Unter dem Gesichtspunkt letzter „Begründung" oder „Rechtfertigung" liegt hier ein Zirkel vor, aus dem kein Entrinnen ist. Trotzdem wäre es falsch, diesen Tatbestand gegen Wittgensteins Angriff auf die Möglichkeit eines privaten Regelfolgens ins Feld zu führen (vgl. etwa Birnbacher *1974*, 120f.); denn wir haben bereits gesehen, daß man nach Wittgensteins Meinung einer Regel letzten Endes *ohne* „Begründung" oder „Rechtfertigung" folgt: „Habe ich die Begründungen erschöpft, so bin ich nun auf dem harten Felsen angelangt, und mein Spaten biegt sich zurück. Ich bin dann geneigt zu sagen: ‚So handle ich eben.'" (Wittgenstein *1953*, § 217) Der „harte Felsen" – „das Hinzunehmende, Gegebene" – ist dabei die faktische „Übereinstimmung der Menschen": ihre Übereinstimmung „in der Sprache", „in den Urteilen" und in den „Lebensformen" (§§ 224, 241 f., II, 539; vgl. Kripke *1982*, 89–98).

Diese Berufung auf einen ‚Konsensus', der nicht mehr ‚hinterfragt' werden kann, hat in den letzten Jahrzehnten viele Freunde gefunden, doch scheint das für Wittgenstein *Entscheidende* dabei nicht selten völlig verkannt zu werden. So schreibt etwa Habermas, indem er sich auf Giegel *(1969)* bezieht: „Stets muß mindestens *ein* weiteres Subjekt, das selbst die fragliche Regel anzuwenden imstande ist, prüfen können, ob der Proband dieser Regel tatsächlich folgt" (Habermas/Luhmann *1971*, 133f.; ganz ähnlich auch 189f.); und gegen (bestenfalls) irreführende Formulierungen dieser Art ist man natürlich einzuwenden versucht:

„Wenn ich nicht allein imstande bin, eine sprachliche Äußerung zu prüfen, so erst recht nicht zusammen mit anderen. Denn die Zustimmung eines anderen, der für sich allein zu einer Überprüfung außerstande wäre, ist für mich wertlos." (Ilting *1972*, 94 Anm. 12) Was Wittgenstein aber im Sinn hat, ist nach meinem Verständnis keineswegs eine wechselseitige Prüfung einzelner Individuen, bei der diese sozusagen ‚distributiv' zu Werke gingen; vielmehr läßt sich die Frage, ob ein einzelner einer „Regel tatsächlich folgt", für Wittgenstein nur sozusagen ‚kollektiv' überprüfen.

Auf diesen ‚kollektiven' Charakter des Regelfolgens und seiner Überprüfung hat Kripke ein besonders erhellendes Licht geworfen, indem er im Anklang an Hume (*1748*, V) von einer „skeptischen Lösung" Wittgensteins spricht. „A *sceptical* solution of a sceptical philosophical problem begins ... by conceding that the sceptic's negative assertions are unanswerable. Nevertheless our ordinary practice or belief is justified because – contrary appearances notwithstanding – it need not require the justification the sceptic has shown to be untenable." (Kripke *1982*, 66, vgl. 67–69)

Humes „skeptische Lösung" des Kausalitätsproblems sieht etwa so aus (*1748*, V, VII): Der Skeptiker weist darauf hin, man könne in keinem einzelnen Fall („any one instance") zwischen zwei Ereignissen eine notwendige „Verknüpfung", oder in dem einen von ihnen eine wirkende „Kraft", konstatieren, und daraus schließt er, „that we have no idea of connection or power at all, and that these words are absolutely without any meaning". Hume stimmt der ‚negativen Behauptung' des Skeptikers zu, lehnt seine Folgerung aber ab; denn aufgrund einer Vielzahl sich wiederholender Fälle entwickeln wir eine Gewohnheit oder Übung („custom or habit"), Ereignisse von bestimmter Art in unserem Geist miteinander zu assoziieren, und wenn wir sagen, daß ein Ereignis mit einem andern „verknüpft“ sei, „we mean only that they have acquired a connection in our thought“. Wir „meinen“ also mit der Rede von der kausalen „Verknüpfung“ nach Hume im Grunde etwas ganz anderes, als die Skeptiker (und wir selbst, wenn wir ungeübt zu philosophieren beginnen) glauben, und das, was wir damit im Grunde und entgegen dem Anschein „meinen“, können wir auch rechtfertigen.

Ganz entsprechend läßt sich nun auch Wittgensteins „skeptische Lösung“ des Problems des „richtigen“ Regelbefolgens (*1953*, §§ 56, 258, 265) kennzeichnen: Der Skeptiker weist darauf hin, daß man bei keinem einzelnen Menschen feststellen könne, ob sein gegenwärtiges Sprechen und Handeln mit den von ihm ursprünglich befolgten und akzeptierten Regeln dafür in Übereinstimmung stehe, und daraus schließt er, daß von einem regelgeleiteten Sprechen und Handeln gar nicht sinnvoll die Rede sein könne. Auch Wittgenstein stimmt der ‚negativen Behauptung‘ des Skeptikers zu; denn tatsächlich kann man ja „nicht in die Vergangenheit zurück“ (Waismann *1976*, 48), um z. B. den früher gefaßten Vorsatz eines bestimmten Sprechers, das Wort „blau“ zukünftig so und so zu verwenden, mit seiner heutigen Ausführung zu vergleichen. Doch lehnt es auch Wittgenstein wiederum ab, aus dieser Prämisse das „skeptische Paradox“ abzuleiten, „eine Regel könnte keine Handlungsweise bestimmen“ (Kripke *1982*, 4, 7, 21; bzw. Wittgenstein *1953*, § 201); denn wenn wir von „richtiger“ Regelbefolgung sprechen, so „meinen“ wir gar nicht eine – prinzipiell nicht zu fassende und zu prüfende – „Übereinstimmung“ unserer gegenwärtigen Regelbefolgung mit unserm ursprünglichen Regelverständnis und Regelbeschluß, sondern wir „meinen“ damit eine „Übereinstimmung“ von ganz anderer Art: die intersubjektive „Übereinstimmung der Menschen" in der „Praxis", nämlich in der faktisch gelingenden Kooperation des Sprechens und sonstigen Handelns.

Es dürfte im übrigen hilfreich sein, auch noch eine Analogie mit Husserls Begriff der „Selbstgebung" oder „Evidenz", der „Erfahrung" im weitesten Wortsinn, wenigstens zu skizzieren. Denn auch einem Vertreter der transzendentalen Phänomenologie muß es als sinnlos erscheinen, nach so etwas wie einer „Übereinstimmung" zwischen der ‚Selbstgebung' und dem ‚selbst Gegebenen', z. B. zwischen je meiner Wahrnehmung und dem Wahrgenommenen selbst, zu fragen, und auch für ihn kann mit „Übereinstimmung" nur etwas völlig anderes gemeint sein: nämlich einmal die Übereinstimmung eines unanschaulichen, rein sprachlich fundierten Urteils mit der anschaulichen Erfahrung, zum anderen aber – und das ist eine besonders interessante Parallele zu Wittgenstein – die ‚Übereinstimmung der Menschen', die darin liegt, daß als unüberbietbare Evidenz für (im vernünftigen Sinne des Wortes) bewußtseinsunabhängige, objektive, ‚an sich' bestehende Sachverhalte nur die bruchlose – oder nach vorübergehenden Unterbrechungen wiederherstellbare – Einstimmigkeit der intersubjektiven Erfahrung gilt.

c. „Ein ‚innerer Vorgang' bedarf äußerer Kriterien"

Von einer im Sinne Wittgensteins verstandenen „Übereinstimmung der Menschen" könnte natürlich in einer Sprache oder Möchtegern-Sprache, „die nur ich selbst verstehen kann" (Wittgenstein *1953*, § 256, vgl. § 243), laut Voraussetzung keine Rede sein. Eine in diesem Sinne „private" Sprache ist für Wittgenstein also nicht möglich. Konsequenterweise muß er daher auch annehmen, daß die zweifellos funktionierende Sprache über unsere Empfindungen und sonstigen Bewußtseinserlebnisse nur eine öffentliche, gemeinsame sein kann. Dann bedürfen diese „inneren Vorgänge" aber „äußerer Kriterien" (§ 580). Wittgensteins Begründung dafür scheint sich etwa folgendermaßen rekonstruieren zu lassen.

Wenn sich z. B. der Ausdruck „Schmerz" auf meinen als eine „unmittelbare, private, Empfindung" (§ 243) verstandenen Schmerz in der gleichen Weise bezieht wie der Name „Fido" auf den Hund dieses Namens – wenn man also „die Grammatik des Ausdrucks der Empfindung nach dem Muster von ‚Gegenstand und Bezeichnung' konstruiert" (§ 293) oder, vielleicht richtiger gesagt, „deutet" (denn Wittgenstein scheint hier das englische „construe" im Auge zu haben) –, dann hat jemand anders zu meinem Schmerz ebensowenig Zugang wie beispielsweise zu dem Inhalt einer undurchsichtigen und verschlossenen Schachtel, die er grundsätzlich niemals öffnen kann (vgl. § 293). Ich selbst kann meinen Schmerz zwar empfinden, doch darf auch ich nicht behaupten, mit dem auf meine eigenen Empfindungen angewandten Wort „Schmerz" stets Empfindungen von derselben Qualität zu bezeichnen; denn wir haben soeben (in III, 4 a–b) gesehen, daß eine solche Behauptung sinnlos – nicht etwa: möglicherweise falsch – sein würde. Wenn man daher das „‚Fido'-Fido-Prinzip" (Ryle *1949 b*; vgl. Carnap *1947*, 216–218) auf subjektive Erlebnisse anwenden wollte, so würde z. B. die Annahme eines qualitativ bestimmten Schmerzes, ja überhaupt eines Schmerzes, völlig überflüssig, grundlos und nichtssagend sein; sie würde dann einem „Rade" vergleichbar sein, „das man drehen kann, ohne daß Anderes sich mitbewegt", und das also, entgegen dem Anschein, „nicht zur Maschine" gehört, sondern „ein bloßes Zierat" darstellt (Wittgenstein *1953*, §§ 270 f., vgl. §§ 261, 304). Wenn man also das „‚Fido'-Fido-Prinzip" – das Bedeutungsmodell von

„Gegenstand und Bezeichnung“ – auf Bewußtseinserlebnisse anzuwenden versucht, „dann fällt der Gegenstand“, d.h. das subjektive Erleben, „als irrelevant aus der Betrachtung heraus“ (§ 293). Da Wittgenstein aber „seelische“ oder „geistige Vorgänge“ keineswegs leugnen will (vgl. bes. §§ 154, 304–308), ist sein Gedankengang als eine ‚reductio ad absurdum‘ einer falschen grammatischen Analogie zu verstehen: „Wir verwarfen nur die Grammatik, die sich uns hier aufdrängen will.“ (§ 304, vgl. § 307) Also gerade dann, wenn man glaubt, die subjektiven Erlebnisse nach dem einfachen Sprachmodell des Augustinus (vgl. Wittgenstein *1953*, § 1) unmittelbar bezeichnen zu können, gerade dann gehören sie, wenn Wittgenstein recht hat, in Wahrheit „überhaupt nicht zum Sprachspiel“ (§ 293) – gerade dann kann bei ihnen von einem „fact of the matter“, das man erzielen oder verfehlen kann, nicht die Rede sein, und zwar deswegen nicht, weil „ein Nichts die gleichen Dienste täte wie ein Etwas, worüber sich nichts aussagen läßt“ (§ 304; vgl. Donagan *1966*, 344–351).

Auch hinter dieser Überlegung steht also wieder eine sprachökologische Einsicht: in diesem Falle die Einsicht, daß man das schlichte ‚Referenz‘-Modell des Bedeutens aus einem Bereich, in dem es sich gut bewährt (vgl. Wittgenstein *1953*, §§ 2–3), nämlich aus dem Bereich des Sprechens über räumliche Dinge, nicht ohne weiteres in einen so ganz andersartigen Bereich wie den des Sprechens über Bewußtseinserlebnisse ‚transplantieren‘ kann. „Das Paradox verschwindet nur dann, wenn wir radikal mit der Idee brechen, die Sprache funktioniere immer auf *eine* Weise.“ (§ 304)

Die einzige Weise aber, auf die wir über Bewußtseinserlebnisse – und zwar nicht nur über Schmerzen, Farbempfindungen usw., sondern auch über ‚intentionale‘ Erlebnisse wie z.B. Wahrnehmungen oder Absichten – wirklich sprechen können, schließt die Verwendung „äußerer“, nämlich verhaltensmäßiger, „Kriterien“ ein; nur mit ihrer Hilfe – nur mit Berücksichtigung des Verhaltens in bestimmten Situationen – kommt es auf diesem Gebiet zu einer intersubjektiven „Übereinstimmung“ und damit zu einer „Praxis“ des sprachlichen Regelfolgens. Wenn Wittgenstein also sagt: „Ein ‚innerer Vorgang‘ bedarf äußerer Kriterien“ (*1953*, § 580), so ist dieses Erfordernis, wie vor allem Kripke (*1982*, 14, 44, 98–102, 120 Anm.) deutlich gemacht hat, das *Ergebnis* der vorangegangenen Überlegungen zum ‚Privatsprachen-Argument‘ („*deduced*, in a sense of deduction akin to Kant's“: 100) und nicht etwa eine ohne Argument übernommene „verificationist or behavioristic *premise*“ (ebd.).

d. „Aber in unserm Falle habe ich ja kein Kriterium für die Richtigkeit“

Es sei hier noch kurz vor einem weitverbreiteten Fehler gewarnt, der durch unvorsichtige Wortwahl und trotz offensichtlich besserer Einsicht selbst so zuverlässigen Wittgenstein-Interpreten wie Malcolm (*1959*, 38, 46, 54, und in Edwards *1967* VIII, 339 a), Pitcher (*1964 a*, 346), Scholz (*1969*, 83) oder Kripke (*1982*, 17) an vereinzelten Stellen zu unterlaufen scheint, ja den mindestens einmal auch Wittgenstein selber macht (*1953*, II, 518). Unter ausdrücklichem Hinweis auf diese Wittgenstein-Stelle hat Kenny (*1971*, 219f.; *1972*, 226f.) in seiner Deutung des zentralen Abschnittes 258 der „Philosophischen Untersuchungen“ diesen Fehler in vollem Ausmaß begangen, und Hacker (*1972*, 236f.) scheint ihm darin zu folgen; doch muß man in diesem Zusammenhang z. B. auch Kutschera (*1971*, 261) nennen.

Wittgenstein argumentiert in den letzten fünf Sätzen

von § 258 völlig korrekt wie folgt (vgl. auch § 270): Es kann nicht davon die Rede sein, daß man sich in einer Art privater Hinweisdefinition die Verbindung des Zeichens mit der Empfindung einprägt; denn die Rede vom Sich-Einprägen hängt mit der Rede von „richtiger" Erinnerung untrennbar zusammen, und gerade diese Rede entfällt hier (aus den in III, 4 a–b besprochenen Gründen). Ausgerechnet diese von Wittgenstein für unzulässig erklärte und – im Sinne des Gegensatzes von ‚mention' und ‚use' – nur metasprachlich *‚erwähnte'* Rede wird bei Kenny aber *‚benutzt'*: „Freilich muß er die *richtige* Erinnerung [an eine frühere Empfindung] aufrufen. Ist es nun möglich, daß er sich falsch erinnert? Wenn nicht, dann... Ist aber falsche Erinnerung möglich, so..." (*1972*, 226f.) Hier wird genau das getan, was nach der fundamentalen Einsicht Wittgensteins unbedingt zu vermeiden ist: die als sinnlos entlarvte Rede von einer sei es richtigen, sei es falschen Erinnerung an eigene frühere Bewußtseinserlebnisse geht als tragende Konstruktion in das philosophische Argument ein.

Demgegenüber sagt Wittgenstein im Parallelfall des Träumens wiederum ganz korrekt: „Die Frage, ob den Träumer sein Gedächtnis täuscht, wenn er nach dem Erwachen den Traum berichtet, kann sich nicht erheben, es sei denn, wir führten ein gänzlich neues Kriterium für eine ‚Übereinstimmung' des Berichts mit dem Traum ein, ein Kriterium, das hier eine Wahrheit von der Wahrhaftigkeit unterscheidet." (*1953*, II, 535, vgl. 494) Die in diesen Sätzen zur Sprache gebrachten Punkte hat Malcolm *(1956; 1959)* ausführlich und lehrreich entfaltet, und zwar in einer Weise, die nicht nur Wittgenstein kongenial ist, sondern die auch mit Kripkes Interpretationsansatz harmoniert, daß es bei einem privaten Regelfolgen keine ‚Tatsachen' gibt, die man treffen oder verfehlen könnte.

e. Die Grenzen der Argumentation Wittgensteins

Im Zuge dieser Entfaltung hat Malcolm (*1959*, 57) allerdings noch einen interessanten Punkt berührt, den man vielleicht zu einem ‚*archimedischen*' Punkt machen könnte, um mit seiner Hilfe Wittgensteins Argument gegen die Möglichkeit eines privaten Regelfolgens aus den Angeln zu heben. Obwohl es keinen Sinn hat, von ‚*richtiger*' oder ‚*falscher* Erinnerung' an einen Traum zu sprechen (und zwar auch dann nicht, wenn man physiologische oder behavioristische Kriterien für das Träumen einzuführen versucht: vgl. bes. 70–82), ist es kein Mißbrauch der Sprache, von der ‚*Erinnerung an Träume*' zu sprechen. „We are taught this expression. Only we must be mindful of its actual *use* and of how sharply this differs from the use of ‚remembering' that appeared in our paradigm" (57), nämlich in jenen Fällen, in denen meine Erinnerung an ein öffentlich beobachtbares Ereignis durch die Aussagen anderer Zeugen oder durch Bild- und Tondokumente und ähnliches mehr korrigiert werden kann und als in dieser Art korrigierbar auch ganz selbstverständlich aufgefaßt wird. Wenn nun Wittgenstein feststellt, „daß wir uns dessen, was das Gedächtnis sagt, *nicht immer* als des obersten, inappellabeln, Schiedsspruchs bedienen" (*1953*, § 56; Hervorhebung von mir), so scheint darin doch ein Hinweis darauf zu liegen, daß Wittgenstein Fälle, in denen unser Gedächtnis das oberste Appellationsgericht darstellt, zumindest nicht ausschließen will. Ein solcher Fall ist für Wittgenstein selbst (*1953*, II, 494, 535) und vor allem für Malcolm das Träumen. Wenn man dies aber einräumt, so erkennt man damit, wie mir scheint, auch das Recht von Sprachspielen an, in denen je meine autarke Erinnerung als eine unüberbietbare „Evidenz" im Sinne Husserls – also als eine „Erfahrung" im weitesten Sinne des Wortes – fungiert und daher als eine rechtmäßige und Rechtskraft verleihende Legitimationsinstanz gilt, obwohl von ihrer ‚Richtigkeit' (und natürlich auch ‚Falschheit') nicht sinnvoll die Rede sein kann. Dies aber deswegen nicht, weil die ‚Richtigkeit' einer Erfahrung niemals in einer „Übereinstimmung" mit dem Erfahrenen selbst liegen kann (s.o. III, 4 b, Schlußabsatz), sondern immer nur in einer intersubjektiven „Übereinstimmung der Menschen", und diese bleibt bei der Erinnerung an die eigenen Träume, die eigenen Schmerzen und an andere subjektive Bewußtseinserlebnisse offenbar außer Betracht. Auf diese Weise kann man zwar nicht die Möglichkeit eines privaten Regelfolgens in bezug auf öffentliche (objektive) Gegenstände rehabilitieren; denn dort gilt die Erinnerung jedes Einzelnen unbestritten als überbietbar, und man würde bald scheitern, wenn man aus dieser Gepflogenheit ausbrechen wollte. Gegen die Möglichkeit eines privaten Regelfolgens im Bereich der subjektiven Erlebnisse aber ist mit *diesem* Einwand nichts auszurichten.

Über die Triftigkeit *anderer* Einwände gegen die Möglichkeit einer „privaten Sprache" ist damit selbstverständlich nichts präjudiziert. Ein in der Literatur nach meiner Kenntnis bisher nicht erhobener Einwand könnte z.B. darin bestehen, daß je ich nur *das* als eine ‚Sprache' zu bezeichnen befugt bin, was sich je mir als Sprache *ausweisen* kann, und daß sich je mir als Sprache nur auszuweisen vermag, was ich entweder übersetzen oder im direkten Verfahren lernen, in jedem Falle also *verstehen* kann (vgl. Davidson *1974*, 185f., 191f.; Hacking *1975*, 154). Ein auf diesem Gedanken beruhender Einwand könnte freilich allenfalls zu dem Resultat führen, daß es ein Widerspruch wäre, seinen *Mitmenschen* eine Privatsprache zuzuschreiben; für *sich selbst* aber würde man eine solche Sprache auch ungeachtet dieses Einwands beanspruchen können.

Die darin liegende ‚Asymmetrie' zwischen dem je eigenen und dem je fremden Fall würde kein Hindernis sein, sondern sich ganz im Gegenteil gut in einen ‚Perspektivismus' fügen, der in der Konsequenz der Wittgensteinschen Philosophie genauso zu liegen scheint wie in der einer konsequent zu Ende gedachten transzendentalen Phänomenologie (s.u. VI, 2 b–c).

5. *‚Die Revolution in der Philosophie' und das Apriori*

Im vorliegenden Kapitel, zumal in Abschnitt III, 2, dürfte deutlich geworden sein, daß die philosophischen Probleme für Wittgenstein „keine empirischen" sind, sondern solche, die „durch eine Einsicht in das Arbeiten unserer Sprache gelöst" werden – „nicht durch Beibringen neuer Erfahrung, sondern durch Zusammenstellung des längst Bekannten" (*1953*, § 109): Philosophie ist für Wittgenstein das, „was *vor* allen neuen Entdeckungen und Erfindungen möglich ist" (§ 126), nämlich Begriffsanalyse im Sinne einer logischen („Tiefen"-)„Grammatik" der Ausdrücke unserer Sprache (§§ 89–92, 370f., 373, 383, 664, II, 514, 534; s.u. V, 2 b). Damit wendet er sich nicht nur ganz entschieden gegen eine Auflösung oder Verwischung der Grenzlinie zwischen Philosophie und Naturwissenschaft (vgl. auch Ryle über Wittgenstein in Rorty *1967*, 305 b), sondern auch gegen eine Nachahmung der naturwissenschaftlichen Methode in der Philosophie: „Philosophen haben ständig die naturwissenschaftliche Methode vor Augen und sind in unwiderstehlicher Versuchung, Fragen nach der Art der Naturwissenschaften zu stellen und zu beantworten. Diese Tendenz ist die eigentliche Quelle der Metaphysik und führt den Philosophen in vollständiges

Dunkel.“ „Philosophische Untersuchungen: begriffliche Untersuchungen. Das Wesentliche der Metaphysik: daß sie den Unterschied zwischen sachlichen und begrifflichen Untersuchungen verwischt.“ (Wittgenstein, *Schriften V*, 39 bzw. 380f.; vgl. *VIII*, 173)

Vor diesem Hintergrund wird verständlich, warum Tugendhat (*1976*, 20) schreiben konnte: „Die sprachanalytische Philosophie fügt sich in die traditionelle Auffassung der Philosophie als einer apriorischen Erkenntnis und interpretiert das Apriori als analytisches... Und der Einwand gegen die sprachanalytische Position läuft... auf die Alternative hinaus, entweder zu leugnen, daß es eine apriorische Thematik gibt, oder zu behaupten, daß es ein synthetisches Apriori gibt.“ Doch kann ich Tugendhat insofern nicht zustimmen, als zahlreiche zweifellos sprachanalytisch arbeitende Philosophen ein synthetisches Apriori in einem mehr oder minder Kantischen Sinne durchaus nicht bestreiten. Zu diesen gehören auf jeden Fall die ‚Begründer‘ Frege und Moore, und auch Wittgenstein wird gelegentlich so verstanden, als seien sowohl mathematische wie grammatische Sätze für ihn apriorisch-synthetisch; doch wage ich angesichts des gegenwärtigen Standes der Wittgenstein-Forschung und insbesondere der Verwirrung, die heutzutage über den Begriff des synthetischen Apriori herrscht, diese letzte Frage hier nicht zu entscheiden.[6]

---

[6] Zu *Frege* vgl. bes. *1884*, § 89; *1969*, 286–302 u. dazu S. XXX–XXXIII. – Zu *Moore* vgl. bes. *1903*, §§ 6, 13, 35, 86; *1912*, 21–30, 89; *1942*, 660–667. – Zu *Wittgenstein* vgl. bes. *Schriften II*, 129; *IV*, 404; *VI*, 245–247. Aus diesen und ähnlichen Stellen glaubt Gier *1981*, Kap. 8, schließen zu dürfen, daß für den späteren Wittgenstein alle mathematischen Sätze (172), ja ausnahmslos *alle* „grammatischen Sätze“ (158), synthetische Sätze a priori seien. Specht *1963*, 134–139, ist wesentlich vorsichtiger und meint, daß Wittgenstein einen *Teil* der „grammatischen

Richtig und wichtig jedoch ist Tugendhats Hinweis darauf, daß man dem sprachanalytischen Philosophieren den Boden entzieht, wenn man rundheraus leugnet, „daß es eine apriorische Thematik gibt“. Genau dies jedoch hat Quine unternommen, und zwar mit Entschiedenheit erstmals in seinem überaus breitenwirksam gewordenen Aufsatz „Two Dogmas of Empiricism“ (*1951*; vgl. aber auch schon *1950*, Introduction, sowie Goodman *1949* und Morton G. White *1950*; *1956*, Teil II). Wenn man unter „der Revolution in der Philosophie“ des ausgehenden 19. und des 20. Jahrhunderts (vgl. Ayer u. a. *1956*) die bewußte sprach- oder begriffsanalytische Wende im Ausgang vor allem von Frege und Moore versteht, dann kann man also schwerlich umhin, mit Quine bereits die philosophische „Restauration“ beginnen zu lassen. Jedenfalls kann bei ihm und den von ihm geprägten Vertretern der neueren „analytischen Philosophie“ – wie man freilich immer noch gerne sagt – von einem „sprach“- oder „begriffsanalytischen“ Unternehmen kaum noch die Rede sein. Tatsächlich meint etwa Bieri (*1981*, 13, vgl. 17, 22, 24), zumindest in der „analytischen Philosophie des Geistes“ gehöre die „sprachanalytische Phase“ der Vergangenheit an. (Zu der

Sätze“ als synthetisch a priori und einen *Teil* als analytisch betrachte. – Wie Stegmüller (*1969ff.* IV.I, 456–461) ausführt, hat im Zusammenhang mit dem Problem der sogenannten ‚Farbsätze‘ (vgl. dazu besonders Delius *1963*) selbst Carnap noch kurz vor seinem Tode die Möglichkeit „quantitativer synthetischer Aussagen a priori“ ins Auge gefaßt. – Schließlich kann Hare (bes. *1960*, Abschnitt VI) so verstanden werden, als halte er philosophische Aussagen für (so etwas ähnliches wie) synthetische Aussagen a priori (vgl. etwa Vendler *1967*, 9; Strube in Ritter/Gründer *1971ff.* V, 342); doch wenn ich recht sehe, bringt Hare an der genannten Stelle Kants Unterscheidung zwischen „identischen“ Urteilen und „Erläuterungsurteilen“ mit seiner Unterscheidung zwischen („analytischen“) „Erläuterungsurteilen“ und („synthetischen“) „Erweiterungsurteilen“ durcheinander. – Zu Vendler s. u. IV, 1 e.

Frage, warum dann die Nachfolge-Phasen überhaupt noch „analytisch“ genannt werden sollen, s.u. VI, 2 d.)

Quines Argumente gegen die Begriffe des Apriori (bes. *1951*, §§ 5–6) und der Synonymie (bes. *1951*, §§ 1–4) haben sich für die Weiterentwicklung des sprach- oder begriffsanalytischen Philosophierens seit der Jahrhundertmitte – Wittgenstein starb in demselben Jahr, in dem „Two Dogmas“ erschien – de facto als verheerend erwiesen; in diesem Sinn hat Quines Aufsatz ohne Zweifel Epoche gemacht. Aber von dieser philosophiehistorischen Tatsachenfrage sollte man doch die philosophische Rechtsfrage unterscheiden, und in dieser Hinsicht wage ich zu behaupten, daß man die sachliche Durchschlagskraft der Quineschen Kritik an der scharfen begrifflichen Abgrenzung zwischen analytischen und synthetischen Sätzen, zwischen Apriori und Empirie, zwischen Philosophie und Realwissenschaft in der ‚herrschenden Meinung‘ weit überschätzt (zur detaillierten Begründung dieser Behauptung vgl. Hoche *1986*).

IV. Sprachliche ‚Elenktik', ‚Apodeiktik', ‚Heuristik'

1. *Hare über die Methode der Begriffsanalyse*

a. Begriffsanalyse als ‚Dialektik' oder ‚Elenktik'

Daß eine methodologisch eigenständige Begriffsanalyse auf der Grundlage sprachlicher Untersuchungen auch durch Quine ihr Recht nicht verloren hat, ist offenkundig auch die Auffassung Richard M. Hares, der es im vollen Bewußtsein der Quineschen Herausforderung (vgl. Hare *1981*, 78) auch noch in seiner jüngsten Darstellung der Methode der Begriffsanalyse für vollkommen legitim hält, in bezug auf die gewöhnliche Sprache von Analytizität und logischer Inkonsistenz – nach Quine (*1951*, 20) „two sides of a single dubious coin" – zu sprechen: „In order to do the conceptual analysis of expressions in ordinary language, it is not sufficient to ask people what they mean; it is necessary after that to do some dialectic in much the Platonic sense; we have to put up proposed analyses, and draw consequences from them concerning what it would be self-contradictory, or logically consistent, or analytically true, to say. Then we have to find out whether, as the ordinary man uses the words, they have (i. e. are treated by him as having) these properties; and if not, the analyses have to be rejected." (Hare *1981*, 80; vgl. *1973 a*, 150)

Um den widerlegenden oder im Platonisch-Sokratischen Sinn ‚dialektischen' Charakter der Begriffsanalyse (vgl. dazu auch Ryle *1945*, 202f.; Howard *1963*, 149f.) noch stärker hervorzuheben, spricht Hare in diesem

Zusammenhang auch von „a philosophical scrutiny or elenchus, conducted in the light of the ordinary people's own linguistic behaviour" (*1981*, 80), aber auch, in der Sprache unserer Zeit, von einer „hypothetico-deductive procedure" (13); und diese letzte Kennzeichnung ist insofern noch deutlicher, als das Wort ἔλεγχος bei Platon nicht nur die *Widerlegung*, sondern auch die *Prüfung* von Sätzen – und Personen – bezeichnet (vgl. Puster *1983*, IV.1).

Hypothetisch-deduktive Widerlegungsverfahren gehen zwar, wie es scheint, bis auf Zenon von Elea zurück (vgl. Ryle *1966*, IV.3), doch ist diese Methode zum erstenmal wohl von Popper *(1934)* ausdrücklich thematisiert worden: Der empirische Wissenschaftler verfährt nach Poppers Auffassung so (oder er sollte es doch zum mindesten tun), daß er, auf welchem Wege auch immer, Hypothesen aufstellt und logische Konsequenzen aus diesen Hypothesen an der Erfahrung scheitern zu lassen versucht; und wenn eine Hypothese auch den unerbittlichsten Bemühungen um eine solche Widerlegung oder Falsifizierung – sozusagen den härtesten ‚Zerreißproben' – trotzt, dann darf man sie (bis auf Widerruf) beibehalten. Eine ganz entsprechende Strategie hat Hare (*1963*, 6.2–6.4) unter explizitem Bezug auf Popper für das moralische und normativ-ethische Argumentieren empfohlen: Der normativ Argumentierende soll aus einem hypothetisch angenommenen Verpflichtungssatz logische Konsequenzen – in diesem Fall Imperative – ziehen und an der ‚Erfahrung' – in diesem Fall nicht an der Beobachtungsevidenz, sondern an seinen „Neigungen oder Interessen" – scheitern zu lassen versuchen.

Diese Übertragung der hypothetisch-deduktiven oder falsifikationistischen Methodologie aus der Metawissenschaft in die Metaethik hat sich im großen und ganzen als sehr fruchtbar erwiesen (vgl. zu Details und Kontroversen Hoche *1983 a*), und so mag es verständlich erscheinen, daß Hare – wie vor ihm besonders Ryle – nun auch die Begriffsanalyse ganz entschieden hypothetisch-deduktiv betrieben zu sehen wünscht. Doch ist dies nicht der einzige und nicht der entscheidende Grund. Viel wichtiger dürfte dies sein: Solange man nicht ausdrücklich zwischen ‚*semantischer*' (‚logischer') und ‚*pragmatischer* Implikation' unterscheidet (s. u. IV, 3) und ‚pragmatisch-semantische Kombinationstests' (s. u. IV, 4) dementsprechend *zweistufig* durchführt, lassen sich im Rahmen einer natürlichen Sprache semantische Implikationen oder gar Äquivalenzen nie als *bestehend* nachweisen: Negativ verlaufende (nämlich befundlos bleibende) Kombinationstests können ihr *Nicht*-Bestehen, positiv verlaufende Kombinationstests aber *nicht* ihr Bestehen zeigen. So bleibt Hare, der sich im wesentlichen auf Kombinationstests stützt, aber die eben erwähnten methodologischen Vorsichtsmaßnahmen nicht beachtet, gar nichts anderes übrig, als auf ein „‚straight-line' or ‚linear' reasoning from premisses to conclusion" (Hare *1963*, 87) zu verzichten und auch hier der hypothetisch-deduktiven Methode den Vorrang zu geben.

Wenn Hare in einer früheren methodologischen Arbeit (*1960*, 36) von einem bestimmten Beispiel der dialektischen Begriffsanalyse pointierend sagt, es sei „a destructive use of the technique, resulting in the *rejection* of a suggested analysis" (Hervorhebung durch Hare), so will er damit nicht etwa indirekt andeuten, in anderen Fällen könne der ἔλεγχος auch „linear" verfahren; was er betont, ist vielmehr der Gegensatz zwischen gelingenden und nicht gelingenden Widerlegungsversuchen. Sein Beispiel, in dem der „destruction-test" (Ryle *1945*, 197, 202) also Erfolg hat, ist das berühmte Platonisch-Sokratische Beispiel aus „Politeia“ 331 c: Wenn „right“ soviel bedeuten würde wie „consisting in speaking the truth and giving back anything that one has received from anyone“, dann müßten wir den Satz „It is always right to give a madman back his weapons which he entrusted to us when sane“ für analytisch halten; aber weit davon entfernt, dies zu tun, würden wir ihn eher sogar als hochgradig falsch betrachten (Hare *1960*, 36; vgl. *1982*, 42).

b. ‚Argumente der offenen Frage‘

Unverkennbar ‚elenktisch‘ – und in dieser destruktiven Tendenz darüber hinaus erfolgreich – ist auch das in der Literatur oft so genannte „open-question argument“ Moores, das den Kern seiner für die gesamte analytische Metaethik so einflußreich gewordenen ‚Widerlegung des naturalistischen Fehlschlusses‘ ausmacht (*1903*, bes. §§ 13, 24, 26). Frankena (*1963*, 119) bringt Moores Argument unter anderem auf die folgende – ‚Haresche‘ – Form: Man definiere den Begriff ‚gut‘ durch ein beliebiges deskriptives Prädikat, z.B. als ‚die Eigenschaft E besitzend‘; dann muß der Satz „Dieses Ding besitzt E; aber es ist nicht gut“ logisch inkonsistent sein; das aber ist er nicht; also ist die Definition zu verwerfen. Bei Moore selbst lautet die berühmt gewordene Formulierung so: „Whatever definition be offered, it may be always asked, with significance, of the complex so defined, whether it is itself good.“ (Moore *1903*, 15) Zum Beispiel ist die Frage, ob das, was ein Maximum an Glück, an Freude usw. hervorbringt, auch gut sei, niemals „self-answering“, sondern immer „an open question“ (Hudson *1970*, 70, 165).

Auch diese Form des begriffsanalytischen Argumentierens ist bei Hare selbst zu finden. So will er mit einem

Argument der offenen Frage zeigen, daß ‚sekundäre Wertwörter‘ wie „faul“ oder „unhöflich“ nicht in jedem Fall ein Bedeutungselement des moralisch Unrechten aufweisen und daher auch rein deskriptiv verwandt werden können: „If ‚F‘ is any secondarily evaluative condemnatory adjective, we can always ask ‚Granted that it would be F, would it be *wrong*?‘.“ (Hare *1981*, 18, vgl. 74; *1952*, 7.5; *1963*, 2.7–2.8)

Die beträchtlichen methodologischen Schwierigkeiten, die Argumenten der offenen Frage anhaften, sollen im folgenden Abschnitt IV, 2 ausführlicher diskutiert werden.

c. Begriffsanalyse als ‚Experiment mit Worten‘

Die im skizzierten Sinn dialektische oder elenktische Begriffsanalyse kennzeichnet Hare sehr treffend als „an experiment with words, though not ... an altogether empirical experiment“ (*1960*, 36). Experimentell – im Gegensatz zu beobachtend – ist das Verfahren insofern, als der Begriffsanalytiker bei der Überprüfung seiner semantischen Hypothesen nicht rein rezeptiv ‚dem Volk aufs Maul schaut‘, sondern einem normalen Mitglied seiner Sprachgemeinschaft, am einfachsten also sich selber, hypothesengeleitete Sprachkonstruktionen vorlegt, um sie gegebenenfalls an seinem ‚Sprachgefühl‘ – in den Worten Chomskys (*1965*, § 1): an seiner „linguistic competence“, also an „the speaker-hearer's knowledge of his language“ – scheitern zu lassen (vgl. auch Vendler *1967*, 20, 22). Das ‚Sprachgefühl‘ oder die ‚Sprachfähigkeit‘ dient hier in einer vergleichbaren Weise als ein „Mittel der Überprüfung“, ja als ein „Einigungsmittel“ (Savigny *1967*, 10), wie in den empirischen Wissenschaften die Beobachtungsevidenz oder wie nach der Auffassung Hares beim normativen Argumentieren unsere „Interessen“, „Neigungen“ oder „Präferenzen“ (Hare *1963*, bes. Kap. 6; *1981*, bes. Kap. 12; vgl. Hoche *1983 a*, Abschnitt 9).

d. Begriffsanalyse als ein nicht-empirisches Verfahren der ‚Anamnesis‘

Mit der Charakterisierung der dialektischen Begriffsanalyse als eines „nicht durch und durch empirischen Experiments“ (Hare *1960*, 36) – als eines „nicht-empirischen“ oder zumindest „nicht ohne Einschränkung als empirisch zu kennzeichnenden“ Verfahrens (32f.) – setzt sich Hare ein weiteres Mal in Gegensatz zu einer heute fast allgemein akzeptierten, aber meines Erachtens sachlich nicht haltbaren Position Quines (s.o. III, 5). Wieder steht Platon Pate, und zwar diesmal mit seiner Anamnesis-Lehre, die Hare sich in einer „entmythologisierten Version“ zu eigen zu machen versucht (Hare *1960*, 22, 35f.).

Das Analysieren eines Begriffs ist für Hare ein Übergang von einem bloßen Tun-Können zu einem Sagen- oder Beschreiben-Können (vgl. auch Ryle *1945*, 201, 210; *1949 a*, Kap. II; *1954 b*, 63; Moore *1925*, 37, 53, 59; Husserl *1934–1937*, 183f.; Platon, Menon, 80 d – 81 d): „We know how to use a certain expression, but are unable to say how it is used (λόγον διδόναι, give an analysis or definition, formulate in words the use of the expression). Then we try to do the latter; and we know we have succeeded when we have found an analysis which is in accordance with our hitherto unformulated knowledge of how to use the word.“ (Hare *1960*, 36)

Dieser Übereinstimmung des Resultats der Begriffsanalyse mit unserer Sprachkompetenz können wir uns jedoch nicht anders versichern als durch Erinnerung („memory“,

„remembering", „recalling"): durch Erinnerung an das – wie Hare in Abgrenzung gegen Platon sagt –, „what we learnt on our mothers' knees, and cannot remember learning" (Hare *1960*, 37); und „to remember (whether a fact, or how to do something) is not (or at any rate not obviously) to make an empirical discovery" (22, vgl. 25; zur ‚Evidenz'-Funktion je meiner autarken Erinnerung vgl. oben III, 4 e und unten IV, 1 f).

Die Erinnerung, auf die es in der dialektischen Begriffsanalyse ankommt, ist aber weder die Reaktivierung von etwas, das man vergessen hat, noch auch die bloße Aktivierung von etwas, das man gelernt, aber *nicht* vergessen hat (also ‚weiß'). Eher kann man sie, mit einem Goetheschen Ausdruck, als die Entdeckung eines ‚offenbaren Geheimnisses' kennzeichnen. Dies jedoch ist eine geläufige Art, in der auch Wittgenstein über das Philosophieren spricht (wobei er gerne Augustinus zitiert): „Wir wollen etwas *verstehen*, was schon offen vor unsern Augen liegt. Denn *das* scheinen wir, in irgend einem Sinne, nicht zu verstehen... ‚si nemo ex me quaerat scio; si quaerenti explicare velim, nescio.'... Das, was man weiß, wenn uns niemand fragt, aber nicht mehr weiß, wenn wir es erklären sollen, ist etwas, worauf man sich *besinnen* muß." (Wittgenstein *1953*, § 89, vgl. §§ 90, 92, 126f., 129, 415, 435, 559) „Augustinus: Manifestissima et usitatissima sunt, et eadem rusus nimis latent, et nova est inventio eorum." (§ 436)

e. Kritik und Metakritik

Vor Hare hat also schon Wittgenstein diese alte Auffassung für das sprachanalytische Philosophieren wiederentdeckt; und durch Wittgenstein hat sie auch weite Verbreitung gefunden (vgl. etwa Ryle *1945*, 210; Cavell *1958*,

206f.; *1962*, 174f.; Vendler *1967*, 18f.). Die Wittgenstein-Haresche These freilich, daß die auf Erinnerung beruhenden philosophischen Entdeckungen *nicht empirisch* seien, hat ein sehr dissonantes Echo gefunden (vgl. auch oben III, 4 a und e).

Besonders bemerkenswert dürfte die Position Vendlers sein (*1967*, 1.6, 1.10–1.13; vgl. 5.12), nach der philosophische Aussagen oft synthetische Urteile a priori, aber gleichwohl nicht anders begründbar sind als mit Hilfe der empirischen Sprachwissenschaft. Diese Auffassung scheint mir jedoch aus den folgenden Gründen nicht akzeptabel zu sein. Feststellungen wie die, daß man von ‚Tatsachen' – im Unterschied zu ‚Ereignissen' – niemals sagen könne, sie fänden irgendwo und irgendwann statt; sie könnten plötzlich, allmählich oder in die Länge gezogen sein; sie könnten beobachtet werden; usw.: Feststellungen dieser Art sind für Vendler *empirisch* (vgl. bes. 22, 136, 141, 144). Aus ihnen könne man aber z.B. die *nicht-empirische* Aussage folgern (vgl. 22: „therefore"; „by no means contingent"), anders als Ereignisse seien Tatsachen nicht in Raum und Zeit und daher auch nicht in der Welt (144–146). Wenn man das alles durchgehen läßt, dann ist diese philosophische These aber tatsächlich nicht mehr als „a metaphysical cauda to the linguistic tale" (143) – dann sind, allgemein gesprochen, philosophische Sätze lediglich Korollare empirisch-linguistischer Resultate, die sich, um das Maß vollzumachen, vor diesen nur dadurch ‚auszeichnen', daß sie nicht mehr in der ‚formalen', sondern in der ‚inhaltlichen Redeweise' formuliert sind (vgl. 22f.; s.o. II, 1 a). Dann aber fällt auch Vendlers erst so vielversprechend scheinende Analogie mit dem Schachspiel in sich zusammen; denn daß z.B. ein einsam zurückgelassener König zwar durch Läufer und Springer allein, aber nicht durch Läufer und König allein mattgesetzt werden kann (19, 23, vgl. 17, 21), ist wesentlich mehr als ein Korollar, das sich aus den für die Schachfiguren König, Springer und Läufer „konstitutiven Regeln" (20f.) sozusagen durch eine bloße „Transkription" ableiten ließe: *Hier* scheint mir die Rede von einem „synthetic a priori judgment" (18) erhellend zu sein, aber nicht bei Vendlers exemplarischen philosophischen Aussagen über Wissen, Kausalität (22) oder Tatsachen (144f.).

Weiterhin lassen sich die nach Vendlers Meinung nur mit Hilfe der Transformationsgrammatik (*1967*, 31) erzielbaren Resultate bezüglich dessen, was man von ‚Tatsachen' sagen kann und was nicht, zumindest zu einem beachtlichen Teil auch durch Ryles Methode der Substitutionstests gewinnen (s. u. V, 1). Diese Methode ist nach Ryles eigener Einschätzung aber nicht empirisch, und wenn sie sich – was gut möglich scheint (vgl. Austin *1961*, 179f.) – durch die Transformationsgrammatik noch verfeinern oder erweitern läßt, so muß sich Vendler die Frage gefallen lassen, ob er mit seiner Einschätzung der theoretischen Linguistik als einer empirischen Wissenschaft nicht einfach ungeprüft das Gegenteil dessen *voraussetzt*, was Hare und andere gerade mühsam *nachzuweisen* versuchen. Immerhin hat ja Vendler selbst bei seiner Untersuchung über „Facts and Events" (*1967*, Kap. 5) den so oft gescholtenen ‚Lehnstuhl' der analytischen Philosophen offensichtlich kein einziges Mal verlassen (vgl. Mates *1958*, 159 mit Anm. 5), sondern sich völlig auf seine Sprachkompetenz als ‚native speaker' des Englischen gestützt.

f. Begriffsanalyse als Idiolekt-Analyse

Nun hat man allerdings mit Recht darauf hingewiesen, „daß es unendlich viele Feststellungen gibt, die deutlich empirisch sind“ und die man dennoch begründeterweise treffen kann, ohne sich aus seinem Lehnstuhl hinwegzubemühen – z. B. „Unsere Familie wohnt in Massachusetts“ oder „Ich besitze eine Hi-Fi-Anlage“; und deswegen folge aus der unbestrittenen Tatsache, daß ein Sprecher des Deutschen bei bestimmten Feststellungen über die Sprache „wohl selten tatsächlich eine empirische Untersuchung seiner eigenen Äußerungen oder der Äußerungen anderer Sprecher des Deutschen durchzuführen braucht“, „weder etwas über die Möglichkeit, solche Feststellungen zu bestätigen oder zu widerlegen, noch etwas über ihren logischen Status“ (Fodor/Katz *1963*, 228f.). Dieses Argument dürfte jedoch nicht schlüssig sein; denn wo man wohnt und was man besitzt, wissen andere oft mit keiner geringeren – und Juristen manchmal mit größerer – Sicherheit als man selbst, wohingegen (trotz Quine *1969 a*, 47) nicht einmal die Wittgensteinschen Argumente gegen die Möglichkeit einer privaten Sprache die Auffassung widerlegen, je ich selber könne am besten sagen, wie ich diesen oder jenen Ausdruck gebrauchen und aufgefaßt wissen will (s. o. III, 4 e): Im rein subjektiven Bereich, in den auch meine sprachlichen Intentionen fallen, kann die Erinnerung als eine unüberbietbare Art der ‚Erfahrung‘ und das heißt als ‚Evidenz‘ im Sinne Husserls fungieren. Als eine so verstandene Evidenz scheint aber Hare die Erinnerung an den unreflektierten Sprachgebrauch – an die Regeln, nach denen man sich beim Sprechen unausdrücklich ‚schon immer‘, nämlich seit seiner frühesten Jugend, richtet – in Anspruch nehmen zu wollen. Denn als letzte Autorität für das, was man mit seinen Worten meint, läßt er den einzelnen Sprecher und seine Absichten gelten: „The intention of a speaker on how his words are to be taken (what they imply) is authoritative ... And since language is mainly for communication between people, the speakers of a language will usually agree on how the words in it are to be taken... But there is nothing to stop a particular speaker using a word in a different way from others in his community; provided that he makes this clear, no confusion will result." (Hare *1981*, 11, vgl. 12, 19)

Diese Bemerkungen laufen, so scheint es, darauf hinaus, daß die philosophisch interessanten und fruchtbaren Analysen des gewöhnlichen Sprachgebrauchs den jeweils eigenen Idiolekt betreffen, ja, strenggenommen, nur das, was Blau (*1977*, 2, vgl. 30) eine „Punktsprache" nennt: nämlich „die Sprache eines bestimmten Sprechers in einem bestimmten Kontext"; gleichzeitig aber auch darauf, daß solche Punktsprachen nur von Belang sind, wenn sie zur intersubjektiven Verständigung taugen. Wenn man auf diese Weise das Bild von einem monolithischen Block der gemeinsamen Muttersprache durch das Bild von einer Konföderation von Idiolekten ersetzt (ohne freilich die gemeinsame Sprache als das genetisch oder ‚für uns' Primäre zu leugnen; vgl. Dummett *1975*, 135), so dürfte daraus in der Tat erheblich mehr Nutzen als Nachteil erwachsen (vgl. z.B. Quine *1960*, §§ 11–12; Maxwell/Feigl *1961*, 197; Blau *1977*, 55). Daß dies insbesondere für die begriffliche Analyse philosophisch virulenter Ausdrücke der gewöhnlichen Sprache gilt, hoffe ich weiter unten (in IV, 4 d–e) bei der Skizzierung und Kommentierung eines konkreten Beispiels augenfällig machen zu können. Doch sei an dieser Stelle schon darauf hingewiesen, daß nicht nur die Sprachkompetenz verschiedener Sprachgenossen erfahrungsgemäß von recht unterschiedlichem Niveau ist, sondern daß man auch Begriffsanalytiker von einer anerkannt hohen sprachlichen Sensibilität finden kann, deren Befunde sich keineswegs immer dekken. So erinnert uns etwa Mates (*1958*, 155–159) an Ryles

(*1949 a*, III.3) und Austins (*1956*, 139) unterschiedliche ‚Intuitionen' über den Gebrauch des englischen „voluntary"; und während Ryle (*1954 b*, 102–104) die Dauerform „to be seeing" als sprachwidrig ablehnt und dies als Hinweis darauf in Anspruch nimmt, daß „to see" keinen Vorgang bezeichnet (s.u. V, 1 d), verwendet Miss Anscombe (*1965*, 173f.), und zwar ausgerechnet im Rahmen einer Untersuchung über die Intentionalität des Sehens, nicht nur wiederholt jene angeblich sprachwidrige Dauerform, sondern behauptet darüber hinaus noch ausdrücklich: „‚can see' is English idiom for ‚is seeing'"; und selbst der so sprachpedantische Moore bedient sich, wie zumindest Waismann (*1973*, 148) bemerkt, dieser Form mehr als einmal. Deswegen aber zu fordern, die philosophische Begriffsanalyse so lange auszusetzen, bis man auf empirischem Wege zumindest in einer repräsentativen Stichprobe seiner Sprachgemeinschaft volle Übereinstimmung hergestellt hat – das würde bedeuten, ein methodologisches Postulat aufzustellen, das nur dazu angetan wäre, die Forschung zu lähmen. Statt dessen schiene es mir ein viel fruchtbareres Forschungsprinzip zu sein, sich mit der begrifflichen Analyse seiner eigenen ‚Punktsprache' zu begnügen und es seinen philosophisch interessierten Sprachgenossen anheimzustellen, den Befunden später ‚beizutreten' oder auch nicht.

Ganz im Gegensatz dazu meint Mates (*1958*, 159), es sei nur ein fauler und die Faulheit fördernder „Trick", wenn man sage, „daß der durchschnittliche Erwachsene bereits derart viel empirische Information über den Gebrauch seiner Muttersprache angesammelt hat, daß er sich auf seine Intuition oder Erinnerung verlassen kann und eine mühsame Befragung anderer Leute erst gar nicht anzustellen braucht". Doch damit greift er völlig daneben. Denn wie ich zu zeigen versuchte, sind wir ja nicht genötigt, es mit Mates (*1958*, 154, 164), Fodor/Katz (*1963*, 236f.), Walsh (*1983*, 359f., 378, 381) und vielen anderen Kritikern der sprachanalytischen Philosophie als ausgemacht hinzunehmen, daß die Sprachanalytiker auf empirische Feststellungen über die gemeinsame Sprache aus sind. Methodologisch belangvoll (und zumindest de iure auch durch Quine *1951* nicht diskreditiert) ist für den Philosophen vielmehr sein Idiolekt, ja seine kontext- und zeitgebundene ‚Punktsprache', und daß sich diese („a man's current language") wohl oder übel den Idiolekten seiner Sprachgenossen weitestgehend assimiliert haben muß (Quine *1960*, 27f.), ist überhaupt kein Einwand, sondern macht die Idiolekt-Analyse nur um so lohnender. Bei einer solchen begrifflichen Analyse seines eigenen gegenwärtigen Idiolekts verfährt man aber offensichtlich ganz anders als mit Hilfe jener „observation of empirical fact" (Hare *1960*, 19), die für den Anthropologen oder den Feldforschung treibenden Linguisten kennzeichnend und erforderlich ist (25f., 29f.).

Aus diesen Überlegungen folgt auch, daß man in dem vielbeachteten Streit zwischen New *1966* und Austin *1956* (s.u. Teil B, II, 2 a) die Partei des Letztgenannten – des ‚Beklagten' – ergreifen muß: Während für Austin – wie auch für Wittgenstein, Ryle und Hare – die Begriffsanalyse nicht (oder doch zumindest nicht im üblichen Sinn) empirisch, wohl aber experimentell ist, vermag New in ihr ganz im Gegenteil nur eine empirische, aber nicht experimentelle, sondern rein beobachtende, Disziplin zu sehen; dies läßt ihm dann natürlich gar keine andere Wahl, als gegen Austin einzuwenden, er behandle die ‚rechte' Sache mit den falschen Methoden.

2. *‚Argumente der offenen Frage': Vertiefung*

Das im letzten Abschnitt (IV, 1) Gesagte reicht noch nicht im entferntesten aus, um einen wirklich brauchbaren Einblick in die methodologischen Notwendigkeiten wie auch in die philosophischen Möglichkeiten einer nichtempirisch-experimentellen Begriffsanalyse zu geben. Wenn man eine solche Analyse wirklich kunstgerecht durchführen will, wird das Unternehmen erheblich verwickelter, als man nach der Lektüre der verhältnismäßig glatten Darstellung Hares – und auch nach der Lektüre des letzten Abschnitts – zu glauben versucht sein könnte. Auf einige wichtige Punkte will ich in diesem und in den folgenden Abschnitten eingehen, und zwar teils in destruktiver, teils und vor allem jedoch in konstruktiver Absicht.

a. Moores ‚open-question argument' gegen den metaethischen Naturalismus

Das in IV, 1 b schon kurz vorgestellte ‚open-question argument' Moores wird in der Literatur oft scharf kritisiert (z.B. Frankena *1939*; Hancock *1960*; Nakhnikian *1963*). Selbst Snare, der es immerhin als einen ohne Zirkularität anzuwendenden Sprachtest durchgehen läßt, betrachtet es als „für sich genommen nicht schlüssig" und zweifelt daran, „daß man mit ihm auf einen Streich ganze Klassen von Theorien (wie z.B. die naturalistischen) ausschalten kann" (*1975*, 123). Trotzdem kann man gerade für das Argument Moores, im Gegensatz zu anderen Anwendungen dieser Strategie, eine Lanze brechen.

Dies hat in einem außerordentlich gelungenen und lesenswerten Kapitel Hare (*1952*, Kap. 5: „‚Naturalism'") getan: Wenn man z.B. mit dem Satz „Dieses Auto ist gut" nichts anderes meinen würde als, sagen wir, „Dieses Auto ist unfallsicher, geräumig, stark beschleunigend und trotzdem sehr sparsam und umweltfreundlich", dann könnten wir mit jenen Worten das Fahrzeug nicht mehr empfehlen, sondern bloß noch klassifizieren, und die Äußerung eines Satzes wie „Dieses Auto ist deswegen gut, weil es unfallsicher, geräumig, stark beschleunigend und trotzdem sehr sparsam und umweltfreundlich ist" müßte dann nicht allein als Begründung, sondern als Sprechhandlung jedweder Art mißglücken. Entsprechende Überlegungen gelten offensichtlich für beliebige Klassen von mehr oder weniger „gut" zu nennenden Dingen, Lebewesen, Handlungen usw. und auch für rein beschreibende (‚deskriptive') Prädikate beliebiger Art. Moores ‚open-question argument' dafür, daß „gut" nicht mit Hilfe rein deskriptiver Eigenschaften definiert oder analysiert werden kann, gelingt also in dem Maß, in dem wir uns im Sinne eines seit frühester Jugend gewachsenen und auch durch philosophische Theorien nicht zu verfälschenden normalsprachlichen ‚Know-how' darüber im klaren sind, wie wir den Ausdruck „gut" ‚schon immer' verwenden und auch weiterhin anwenden wollen: nämlich so, daß es stets möglich ist, damit *Empfehlungen* auszusprechen, die wir – auf die Frage: „*Warum* ist das gut?" – auch *begründen* können.

b. Broads und Wisdoms ‚open-question argument' gegen den Behaviorismus

Wo uns eine derart gut verwurzelte und gegen philosophische Theorien weitgehend unanfällige Sprachkompetenz aber nicht zu Gebote steht, können wir auch mit einem Argument der offenen Frage nichts ausrichten. Dies wird in lehrreicher Weise deutlich an einem Beispiel, das zwei von Moore stark beeinflußte englische Philosophen dafür in Anspruch genommen haben, um den Behaviorismus zu widerlegen: „However completely the behaviour of an external body answers to the behaviouristic tests for intelligence, it always remains a perfectly sensible question to ask: ‚Has it really got a mind, or is it merely an automaton?‘ It is quite true that we have no available means of answering such questions conclusively. It is also true that, the more nearly a body answers to the behaviouristic tests for intelligence, the harder it is for us in practice to contemplate the possibility of its having no mind. Still, the question: ‚Has it a mind?‘ is never silly in the sense that it is meaningless. At worst it is silly only in the sense that it does not generally express a real doubt, and that we have no means of answering it... Since the question can be raised, and is evidently not tautologous or self-contradictory, it is clear that when we ascribe a mind or a mental process to an external body we do not mean simply that it behaves in certain characteristic ways." (Broad *1925*, 614f.; mit Beifall zitiert von Wisdom *1934 b*, 57f.)

Dieser kurze Prozeß mit dem philosophischen Behaviorismus kann uns heute wohl nicht mehr recht überzeugen. Das liegt aber nicht einfach daran, daß so hochgradig generische und phylogenetisch wie ontogenetisch späte Wörter wie „Intelligenz", „Bewußtsein" und „Bewußtseinsvorgang" im Spiel sind; denn vermutlich würde Broad (vgl. *1925*, 617–623) einer Spezifizierung seines Arguments für so geläufige Wörter wie „sehen" oder „hören" zustimmen können, und auch darin würden wir ihm sicher nicht folgen. Wenn wir (was man unterstellen mag oder nicht) Broads ‚open-question argument‘ nicht mehr stichhaltig finden, so wohl vor allem deshalb, weil wir spätestens seit Wittgensteins „Philosophischen Untersuchungen" zwei Voraussetzungen nicht mehr teilen, die

Broad (613–623 passim) noch ganz selbstverständlich und stillschweigend macht: erstens die Voraussetzung, daß als körperliches Verhalten nur nicht-sprachliches Verhalten in Frage kommt, und zweitens die Voraussetzung, daß sich die rechte Behandlung des jeweils fremden Falls (z. B. „Er hört das Flugzeug") mit der des jeweils eigenen Falls (z. B. „Ich höre das Flugzeug") in wesentlichen Hinsichten deckt.

Insbesondere dieser zweite Punkt ist entscheidend: Man wird Broad (613–615, 621 f.) ohne weiteres darin zustimmen, daß jeweils ich selber, wenn ich etwas sehe oder höre, in einem recht verstandenen Sinne „experiences" und „sensations" habe (selbst Ryle und Wittgenstein würden das nicht bestreiten, wie ich in VI, 2 a–b zu zeigen versuchen werde); aber man wird nach den berechtigten Warnungen Freges, Waismanns und Wittgensteins (s. o. III, 3 und 4 a) nicht mehr sagen wollen, wenn ein *anderer* z. B. ein Flugzeug hört oder sieht, habe er Bewußtseinserlebnisse und Empfindungen ‚von der gleichen Art' wie ich selber, wenn *ich* ein Flugzeug wahrnehme (vgl. auch Wittgenstein *1953*, §§ 350–352, 403, 426 f.).

Auch bei der Durchführung von Argumenten der offenen Frage ist also die von Moore geforderte „Analyse und Unterscheidung ... oft sehr schwierig" (s. o. Kap. I). Obwohl wir alle im täglichen Leben ganz genau wissen, wie wir mit ‚psychischen' Prädikaten wie „sehen", „hören", „Schmerzen haben" usw. einerseits in bezug auf uns selber und andererseits in bezug auf unsere Mitmenschen, aber auch auf viele Tiere, tatsächlich umgehen, lassen wir uns, sobald wir philosophisch zu reflektieren beginnen, leicht in das „skeptische Paradox" verstricken, daß wir solche Wörter auf andere Menschen und Tiere niemals mit der gleichen Sicherheit anwenden könnten wie auf uns selber (oder wie ‚physische' Prädikate auf beliebige Körper). Auch hier kann dem Paradox des skeptischen Philosophen – man denke an die skeptischen Untertöne in dem ausführlichen Broad-Zitat – eine „skeptische Lösung“ entgegengehalten werden (s. o. III, 4 b): Wir brauchen uns bloß zu erinnern, unter was für Umständen wir im täglichen Leben von jemand anders – oder auch etwa von einem Hund – z. B. behaupten, er höre das Flugzeug oder er habe eine bestimmte Person erkannt; und dann wird uns sehr bald klar, daß wir damit nicht sagen wollen – also nicht ‚meinen' –, er habe Bewußtseinserlebnisse oder Empfindungen ‚von der gleichen Art', wie ich selbst sie habe, wenn ich ein Flugzeug höre oder einen bestimmten Menschen erkannt habe; denn andernfalls hätten wir den Gebrauch von ‚psychischen' Prädikaten – in bezug auf andere und auch in bezug auf uns selber – gar nicht erst lernen können.

Damit entfällt für einen ‚Behaviorismus' (falls man an diesem Terminus dann noch festhalten möchte), der sich ganz konsequent auf *fremdes* Bewußtsein beschränkt, die von Broad (*1925*, 621) behauptete – und zu Recht als eine Unmöglichkeit hingestellte – Notwendigkeit, auch das „empfindungsmäßige Element“ in unserem Bewußtsein auf körperliches Verhalten zu reduzieren; und zugleich erweist es sich, entgegen der Auffassung Broads und Wisdoms, als möglich, daß im Anschluß an eine hinreichend detaillierte und auch in zeitlicher Hinsicht umfassende Verhaltensbeschreibung eines *fremden* Organismus solche Fragen wie „Aber hört er das Flugzeug wirklich?“ oder „Hat er mich wirklich erkannt?“ oder „Hat er wirklich Bewußtsein?“ keineswegs mehr sinnvoll und ‚offen' sind (vgl. Wittgenstein *1953*, §§ 246, 303, II, 534; u. ö.).

3. Logische und pragmatische Implikation

a. Hares Definition von ‚logischer Implikation' ist nicht haltbar

Im Rahmen seiner metaethischen Theorie des „universellen Präskriptivismus", die auch Imperative der gewöhnlichen Sprache in Folgerungsbeziehungen einbringt (s. u. IV, 3 d), kann sich Hare nicht auf die üblichen Definitionen von logischer Folge stützen; denn diese sind entweder ‚syntaktisch' und daher nur für konstruierte Kunstsprachen tauglich, oder sie sind ‚semantisch' (nämlich auf den Wahrheitsbegriff bezogen) und daher nicht für Imperative brauchbar, die man ja weder ‚wahr' noch ‚falsch' nennen kann. Auf der Suche nach einer weder ‚syntaktischen' noch ‚semantischen' Definition von logischer Implikation oder Folge („entailment") ist Hare zu dem folgenden – wenn man so will: ‚pragmatischen' – Vorschlag gekommen: „A sentence P entails a sentence Q if and only if the fact that a person assents to P but dissents from Q is a sufficient criterion for saying that he has misunderstood one or other of the sentences." (Hare *1952*, 25, vgl. 41 f., 172)

Diese für Hares gesamte Theorie des moralischen Argumentierens fundamentale Definition läßt sich jedoch insofern nicht aufrechterhalten, als sie unserem intuitiven Vorverständnis von logischer Folge entschieden zuwiderläuft. Man kann nämlich ohne Mühe Gegenbeispiele der folgenden Art konstruieren: Wenn ein Ehemann auf einem – zu Kontrollzwecken redundant gehaltenen – Fragebogen hinter dem Satz „Meine Frau betrügt mich" das Kästchen für „Ja" (bzw. für „Nein") und hinter dem Satz „Ich bin davon überzeugt, daß meine Frau mich betrügt" das Kästchen für „Nein" (bzw. für „Ja") ankreuzen würde, dann würden wir daraufhin, falls wir einen bloßen Flüchtigkeitsfehler ausschließen könnten, mit gutem Grund behaupten, daß er mindestens einen der beiden Sätze nicht recht verstanden habe; und trotzdem würden wir mit nicht weniger gutem Grund leugnen, daß einer der Sätze den andern im logischen Sinn impliziere; denn dies widerspräche aller Lebenserfahrung. Daß man ohne Absurdität nicht zu sagen vermag: „Ich bin davon überzeugt, daß meine Frau mich betrügt; aber sie tut es nicht“ (oder: „Meine Frau betrügt mich; aber ich glaube es nicht“), liegt also nicht etwa daran, daß solche Kombinationen an einem logischen Widerspruch litten; ihre „logical oddness“ (Nowell-Smith *1954*, 80–84) ist vielmehr von der Art, die man in der englischsprachigen Literatur gewöhnlich als „Moore's paradox“, als „doxastic indefensibility“ (etwa: „glaubensmäßige Unhaltbarkeit“) oder, allgemeiner, als „pragmatical contradiction“ bzeichnet (vgl. im einzelnen Hoche *1981 b*, 32).

b. ‚Mooresche Paradoxien'

Wie läßt sich der Unterschied zwischen einer logischen und einer bloß pragmatischen Kontradiktion bzw. Implikation charakterisieren, und welche Kriterien stehen uns zu Gebote, um sie auseinanderzuhalten? Einen für die Beantwortung dieser beiden Fragen hilfreichen Hinweis finden wir bei Moore, der den Satz „I believe he has gone out, but he has not“ wie folgt kommentiert: „This, though absurd, is not self-contradictory; for it may quite well be true. But it is absurd, because, by saying ‚he has not gone out‘ we *imply* that we do *not* believe that he has gone out.“ (Moore *1944*, 175f.) Eine Äußerung der in Rede stehenden Satzkombination ist also deshalb „absurd“, weil man mit dem zweiten Teilsatz ‚implizit‘ das kontradiktorische

Gegenteil von dem ‚zu verstehen gibt' („imply"), was man mit dem ersten Teilsatz ‚behauptet' („assert"): „I am ... *implying* a proposition which is the contradictory of what I am asserting." (176)

Der Unterschied zwischen einer logischen und einer bloß pragmatischen Kontradiktion läßt sich also fürs erste wie folgt charakterisieren (eine Komplettierung versuche ich unten in IV, 4 a): Wenn man in der Einheit eines einzigen Behauptungs-Sprechakts sowohl einen Satz wie seine Negation *behauptet*, macht man sich eines *logischen Widerspruchs* schuldig; wenn man dagegen, wiederum in der Einheit eines einzigen Behauptungs-Sprechakts, einen Satz *behauptet* und seine Negation *implizit zu verstehen gibt*, begeht man einen *pragmatischen Widerspruch* oder eine ‚Mooresche Paradoxie'. (Zu einer kontroversen Diskussion der Details vgl. bes. Bar-Hillel *1946*; Grant *1958*; Hungerland *1960*.)

c. Zwei Kriterien (K–1 und K–2) zur Unterscheidung zwischen pragmatischer und logisch-semantischer Implikation

Mit seiner lapidaren Bemerkung, ein pragmatisch „absurder" Satz sei nicht „kontradiktorisch" („self-contradictory"), da er ohne weiteres wahr sein könne, ebnet uns Moore den Weg zu einem expliziten Kriterium (vgl. zum folgenden Hoche *1981 b*, 31–43): Man kann zwar z.B. nicht ohne schärfsten Protest von seiten unseres Sprachgefühls (s.o. IV, 1 c) sagen: „Es regnet, aber ich glaube es nicht", sehr wohl jedoch: „Es ist möglich, daß es regnet, daß ich es aber nicht glaube"; dagegen ist mit dem Satz „Er ist Junggeselle, aber nicht ledig" – sofern wir ihn schließlich nach einer systematischen Destruktion seiner „Sinnkonstanz" als sprachwidrig abtun (s.u. IV, 4 b) – auch seine ‚Vermöglichung' inakzeptabel; und *falls* wir auf Sätze wie „Dies ist ein Würfel, aber es hat nicht zwölf Kanten" unvermittelt ablehnend reagieren – falls sozusagen unsere Sachkompetenz unsere Sprachkompetenz infiziert hat und aus einer geometrischen ‚Gewohnheit' eine sprachliche ‚zweite Natur' geworden ist –, dann würden wir genauso spontan auch die *Modalisierungen* dieser Sätze verwerfen. Daher könnte man mit dem folgenden Kriterium einen Einstieg versuchen:

K–1: Dann und nur dann, wenn man zwar eine Kombination von der Form „p, aber nicht q", nicht jedoch ihre Modalisierung von der Form „Es ist möglich, daß p, daß aber nicht q" (oder auch von der Form: „Es ist nicht notwendig, daß q, wenn p") als nicht sprachkonform ablehnt, ist die unmodalisierte Kombination *pragmatisch widersprüchlich* und der durch „q" abgekürzte Satz in dem durch „p" abgekürzten Satz *pragmatisch impliziert*; und genau dann, wenn man auch die Modalsätze nicht ohne Protest von seiten seines Sprachgefühls äußern kann (obwohl man die durch „p" und „q" abgekürzten Sätze für sich allein als sprachlich korrekt empfindet), ist die unmodalisierte Kombination *nicht-pragmatisch widersprüchlich* und der durch „q" abgekürzte Satz in dem durch „p" abgekürzten Satz *nicht-pragmatisch impliziert.*

Wenn man die ungeläufigen Negativ-Konzeptionen der ‚nicht-pragmatischen' Kontradiktion und Implikation in positive und vertrautere Unterbegriffe zerlegen und damit auch dem offenkundigen Unterschied zwischen dem Junggesellen- und dem Würfelbeispiel gerecht werden will, kann man sich von der Diskussion zwischen Langford (*1942*, 326f.) und Moore (*1942*, 663) leiten lassen.

Dabei empfiehlt es sich freilich, ihrer Orientierung am Begriff der Verifikation – und implicite an einer nicht-empirischen Variante des Verifikationsprinzips der Bedeutung – nicht zu folgen, sondern sich lieber auf die weniger anfechtbaren Begriffe des sprechakttheoretischen Scheiterns (Austin *1962 a*) und Gelingens (Searle *1969*, Kap. 3) – und damit auf Wittgensteins Gebrauchsprinzip der Bedeutung – zu stützen (vgl. oben III, 1–2, unten V, 2 a mit Anm. 19). Daher dürfte das folgende Zusatzkriterium – in dem der traditionelle Gegensatz zwischen einem (im weiteren Sinne) „analytischen" und einem „synthetischen" Apriori rekonstruiert wird – zum mindesten diskussionswürdig sein:

K–2: Falls eine Kombination der Form „p, aber nicht q" gemäß K–1 einen nicht-pragmatischen Widerspruch enthält, ist sie genau dann *sprachlich* oder *begrifflich* unmöglich – und ist der durch „q" abgekürzte Satz in dem durch „p" abgekürzten Satz genau dann *sprachlich* oder *begrifflich* impliziert –, wenn man den durch „p" abgekürzten Satz sprechakttheoretisch korrekt nicht äußern könnte, ohne daß auch die Äußerung des durch „q" abgekürzten Satzes sprechakttheoretisch gerechtfertigt wäre. Andernfalls liegt eine *sachliche* oder *anschauliche* Unmöglichkeit bzw. Implikation vor.

Wenn beispielsweise alle Bedingungen erfüllt sind, unter denen allein eine Äußerung des Satzes „Peter ist Junggeselle" als Behauptungssprechakt gelingt – wenn man insbesondere „Beweismittel" oder „evidence" (Searle *1969*, 66) dafür hat, daß Peter tatsächlich ein Junggeselle ist –, dann kann man offenbar auch, und erst recht, behaupten, Peter sei ledig (zu praktischen Schwierigkeiten vgl. allerdings Buck *1962*, 201 f.). Dagegen kommt es oft vor, daß wir etwas mit gutem Grund z.B. als Würfel (oder Sechseck) bezeichnen, ohne daß wir zugleich begründeterweise auch sagen könnten, es habe zwölf Kanten (oder eine Winkelsumme, die der von acht Rechten gleich sei); und wenn ein Leser diese Andeutungen nachprüfen will, so wird er sich zuerst davon überzeugen, daß er einen Würfel bzw. ein Sechseck vor Augen hat, bevor er damit beginnt, die Kanten zu zählen bzw. Winkelgrößen miteinander zu vergleichen und zu addieren.[7]

Man könnte nun daran denken, die Begriffe der nichtpragmatischen, aber sprachlichen oder begrifflichen Implikation, Unmöglichkeit und korrelativen Notwendigkeit in die Begriffe einerseits der ‚semantischen' und andererseits der ‚syntaktischen' Implikation, Unmöglichkeit und Notwendigkeit aufzuspalten, und zwar z.B. unter Verwendung des Begriffs der ‚logischen Wahrheit' (vgl. etwa Strawson *1957*; Quine *1969 b*, 322–325; *1970*, Kap. 4). Dann würde man „Peter ist Junggeselle, aber er ist nicht ledig" sicher als Beispiel eines ‚semantischen', „Alle Gäste sind Franzosen, aber einige Gäste sind keine Franzosen" dagegen sicher als Beispiel eines ‚syntaktischen' Widerspruchs auffassen wollen. Da man jedoch in natürlichen Sprachen – für die allein unsere Kriterien offenbar gelten – mit der Unterscheidung zwischen ‚logischen Konstanten' und ‚sachhaltigen Lexikon-Wörtern' nicht, wie in künstlichen Sprachen, *anfangen* kann, sind Bedeutungsfragen und Fragen der logischen Form hier zunächst noch ganz ungeschieden (vgl. Hoche *1981 b*,

[7] Vgl. zum Junggesellen- und Würfelbeispiel auch Gier *1981*, 174. Die dort angedeutete Behandlung des analytischen und synthetischen Apriori dürfte vor allem deshalb verfehlt sein, weil Gier „Sätze a priori" als „*reine* Sätze a priori" im Sinne von Kant *1781*, B 3 (vgl. Hoche *1964*, § 5) zu interpretieren scheint. Darauf weist auch die Bemerkung über Merleau-Ponty bei Gier *1981*, 179, hin.

42f., sowie die mühsame Diskussion zwischen Frege und Pünjer über die Frage, ob die Sätze „Einige Menschen sind Deutsche" und „Es gibt deutsche Menschen" dasselbe bedeuten: Frege *1969*, 67f.). Daher empfiehlt es sich, im Rahmen der gegenwärtigen Fragestellung auf eine weitergehende Differenzierung noch zu verzichten und bei der Erörterung einer natürlich-sprachlich orientierten Begriffsanalyse die nicht-pragmatische, aber sprachliche oder begriffliche Implikation, Unmöglichkeit und Notwendigkeit auch – und wegen der größeren Einfachheit und Nähe zum üblichen philosophischen Sprachgebrauch sogar vorzugsweise – als *logische* oder *semantische* zu bezeichnen.

d. Konsequenzen für die analytische Metaethik

Kehren wir nun zu der am Anfang dieses Abschnitts zitierten Hareschen Definition von logischer Implikation („entailment") zurück. Da Hare dabei das Erfordernis einer Modalisierung vollkommen außer acht läßt, müßte man seine Definition zumindest wie folgt korrigieren (wobei „P" und „Q", in Übereinstimmung mit Hares ursprünglicher Definition und im Gegensatz zu „p" und „q" in K–1 und K–2, nicht objektsprachliche Abkürzungen, sondern metasprachliche Namen für inhaltlich bestimmte Sätze sein sollen): Wenn die Tatsache, daß jemand dem Satz P zustimmt, dem Satz Q aber nicht, als hinreichender Grund für die Annahme gilt, daß er wenigstens einen der Sätze nicht recht verstanden habe, dann, aber auch nur dann impliziert der Satz P den Satz Q logisch (semantisch) *oder pragmatisch*.

Angesichts des erheblichen Unterschieds zwischen logischer und pragmatischer Implikation wird man sich aber mit einer solchen Korrektur nicht begnügen wollen. Doch dürfte sich Hare auch mit meinen Kriterien K–1 und K–2 nicht abfinden können; denn er hat seine Definition von „entailment" im Rahmen einer auch für *Imperative* brauchbaren Logik entwickelt (*1952*, Kap. 2), und seine wohl wichtigste Anwendung dieser Definition ist die auf den Begriff der „Präskriptivität": Ein Verpflichtungsurteil ist für ihn genau dann „präskriptiv" („handlungsleitend" oder genuin „wertend"), wenn es einen Imperativ „logisch impliziert" (*1952*, 11.1–11.3). Auf Imperative lassen sich meine Kriterien aber nicht ausdehnen; denn zu einer absurd erscheinenden Kombination von der Art „Du bist moralisch verpflichtet, es zu tun; aber tu es nicht!" können wir eine der erforderlichen Modalisierungen offensichtlich nicht konstruieren.

Nun kann man zwar zu K–1 Varianten bilden, die auf dem Umstand beruhen, daß etwa mit dem Satz „Es ist möglich, daß es regnet, daß ich es aber nicht glaube" auch die Sätze „Es regnet, aber Herr Hoche glaubt es nicht" und „Es regnete, aber ich glaubte es nicht" ganz in Ordnung sind; doch auch solche Varianten würden gegenüber Imperativen versagen, und von diesem Mangel freie Varianten scheinen nirgends in Sicht. Da man also, soweit ich sehe, die Frage, ob Imperative in Verpflichtungsurteilen logisch oder aber pragmatisch enthalten seien, nicht einmal sinnvoll stellen kann, scheint mir der Verdacht begründet zu sein, daß der imperativ-orientierte Ansatz in der analytischen Metaethik, insbesondere in der von Hare entwickelten Form des „universellen Präskriptivismus" (Hare *1963*, 16), gar keine Möglichkeit bietet, den Begriff der moralischen Verpflichtung angemessen zu analysieren. (Vgl. Hoche *1981 b*, 34–39, und zu einer möglichen Alternative unten IV, 4 d sowie Hoche *1976 b*; *1977 b*.)

4. Pragmatisch-semantische Kombinationstests

a. Zum Begriff und zur Anwendungspraxis pragmatisch-semantischer Kombinationstests

Die systematische Anwendung der soeben (in IV, 3 c) vorgeschlagenen Kriterien K–1 und K–2 auf konkrete Fragen möchte ich kurz ‚pragmatisch-semantische Kombinationstests' nennen. ‚Pragmatisch-semantisch' sollen diese Kombinationstests deswegen heißen, weil in der analytischen Philosophie auch andere Tests gebräuchlich sind, die man als ‚Kombinationstests' kennzeichnen könnte (s.u. Kap. V), und weil etwa Vendler (*1967*, 178) im Rahmen einer eher linguistischen Fragestellung den Ausdruck „combination test" schon anderweitig verwendet. Durch den Zusatz „pragmatisch-semantisch" werden die an K–1 und K–2 ausgerichteten Kombinationstests auch angemessen und vollständig charakterisiert; denn ‚syntaktische' Fragen sind im Rahmen einer natürlich-sprachlich orientierten Begriffsanalyse von ‚semantischen' Fragen noch nicht geschieden (s.o. IV, 3 c), und für im traditionellen Verstand ‚synthetische' Fragen, nämlich Fragen der ‚sachlichen' oder ‚anschaulichen' Unmöglichkeit, Notwendigkeit und Implikation (ebd.), ist die Begriffsanalyse nicht mehr zuständig: sie kann sie in einfachen Fällen, in denen unsere Sprachkompetenz durch Sachkompetenz ‚infiziert' ist, zwar sozusagen am Horizont auftauchen lassen; aber für ihre Durchforschung bedarf es eines ganz anderen Instrumentariums (vgl. Hoche *1964*, §§ 25–29; *1981 b*, 5.3; *1983 b*).

Vollständig durchgeführte pragmatisch-semantische Kombinationstests, in denen auch die modalisierten Satzformen untersucht werden, sind meines Wissens in der publizierten Literatur bisher nicht zu finden (vgl. Hoche

1981 b sowie *1976 b*; *1977 b*). Dagegen ist die mehr oder minder gezielte – zum Teil ganz ausdrückliche, zum Teil nur im Ansatz angedeutete – Untersuchung von nicht-modalisierten Kombinationen geradezu eine Standardmethode, der man in den Schriften ungezählter analytischer Philosophen von Moore *1903* bis Searle *1983* immer wieder begegnet.

Nun ist es allerdings nicht erforderlich, zumindest K–1 in jedem Fall explizit anzuwenden. Die Untersuchung einer schlichten (unmodalisierten) Kombination braucht nur dann durch die der entsprechenden Modalform ergänzt zu werden, wenn in der Kombination ein Teilsatz steckt, der in irgendeiner Weise die notwendigen Bedingungen für den fehlerfreien Vollzug von Sprechhandlungen berühren könnte (vgl. Searle *1969*, Kap. 3). Denn – um die oben (in IV, 3 b) gegebene provisorische Kennzeichnung zu vervollständigen –: Einen pragmatischen Widerspruch begeht man dann und nur dann, wenn man in der Einheit eines einzigen Sprechakts das kontradiktorische oder konträre Gegenteil dessen *explizit sagt*, was man *implizit zu verstehen gibt*, oder wenn man einander kontradiktorisch oder konträr *Widersprechendes implizit zu verstehen gibt*. „Implizit zu verstehen geben“ ist dabei im Sinne jenes Mooreschen „imply“ zu lesen, das Austin (*1962 a*, 48–54) mit Recht von logisch-semantischer Implikation („entail“) und Existenz-Präsupposition („presuppose“) unterscheidet (s. u. Anm. 8.); und in diesem Sinne geben wir in und mit dem Vollzug eines illokutionären Akts nicht mehr und nicht weniger implizit zu verstehen, als daß die notwendigen Bedingungen für den erfolgreichen und korrekten Vollzug dieses Akts erfüllt sind.

Bei den Paradoxien Moores (s. o. IV, 3 b) steht die Aufrichtigkeitsbedingung für Behauptungssprechakte ganz im Vordergrund: Aufrichtig bin ich mit einer Behauptung nur dann, wenn ich den Inhalt meiner Behauptung auch selber glaube, und deshalb kann man nicht sagen: „Es regnet, aber ich glaube es nicht"; doch kann man ohne weiteres sagen: „Es ist möglich, daß es regnet, daß ich es aber nicht glaube", weil die Modalisierung die „illocutionary force" der ursprünglichen Teilbehauptung „Es regnet" – also, wie Frege zu sagen pflegt, ihre „behauptende Kraft" – neutralisiert.

Entsprechende Überlegungen kann man aber auch für die Aufrichtigkeitsbedingungen nicht-behauptender Sprechakte anstellen – z. B.: „Ich bitte dich, die Flasche zu öffnen, aber ich will nicht, daß du es tust" – und dann weiterhin für andere notwendige Bedingungen für den einwandfreien Vollzug von beliebigen illokutionären Akten – z. B.: „Ich bitte dich, die Flasche zu öffnen, aber ich weiß, daß du es nicht kannst"; „Ich verspreche zu kommen, aber ich kann nicht kommen"; „Er ist gestorben, aber ich habe nicht in Erfahrung bringen können, ob es so ist" (vgl. Searle *1969*, 66f.). Alle diese Kombinationen laufen unserem Sprachgefühl zuwider – es sei denn, wir fassen ihre Äußerungen nicht als illokutionäre Akte des Bittens, Versprechens bzw. Behauptens, Feststellens oder Informierens auf, sondern beispielsweise als futurisch gemeinte und zum Teil elliptische Absprachen oder ‚Regieanweisungen' für die gemeinsam geplante Täuschung von Dritten (s. u. IV, 4 b). Ihre Modalisierungen jedoch sind in Ordnung, so daß es sich nach K–1 um pragmatischen Widerspruch handelt.[8]

---

[8] Dagegen wird die Sprachwidrigkeit des folgenden Satzes auch durch die Modalisierung nicht aufgehoben: „Der gegenwärtige König von Frankreich hat eine Glatze, aber es gibt gegenwärtig gar keinen König von Frankreich." Hier geht es aber – gemäß der Austinschen Differenzierung zwischen „imply" und „presuppose" – auch gar nicht um pragmatische

Also nur dort, wo notwendige Bedingungen für den vollständigen und korrekten Vollzug von illokutionären Akten berührt sein könnten, muß ein pragmatisch-semantischer Kombinationstest ausdrücklich auf die Modalform ausgedehnt werden; bei etwas Erfahrung und Fingerspitzengefühl kann man sich daher oft mit einer abgekürzten Prüfung begnügen, auch wenn es, wie die Beispiele gerade zeigten, nicht angeht, sich auf ein so einfaches Merkmal wie das zu verlassen, pragmatisch ‚virulente' Teilsätze müßten immer in der 1. Person des Singulars (oder auch Plurals) stehen.

b. ‚Sinnkonstanz' und ihre systematische Destruktion

Daß es zu einer methodologischen Untersuchung und kunstgerecht entfalteten Praxis der pragmatisch-semantischen Kombinationstests bisher kaum gekommen ist, obwohl dies bei der Beliebtheit dieser Methode doch eigentlich zu erwarten gewesen wäre, dürfte seinen Grund nicht zuletzt in der Tatsache haben, daß die begriffliche Analyse im allgemeinen und Kombinationstests im besonderen ganz massiv durch ein sprachpsychologisches Phänomen behindert werden, das Hans Hörmann (*1976 a*; *1976 b*, Kap. VII) „Sinnkonstanz" nennt.

Implikation, sondern um Existenz-Präsupposition. Die Tatsache, daß deren Mißachtung gemäß K–1 nicht zu einem pragmatischen, sondern zu einem logisch-semantischen Widerspruch führt, legt übrigens den Verdacht nahe, daß der Streit zwischen Russell und Strawson über die rechte Art, ‚bestimmte Kennzeichnungen' zu verstehen (s.o. II, 2 d), von der Sache her noch nicht beigelegt ist und daß der Unterschied zwischen logisch-semantischer Implikation und Präsupposition – unbeschadet der überzeugenden Argumente Freges: vgl. *1892 a*, 39–41 – weniger tiefgreifend ist, als man gewöhnlich annimmt.

Der Ausdruck „Sinnkonstanz“ ist dabei in Analogie zu den längst etablierten psychologischen Termini „Farbkonstanz“, „Formkonstanz“, „Größenkonstanz“ usf. zu verstehen. Das Walten der Sinnkonstanz oder, wie man vielleicht noch deutlicher sagen könnte, der Sinnhaftigkeits-Konstanz besteht darin, daß wir auch ungewöhnlich klingende Formulierungen eines Gesprächspartners unwillkürlich stets so verarbeiten, daß sie, wenn irgend möglich, noch einen Sinn ergeben, auch wenn wir unserem Gesprächspartner dabei unterstellen müssen, daß er das eine oder andere seiner Worte in einer sehr eigenwilligen Bedeutungsnuance gebraucht. Das Phänomen der Sinnkonstanz macht selbst die Verneinung scheinbar analytischer, ja tautologischer Sätze noch ‚verdaulich‘: „Nicht alle Junggesellen sind ledig“, „Nicht alle Frauen sind weiblich“ oder „Nicht alle Männer sind Männer“ kann sinnvoll, ja geistreich klingen (vgl. auch Stevenson *1942*, 74f.; *1944*, 96; Waismann *1956*, 473 oder *1973*, 146f.; Hungerland *1960*, 213f., 232, 254; ferner Quine *1960*, 59 mit Anm. 2, der im Anschluß an N. L. Wilson von einem „principle of charity“ spricht).

Bei der Durchführung pragmatisch-semantischer Kombinationstests muß die Sinnkonstanz der zu prüfenden Sätze systematisch abgebaut werden. Wenn man z. B. von einem jungen Mann sagt: „Er ist Junggeselle, aber nicht ledig“, so wird der Hörer diese Worte ‚wohlwollend‘ beispielsweise so deuten, als sei der betreffende junge Mann nur im familienrechtlichen Sinne, aber insofern nicht faktisch ‚ledig‘, als er vielleicht mit einer geschiedenen Frau nicht bloß eine gemeinsame Wohnung teilt, sondern auch ihrem Sohn ein rührender ‚Vater‘ ist (so daß man auch sagen könnte: „Obwohl er noch keine Kinder hat, ist er doch schon ein guter Vater“). Auf diese Weise droht das allgegenwärtige Phänomen der Sinnkonstanz die begriffsanalytische Durchschlagskraft pragmatisch-semantischer Kombinationstests zu schwächen, ja null und nichtig zu machen. Man kann sich jedoch durch sukzessive Präzisierungen helfen. So ist es schon sehr viel schwieriger, den Satz „Er ist Junggeselle im strikten Sinn, aber familienrechtlich nicht ledig“ ‚wohlwollend‘ aufzunehmen; doch könnte man glauben, der Sprecher zähle zu den Junggesellen im strikten Sinne des Wortes nicht nur ledige, sondern auch von ihrer Frau getrennt lebende und/oder geschiedene und/oder verwitwete Männer. Wenn der Sprecher diese Deutung zurückweist (vgl. hierzu Beispielsanalysen bei Grice/Strawson *1956*, 150f.), dürfte die Sprachwidrigkeit seiner Äußerung kaum noch behebbar sein; und nun erst zeigt der Kombinationstest einen klaren ‚Befund‘.

c. ‚Apodeiktische‘ und ‚heuristische‘ Begriffsanalyse

Der Befund läuft im letzten Beispiel darauf hinaus, daß die Begriffsausdrücke „(x ist ein) Junggeselle“ und „(x ist ein) noch nicht verheirateter Mann“ einander logisch-semantisch äquivalent sind (zur Übertragung des Äquivalenz-Begriffs von Sätzen auf Prädikatoren vgl. Carnap *1947*, § 3). Denn nach der Erledigung des Problems der Sinnkonstanz kann man *beides* nicht sagen: weder „Es ist möglich, daß der und der Junggeselle, aber schon ein verheirateter (oder verheiratet gewesener) Mann ist“ noch „Es ist möglich, daß der und der ein noch nicht verheirateter Mann, aber kein Junggeselle ist“; und so liegt nach K–1 eine wechselseitige logisch-semantische Implikation vor.[9]

[9] Diese logisch-semantische Äquivalenz bedeutet natürlich nicht dasselbe wie Synonymie. Vgl. dazu bes. Moore *1942*, 660–667; Carnap *1947*,

Wenn ein Kombinationstest zu einem solchen Äquivalenz-Resultat führt, kann man von einer ‚beweisenden' oder ‚apodeiktischen' Form der Begriffsanalyse sprechen: die – nicht mit ‚Synonymie' zu verwechselnde – ‚Bedeutungsgleichheit' zweier Ausdrücke der natürlichen Sprache ist hier im strengen Sinn ‚demonstriert'. Das Junggesellen-Beispiel ist freilich ebenso abgedroschen wie philosophisch steril, und es fragt sich, ob es für eine sprachliche ‚Apodeiktik' wesentlich interessantere Beispiele gibt.

Man könnte vielleicht – im Anschluß an Moore (*1912*, Kap. 6) und Hospers (*1958*, Teil III) – daran denken, nach dem ‚Junggesellen-Verfahren' auch die Bedeutungsgleichheit von „x hat es aus freien Stücken getan", „x hätte es auch lassen können" und „x hätte es nicht getan, wenn x es hätte lassen wollen" zu demonstrieren; und den zuletztgenannten irrealen Bedingungssatz könnte man nach demselben Verfahren mit „x hat es nur deshalb getan, weil x es nicht hat lassen wollen" bedeutungsgleich setzen, wobei das „nur deshalb, weil"-Gefüge schließlich noch eine sehr komplizierte symbolische Analyse zulassen dürfte (Hoche *1977 a*, bes. 268–286). Aber die Frage, ob eine solche ‚apodeiktische' Begriffsanalyse für das alte Problem der Willensfreiheit wirklich Entscheidendes leistet, soll hier offengelassen werden; man könnte sich jedenfalls für die Behandlung des Freiheitsproblems noch interessantere sprachanalytische Vorgehensweisen denken, deren Erörterung an dieser Stelle aber viel zu weit führen würde.

Wesentlich erhellender sind vermutlich ‚heuristische' Verwendungen der Begriffsanalyse und speziell der pragmatisch-semantischen Kombinationstests. Ich möchte

---

§§ 14–16; und die umfangreiche Aufsatz-Literatur zu dem sogenannten „Paradox der Analyse", die hier aus Platzgründen nicht einmal genannt werden kann.

dies nun anhand des Begriffs der moralischen Verpflichtung wenigstens ansatzweise exemplifizieren; denn an diesem Beispiel lassen sich so ungefähr alle wichtigen Aspekte der begriffsanalytischen Problematik erkennen: das Phänomen der Sinnkonstanz (IV, 4 b), die Bedeutsamkeit der Idiolekt-Analyse (IV, 1 f), die Notwendigkeit der ausdrücklichen Unterscheidung zwischen logischer und pragmatischer Implikation (IV, 3 c), die Erweiterung der bloßen „Sprach-Analyse" zur „linguistic phenomenology" (VI, 1), das Verhältnis zwischen theoretischer Linguistik und sprachanalytischer Philosophie (IV, 1 e) sowie das Verhältnis zwischen Philosophie der ‚normalen' und Philosophie der ‚formalen' Sprache (II, 1–2; IV, 4 e, 3. Kommentar; vgl. Teil B, III, 4).

d. Umrisse eines Beispiels: Der Begriff der moralischen Verpflichtung

Da Hares auf einer Logik der Imperative beruhende Theorie des „universellen Präskriptivismus" die methodologisch ausgereifteste Form der analytischen Metaethik sein dürfte und trotzdem zur Analyse des Verpflichtungsbegriffs nicht ausreicht (s.o. IV, 3 a und d), ist es ein Desiderat, nach besseren Wegen zu suchen.

Eine erfolgversprechende Möglichkeit scheint dabei die zu sein, einer Anregung Freges (*1879*, 2f., 18; vgl. Thiel *1965*, 134–136, und Carnap *1931 b*, 460; *1932/1933*, 108) zu folgen und die logisch-semantische Äquivalenz – nicht: Synonymie (s.o. IV, 4 c) – zweier Sätze nicht allein durch wechselseitige logisch-semantische Implikation, sondern alternativ auch durch Gleichheit der Folgerungsmengen zu definieren; denn im Verhältnis von Sätzen *verschiedener* natürlicher und/oder künstlicher Sprachen untereinander ist die Gleichheit der Folgerungsmengen das einzig anwendbare Kriterium für die Feststellung solcher Äquivalenz, und innerhalb *einer und derselben* natürlichen Sprache folgt aus der wechselseitigen logisch-semantischen Implikation im Sinn von K–1 die Gleichheit der Folgerungsmengen als Korollar.

Nach Frege (*1879*, 2f.) besagt die Gleichheit der Folgerungsmengen von zwei Urteilen oder Sätzen, „daß die Folgerungen, die aus dem einen in Verbindung mit bestimmten andern gezogen werden können, immer auch aus dem zweiten in Verbindung mit denselben andern Urtheilen folgen". Wenn zwei Sätze P und Q logisch genügend komplex sind, um schon jeweils für sich die Ableitung nicht-trivialer Folgerungen zu gestatten, kann die Menge der hinzuzuziehenden Urteile leer sein, so daß man sich auf die Frage beschränken kann, ob sich das, was aus P allein nicht-trivial folgt, genau mit dem deckt, was aus Q allein nicht-trivial folgt.

Eine philosophische Analyse des Verpflichtungsbegriffs kann nun so vor sich gehen, daß man einen kunstsprachlichen Satz konstruiert, aus dem all jenes logisch-semantisch bzw. pragmatisch ‚folgt', was aufgrund der Kriterien K–1 und K–2 in einem natürlich-sprachlichen Satz der Form „Der und der ist verpflichtet, das und das zu tun" nachgewiesenermaßen logisch-semantisch bzw. pragmatisch ‚steckt'.

Weil man den Begriff der Verpflichtung schon oft mit dem des Wollens in Beziehung zu bringen versucht hat, ist es eine naheliegende Möglichkeit (aber nicht mehr), mit der Überprüfung einer Kombination der Form „x_0 ist verpflichtet, h_0 zu tun, aber ich will nicht, daß x_0 h_0 tut" – sagen wir etwa: „Ich bin verpflichtet, das Geld zurückzuzahlen, aber ich will es nicht tun" – den Anfang zu machen; und nur dieser erste Schritt kann hier vorgeführt werden.

Zunächst ist es nötig, ganz massive Sinnkonstanz abzubauen; denn die als Beispiel gewählte Kombination läuft unserem Sprachgefühl nicht zuwider, wenn man sie so versteht, daß ich mit den Worten „ich bin verpflichtet“ kein, wie Hoerster (*1969*, 31) so treffend sagt, „eigenes normatives Bekenntnis zum Ausdruck“ bringe, sondern auf das Bestehen einer sei es positiv-rechtlichen, sei es verbreiteten moralischen Norm, die ich aber nicht akzeptiere, nur neutral referierend hinweise; und selbst wenn man solche Deutungen ausschließt, ist die Kombination tolerabel, sofern man die Worte „ich will es nicht tun“ nicht als „ich habe nicht die Absicht, es zu tun“, sondern z.B. als „ich werde es nicht *gern* tun“ („ich *will* es nicht tun“) versteht. Will man eine begriffsanalytisch fruchtbare – nämlich sprachwidrige – Kombination gewinnen, so muß man diese Lesarten unterbinden, also ein für allemal klarstellen, daß man den Satz „Ich bin verpflichtet, das Geld zurückzuzahlen, aber ich will es nicht tun“ im Verlauf der folgenden Untersuchung im Sinne von „Ich bin nach meinen eigenen normativen Maßstäben moralisch dazu verpflichtet, das Geld zurückzuzahlen, aber ich habe nicht die Absicht, es zu tun“ aufgefaßt wissen will.

Durch diese – und vielleicht noch einige weitere[10] –

---

[10] Man könnte z.B. den Zusatz notwendig finden, daß ich „absolut (tatsächlich, nach Abwägung aller einschlägigen Tatsachen)“ und nicht bloß „prima facie“ zu dem und dem moralisch verpflichtet bin (vgl. zu dieser Dichtotomie etwa Ross *1930*, 28, und kritisch Searle *1978*; Hare *1981*, passim). Nun ist es tatsächlich so, daß der auf eine bloße „prima-facie“-Pflicht bezogene Satz „Ich bin verpflichtet, das und das zu tun“ – wenn er in dieser Lesart sprachpragmatisch zulässig wäre, was Searle (*1978*, 88) indessen mit guten Gründen bestreitet – mit „Ich gedenke es nicht zu tun“ in keinerlei Widerspruch treten würde. Daraus folgt aber nicht, daß unser Kombinationstest auf „absolute“ Pflichten bezogen sein müßte; denn die in Rede stehende Dichotomie kann nur auf solche Pflichten Anwendung finden, die man unter dem Gesichtspunkt eines

Präzisierungen kann der Begriffsanalytiker eine Kombination erzeugen, gegen die sein Sprachgefühl rebelliert: eine Kombination, mit deren Äußerung er einfach deshalb nichts mehr anfangen kann, weil er nicht weiß, unter was für außersprachlichen Bedingungen diese Äußerung noch getan werden könnte (s. u. VI, 1). Damit kann er sich aber gemäß K–1 zugleich davon überzeugen, daß hier zumindest ein pragmatischer Widerspruch vorliegt. Wenn er dann weiter feststellt, daß sich die Modalisierung „Es ist möglich, daß ich nach meinen eigenen normativen Maßstäben moralisch dazu verpflichtet bin, das Geld zurückzuzahlen, daß ich aber nicht die Absicht habe, es zu tun" unter bestimmten außersprachlichen Bedingungen völlig einwandfrei äußern läßt – z. B. dann, wenn man an eine Situation denkt, in der der Sprecher nicht glaubt, ein Fall, für den ihm eine Rückzahlung moralisch geboten erscheint, sei (schon) eingetreten –, dann wird ihm auch klar, daß der Widerspruch *nur* pragmatisch ist.

Damit ist zwar einerseits streng bewiesen, daß der Begriffsanalytiker in seinem Idiolekt den Ausdruck „x ist moralisch verpflichtet, das und das zu tun" nicht *so* verwendet, daß man ausschließlich zu *dem* moralisch verpflichtet wäre, was man selbst auch zu tun gedenkt; aber etwas anderes hätte er wohl ohnehin kaum erwartet. Viel interessanter ist deshalb hier die heuristische Überlegung, daß das gesuchte formalsprachliche Analysans für das normalsprachliche Analysandum „Ich bin (nach meinen eigenen normativen Maßstäben moralisch) verpflichtet, das Geld zurückzuzahlen" so konstruiert werden

---

denkbaren oder aktuellen Konflikts mit anderen Pflichten aufgefaßt und bereits in eine Reihenfolge gebracht hat, und an eine solche Rangordnung denkt man auch beim begründeten Fällen eines Verpflichtungsurteils keineswegs immer.

muß, daß ein formalisiertes Gegenstück zu „Ich will das Geld zurückzahlen" darin zwar nicht logisch, wohl hingegen pragmatisch enthalten ist.

Der einfachste Weg, das zu tun, dürfte der sein, für ein normalsprachliches Analysandum der allgemeinen Form

[1] x_0 ist (nach meinen normativen Maßstäben moralisch) verpflichtet, h_0 zu tun

ein formalsprachliches Analysans aufzubauen, das die auf „S_0" bezogene Existenzabschwächung (Existenzverallgemeinerung, „existential generalization") des folgenden Satzes logisch impliziert:

[2] $(We) \cdot S_0x_0 \rightarrow x_0 \text{ tut } h_0 \cdot \& \; S_0x_0$,

in Worten etwa: „Ich will, daß die Person x_0, wenn sie in der Situation S_0 ist, die Handlung h_0 ausführt; und x_0 ist in der Situation S_0."[11] Dieser Satz hat nämlich die gewünschte Eigenschaft, den Wollenssatz

[3] $(We)\; x_0 \text{ tut } h_0$,

in Worten: „Ich will, daß x_0 h_0 tut", nicht logisch, aber pragmatisch zu implizieren. Denn es scheint intuitiv plausibel, für den Wollensoperator „(We)" das folgende

[11] Zur Notation: Runde Klammern umgeben in den formalsprachlichen Sätzen [2] bis [5] und [1'] nur Quantoren und/oder wollenslogische Operatoren. Um die Anwendungs- oder Geltungsbereiche der Quantoren oder anderweitigen Operatoren kenntlich zu machen, verwende ich nicht runde, eckige, geschweifte Klammern usw., sondern verschiedenzahlige Punktgruppen, deren Wiederholung mit der gleichen oder einer höheren Punktezahl den jeweiligen Bereich abschließt. Wird eine Punktgruppe nicht in dieser Art wiederholt, so erstreckt sich der Geltungsbereich des Operators bis zum Ende des ganzen Satzes. Ich folge darin im wesentlichen Whitehead/Russell *1910*, 9–11. Im übrigen mache ich von der üblichen Konvention Gebrauch, daß der Konjunktor „&" („und") enger bindet als der Implikator „→" („wenn…, dann…").

wollenslogische Postulat aufzustellen (wobei „Be“ als „ich glaube, daß“ zu lesen ist: vgl. Hintikka *1962*, 1.5):

[4] (We) · $S_o x_o \rightarrow x_o$ tut h_o · & (Be) $S_o x_o \rightarrow$ (We) x_o tut h_o,

in Worten etwa: „Wenn ich will, daß x_o, wenn er (in der Situation) S_o ist, h_o tut, und (wenn ich) glaube, daß x_o (in der Situation) S_o ist, dann will ich, daß x_o h_o tut“. Nun enthält Satz [2] an keiner Stelle, also insbesondere nicht im zweiten Konjunktionsglied, den Glaubensoperator „(Be)“, und deshalb folgt aus ihm Satz [3] nicht *logisch* (nämlich nicht wollenslogisch aufgrund der Forderung [4]); wenn man Satz [2] jedoch mit ‚behauptender Kraft‘ *äußert*, gibt man damit u.a. *implizit zu verstehen*, daß man *glaube*, x_o sei in der Situation S_o, und nun kann das wollenslogische Postulat [4] sozusagen greifen: der Wollenssatz [3] ist in Satz [2] *pragmatisch* – oder, wenn man so will: doppelstufig wollenslogisch-pragmatisch – impliziert.

Doch kann Satz [2] *nicht selbst* in dem gesuchten Analysans für unser normalsprachliches Analysandum [1] logisch enthalten sein; denn andernfalls würde das gesuchte Analysans mit der Prädikat-Konstanten „S_o“ gegenüber Satz [1], in dem diese Konstante nicht vorkommt, einen unerwünschten, weil die Analyse verfälschenden Überschuß an außerlogischen Konstanten enthalten. Deswegen darf nur, wie ich schon sagte, die auf „S_o“ bezogene Existenzverallgemeinerung von Satz [2] in unser gesuchtes Analysans eingehen, und das ist der Existenzsatz

[5] (ES) : (We) · $Sx_o \rightarrow x_o$ tut h_o · & Sx_o,

in Worten etwa: „Es gibt mindestens eine Situation, für die gilt: Ich will, daß die Person x_o, wenn sie in dieser Situation ist, die Handlung h_o ausführt; und x_o ist in dieser Situation.“ Die für Satz [2] angestellten weiteren Überlegungen gelten entsprechend auch für seine Existenz-Verallgemeinerung [5].

Dieser nicht unerhebliche Aufwand war allein deswegen nötig, um bloß den *ersten* aus einer ganzen Reihe von Tests mit Kombinationen, die einen Satz der Form [1] enthalten, heuristisch auszuwerten. Wenn man die Testreihe in geeigneter Weise fortsetzt, kann man für ein solches normalsprachliches Analysandum der Form [1] das folgende formalsprachliche Analysans konstruieren:

[1'] (ER,C) :. (We) : (x,y,h) · R(x,y) & x kann h tun & C(h) & (W_ry) x tut h → x tut h : & (Ey) · R(x_o,y) & x_o kann h_o tun & C(h_o) & (W_ry) x_o tut h_o,

in Worten etwa: „Es gibt mindestens eine interpersonale Relation R und mindestens eine Handlungsklasse C, für die gilt: Ich will, daß für alle Personen x und y und alle Handlungen h gilt, daß x h tut, falls x zu y in der Beziehung R steht und x h tun kann und h zu C gehört und y im rationalen Sinn will, daß x h tut; und es gibt mindestens eine Person y, für die gilt: x_o steht zu y in der Beziehung R und x_o kann h_o tun und h_o gehört zu C und y will im rationalen Sinn, daß x_o h_o tut."

e. Methodologische Kommentare

Dieses Ergebnis und das Verfahren seiner Gewinnung durch eine ganze Kette pragmatisch-semantischer Kombinationstests fordert zu einer Reihe von Kommentaren heraus, die ich hier aber nur ganz kurz halten kann:

1) Der Versuch, [1] durch [1'] zu analysieren, stellt keinen Rückfall in den – von Quine (*1951*, 20, 40f.) als zweites „Dogma des Empirismus" gebrandmarkten – „Reduktionismus" der analytischen Philosophie vor allem der zwan-

ziger und der dreißiger Jahre dar (vgl. Urmson *1956*, bes. Kap. 3, 10; Weitz *1967*). Denn einer „reductive analysis" geht es darum, gewisse „philosophisch suspekte" Typen des (angeblich) Seienden als bloßen Schein zu entlarven und zu „eliminieren" (Ayer *1963*, 12–14), und das ist weder die Absicht noch das Ergebnis der vorgeschlagenen Analyse des Verpflichtungsbegriffs. Wenn man mit Wisdom *(1934 a)* zwischen „inhaltlicher", „formaler" und „philosophischer Analyse" differenziert (wobei die „philosophical" oder „new-level analysis" als „reduktiv" gekennzeichnet wird), ist die wollenslogische Analyse des Begriffs der moralischen Verpflichtung eine „material analysis", die bloß der Klärung und Verdeutlichung dient (vgl. Wisdom *1934 a*, 66f.; *1934 b*, 17f.).

2) Bei dieser Zielsetzung tritt sie freilich in Konkurrenz zur deontischen Logik (vgl. etwa Kutschera *1973*, Kap. 1), deren Formeln wesentlich schlichter und leichter zu handhaben sind. Das Verhältnis der Wollenslogik zur deontischen Logik läßt sich jedoch mit dem der Quantorenlogik zur Junktorenlogik vergleichen: Jene kann mehr logische Struktur exponieren, und durch dieses größere ‚Auflösungsvermögen' ist sie, wie ein Mikroskop gegenüber einer Lupe oder dem unbewaffneten Auge, für viele Zwecke zwar kaum zu gebrauchen, für viele andere aber das einzig in Frage kommende Instrument. So kann man z.B. unter der Voraussetzung der wollenslogischen Analyse des Verpflichtungsbegriffs – und, soweit ich sehen kann, *nur* unter dieser Voraussetzung – zeigen, daß das alte Moralprinzip der ‚Goldenen Regel' (in einer normierten Form seiner klassisch-griechischen Varianten) ein analytischer Satz ist, dessen Wahrheit allein auf der Verwendungsweise der zu seiner Formulierung benutzten Ausdrücke, insbesondere der Wörter „moralisch ver-

pflichtet sein“ und „wollen“, beruht (vgl. Hoche *1976 b*, 3.10; *1978 a*, 371 f.). Jene Analyse erlaubt es aber vor allem, eine Variante des metaethischen ‚universellen Präskriptivismus‘ anzuerkennen (vgl. Hoche *1977 b*), die von den Mängeln der Hareschen Variante (s. o. IV, 3 a und d) völlig frei ist und zudem deutlich macht, daß Verpflichtungssätze nicht nur im unspezifischen Sinne Hares (*1963*, bes. 2.2–2.3, 3.1) ‚universalisierbar‘, sondern darüber hinaus in einem vergleichbar spezifischen Sinn wie Kausalgefüge ‚implizit allgemein‘ sind (vgl. Singer *1961*, III.1).

3) Diese Brauchbarkeit kommt der Paraphrase [1'] aber nur in ihrer formalsprachlichen und nicht in ihrer semi-normalsprachlichen Schreibweise zu; denn nur die ‚begriffsschriftliche‘ Notation ist hier übersichtlich genug, um das Bestehen logischer Implikationsverhältnisse deutlich erkennen zu lassen, also streng deduktive Folgerungen zu erlauben. So zeigt dieses Beispiel besonders gut, wie wichtig das Zusammenspiel von normalsprachlichen und formalsprachlichen Methoden in der analytischen Philosophie oft ist, und daß die einen die andern nicht in jedem Falle ersetzen können. In ihrer vielbeachteten methodologischen Diskussion sind sich Strawson *(1963)* als Verfechter *jener* und Carnap (*1963*, 933–940) als Verfechter *dieser* Methoden zwar schon außerordentlich nahe gekommen, doch geht Strawson ein bißchen zu weit, wenn er sagt, „the task of describing the logical behaviour of the linguistic expressions of natural languages … may *by itself* achieve the sought-for resolution of the problems and difficulties rooted in the elusive, deceptive mode of functioning of unconstructed concepts“ (513; Hervorhebung durch Strawson): Wie das Beispiel des Verpflichtungsbegriffes zeigt, entfaltet die natürlich-sprachliche

Analyse ihre volle Wirksamkeit manchmal erst dann, wenn sich eine konstruktive „Explikation“ im Sinne Carnaps (z.B. *1963*, 933–940) anschließt. So bestätigt das Beispiel auch den Gedanken Cavells (*1958*, 218f.), daß man künstliche Sprachen weniger als *Alternativen* denn als *Möglichkeiten* der natürlichen Sprachen ansehen sollte.

4) Mit der Gewinnung der Paraphrase [1'] ist selbstverständlich nicht ‚bewiesen‘, daß sie die ‚richtige‘ Analyse von Satz [1] sei. Von „richtig“ kann in diesem Zusammenhang überhaupt nicht die Rede sein (auch dies ist wieder ein ‚sprachökologisches‘ Phänomen – s.o. Kap. III): Wie es sinnlos ist, einen Mathematiker nach der ‚richtigen‘ Fortsetzung einer Zahlenfolge oder nach der ‚richtigen‘ Kurve zu fragen, die eine endliche, aber beliebig hohe Anzahl von Punkten miteinander verbindet – oder zu fragen, ob eine scharfe Grenze in einem Bereich, in dem es zuvor nur fließende Übergänge und Grauzonen gab, ‚richtig‘ gezogen sei (vgl. Wittgenstein *1953*, §§ 68–77) –, so ergibt es auch keinen Sinn, nach der ‚Richtigkeit‘ einer Satz-Paraphrase bzw. einer Begriffs-Explikation zu fragen. (Die Paraphrase unterscheidet sich von der Explikation im Sinne Carnaps – genauer gesagt: vom „Explicans“ als dem Ausdruck des „Explikats“ – nur dadurch, daß sie anstelle von Variablen Konstante enthält.) Insofern hat Quine (*1960*, § 33) zweifellos recht, wenn er darauf besteht, daß Paraphrasen niemals mit einem „Synonymie-Anspruch“ auftreten dürfen.

Schon bei dem allerersten, ausführlich besprochenen Schritt zur Gewinnung der Paraphrase [1'] könnten wir anstelle von [2] und [5] auch andere (kompliziertere) Sätze wählen; denn unendlich viele Sätze haben die Eigenschaft, den Wollenssatz [3] zwar nicht logisch, aber pragmatisch zu implizieren. Es kommt also nur darauf an, eine Paraphrase zu finden, die genügend Struktur entfaltet, um die gewünschten logischen und pragmatischen Implikationen zu haben, die im übrigen aber so einfach wie möglich ist; und in diesem Sinne kann man das Verfahren ‚heuristisch' nennen.

‚Heuristisch' kann es aber auch deshalb heißen, weil die Menge der logisch-semantischen und die der pragmatischen Implikationen eines so inhaltsreichen natürlichsprachlichen Satzes wie „Ich bin verpflichtet, das Geld zurückzuzahlen" zumindest nicht von vornherein überschaubar ist, und weiterhin deshalb, weil man zumindest nicht von vornherein ausschließen kann, daß das formalsprachliche Analysans gegenüber dem normalsprachlichen Analysandum einen die Analyse verderbenden Überschuß an logischer oder pragmatischer Implikation involviert. Daher ist die Paraphrase – wenigstens zunächst – nicht mehr als eine semantische Hypothese, die der weiteren Überprüfung an der Sprachkompetenz des Begriffsanalytikers bedarf und auch dann noch falsifiziert werden kann, wenn sie sich eine Zeitlang – etwa beim Aufbau eines ‚universellen Präskriptivismus' oder bei der Behandlung der ‚Goldenen Regel' – ausgezeichnet bewährt, d.h. möglichst strengen Widerlegungsversuchen getrotzt hat. Ich glaube allerdings nicht, daß man die eben gemachten Einschränkungen „zumindest nicht von vornherein" und „wenigstens zunächst" einfach weglassen könnte; die Paraphrase scheint mir also nicht auf unbegrenzte Dauer falsifizierbar zu sein. Dies ist ein Zug, den semantische Hypothesen mit Hareschen Verpflichtungssatz-Hypothesen (s.o. IV, 1 a) gemeinsam zu haben scheinen (vgl. Hoche *1978 b*, Teil V) und durch den sich beide Arten von Hypothesen von empirischen Hypothesen im Sinne Poppers grundlegend unterscheiden (vgl. auch Hoche *1978 a*, 370).

5) Diese optimistische Einschätzung gilt freilich nur, wenn sich die Analyse auf jeweils meine eigene ‚Punktsprache' – meinen zeit- und kontextgebundenen Idiolekt – beschränkt (s.o. IV, 1 f). Daß man nicht alle Muttersprachler (sagen wir) des gegenwärtigen Jahrhunderts um ihre Zustimmung bitten kann, ist zwar nur eine empirische und keine prinzipielle Unmöglichkeit; doch zeigt die Erfahrung, daß auch die wenigen Sprachgenossen, die man tatsächlich fragt, schon bei dem ersten Kombinationstest ihre Zustimmung oft verweigern: Keineswegs jeder zeitgenössische Sprecher des Deutschen hält eine Äußerung der Kombination „Ich bin nach meinen eigenen normativen Maßstäben moralisch verpflichtet, das Geld zurückzuzahlen, aber ich habe nicht die Absicht, es zu tun" (oder einer noch genauer formulierten Version dieses Satzes) für unvereinbar mit seinem ‚Know-how' bezüglich der Muttersprache. Das liegt zwar manchmal nur daran, daß der Befragte nicht differenziert genug mitdenkt und z.B. zwischen der Äußerung „Ich gedenke es nicht zu tun" und der tatsächlichen Unterlassung aus Willensschwäche zu unterscheiden versäumt. Doch könnte das auch noch einen anderen Grund haben, der sich vielleicht in formaler Analogie zu der Problematik von Normenbegründung und Normendurchsetzung folgendermaßen andeuten ließe:

Moralische Normen kann man zumindest auf der Basis der Paraphrase [1'] begründen (vgl. Hoche *1976 b*, 3.6–3.9), und trotzdem ist es wenigstens theoretisch denkbar (3.11), daß zwei Personen, die beide [1'] als Paraphrase von [1] anerkennen und sich in diesem Sinne metaethisch vollkommen einig sind, keine einzige normativ-ethische oder moralische Norm miteinander teilen, ja auch nur vernünftigerweise teilen *müßten*. Denn in ihren Wollensprinzipien – den Konkretisierungen des durch

„(We)“ eingeleiteten Teils von [1'] für bestimmte interpersonale Relationen und bestimmte Handlungsklassen – können sie voneinander abweichen, ohne daß deshalb einer von ihnen irrational sein müßte: dies ist die menschliche „Freiheit“ auch angesichts der „Vernunft“ (vgl. Hare *1963*, 110f.; *1981*, 6f., 228). Solange solche Differenzen in den Wollensgrundsätzen nicht zu groß sind – und insbesondere nicht in dem Sinne ‚systematisch‘ sind, daß die beiden Personen ganz verschiedenen kulturellen ‚Systemen‘ angehören –, gefährden sie auch das gemeinsame Handeln kaum. So ähnlich darf man wohl auch mit kleineren idiolektischen Abweichungen innerhalb einer muttersprachlichen Gruppe rechnen, die in praktischen Lebensfragen die sprachliche Kommunikation kaum behindern (jede Gruppe von Philosophie-Professoren in einer Fakultätssitzung, aber nicht im Vortragssaal, ist ein Beispiel dafür): Die natürliche Sprache scheint an den weniger ‚lebenswichtigen‘ Stellen unscharf genug zu sein, um ganz unterschiedliche idiolektische Präzisierungen zu erlauben. Dies sollte aber kein Grund sein, nach Art eines Buridan-Esels in der begrifflichen Unschärfe inmitten zweier möglicher Präzisierungen tatenlos zu verharren – wie man sich ja im Analogiefall auch die Begründung moralischer Normen nicht einfach deswegen schenken sollte, weil es mit ihrer allgemeinen Durchsetzung hapert. Daher dürfte es wenigstens eine fruchtbare Forschungsmaxime sein, sich bei der Begriffsanalyse nicht von vornherein durch intersubjektive Differenzen beirren zu lassen, sondern lieber Deutungsvorschläge auszuarbeiten, denen einige Sprachgenossen am Ende doch zustimmen und vielleicht sogar eine noch bessere Gestalt geben können.

6) Falls auf diese Weise die begriffliche Idiolekt-Analyse

doch zu einer gemeinsamen Unternehmung mehrerer werden kann, stellt sich erneut die Frage (s. o. IV, 1 e), ob oder wie sich der Philosoph dabei von der theoretischen Linguistik helfen lassen kann oder sollte. Bei der Konstruktion formalsprachlicher Analysantia muß er ganz offensichtlich die Unterstützung der symbolischen Logik oder vielleicht auch die einer modernen sprachwissenschaftlichen Disziplin wie der Montague-Grammatik beanspruchen (vgl. Montague *1974*). Aber der sozusagen ‚neuralgische Punkt' seiner Unternehmung ist die Durchführung der pragmatisch-semantischen Kombinationstests, und ich kann nicht erkennen, wie ihm z. B. nach der Forderung Vendlers *(1967)* die Transformationsgrammatik bei diesem Teil seiner Arbeit wirklich von Nutzen sein könnte. Denn erstens scheint es mir fraglich, ob man in irgendwelchen Tiefenstrukturen von normalsprachlichen Verpflichtungssätzen Hinweise auf ein universalisiertes Wollen des Sprechers, auf ein Können des in Rede Stehenden, auf ein singuläres, aber rationales Wollen des einen, des anderen oder einer dritten Person und schließlich auf irgendwelche interpersonalen Beziehungen oder Handlungsklassen zu finden vermag. Zweitens aber können pragmatisch-semantische Kombinationstests nur unter sukzessivem Abbau von Sinnkonstanz durchgeführt werden, und das bedeutet, daß man neben den sprachlichen Ausdrücken ständig – und oft mit viel Phantasie – auch die Typen von außersprachlichen Situationen im Auge behalten muß, in denen – oder bezüglich derer (s. o. I, 4) – man sie verwenden könnte; und meines Wissens hat noch niemand von der strukturellen Linguistik gefordert, sie müsse auch dieses Geschäft der „linguistic phenomenology" mitbesorgen (s. u. VI, 1).

V. Sprachliche ‚Typologie'

1. Ryles Methode der Substitutionstests

a. Widersinn und Analyse, Unsinn und Klärung

Sätze wie „Ich glaube, daß es regnet, aber es regnet nicht" sind für Moore (*1944*, 175f.) „absurd", aber nicht „self-contradictory", und in der englischsprachigen Literatur nennt man diese besondere Form der Sprachwidrigkeit seither gewöhnlich „pragmatical contradiction" (s.o. IV, 3 a–b). Die Ähnlichkeit dieses „pragmatischen Widerspruchs" mit dem logischen Widerspruch ist indessen so groß, daß sie einige Philosophen zu dem Irrtum verleiten konnte, die eigentümliche Sprachwidrigkeit der ‚Mooreschen Paradoxien' geradezu als „logischen Widerspruch" anzusehen (so z.B. Stegmüller *1956*, 545f., und im Anschluß an diesen Prauss *1971*, 214f.; dagegen spricht Wittgenstein *1953*, II, 500, bloß von einem „Widerspruch", und das ist korrekt).

Aber auch dann, wenn man etwa mit Husserl (*1900/1901* II.1, 54–56, 326–328, 335; *1929*, §§ 89–90) alle Sprachwidrigkeiten unter die Rubriken des (materialen bzw. formalen) „Unsinns" und des (materialen bzw. formalen) „Widersinns" bringen wollte, müßte man die Absurdität der ‚Mooreschen Paradoxien' zum Widersinn zählen. Denn für Husserl macht das „Widersinnige" oder – wie er *nur dafür* auch sagt – das „Absurde" insofern „ein Teilgebiet des Sinnvollen" aus (*1900/1901* II.1, 326), als bei widersinnigen Sätzen zwar nicht das „Urteil selbst", wohl aber der „Urteilsinhalt" in Ordnung ist (*1929*, § 89), was in ‚formaler Redeweise' und neuerer Terminologie heißt, daß man zwar nicht den Satz selbst, wohl aber das „Satzradikal" (Wittgenstein *1953*, I, 299; Waismann *1976*, 212, 215), den „Indikator des propositionalen Gehalts" (Searle *1969*, 2.4) oder das „Phrastikon" (Hare *1952*, 2.1; *1966*; *1970*; vgl. Hoche *1984*) sprachlich korrekt verwenden kann. Nach diesem Kriterium aber gehören z.B. der logisch widersprüchliche Satz „Es regnet, aber es regnet nicht" und der pragmatisch widersprüchliche Satz „Ich glaube, daß es regnet, aber es regnet nicht" gleichermaßen zu Husserls ‚Widersinn'; denn die zugehörigen Satzradikale „daß es regnet, aber nicht regnet" und „daß ich glaube, daß es regnet, daß es aber nicht regnet" sind beide sprachkonform brauchbar. Dabei zeigt sich zwischen ihnen freilich ein großer Unterschied: Das erste kann man z.B. mit dem Modaloperator „es ist *unmöglich*", das zweite dagegen mit dem Modaloperator „es ist *möglich*" (s.o. IV, 3 c) zu einem wahren Satz komplettieren; und dieser Unterschied ist ein formales Indiz für die Tatsache, daß Husserls Viergliederung möglicher Sprachwidrigkeiten, so wichtig sie seinerzeit war, noch nicht ausreicht.

Haben nach dem soeben Gesagten die pragmatisch-semantischen Kombinationstests nur verschiedene Arten von ‚Widersinn' aufzuspüren (dieses Wort in dem etwas zu weiten Verstande Husserls genommen), so geht es bei Ryles Methode der Substitutionstests, wie sich gleich zeigen wird, im wesentlichen um die Enthüllung von ‚Unsinn'.[12] Daß Rylesche Substitutionstests in den philo-

[12] „Im wesentlichen" deshalb, weil sich mit der gleichen Methode auch Fälle von Kontradiktion aufweisen lassen. Tatsächlich ist es – vom Phänomen der Sinnkonstanz abgesehen – „self-contradictory", beispielsweise von einer „erfolglosen Heilung" zu reden (Ryle *1949 a*, 126;

sophisch wichtigen Fällen (s.u. V, 1 d) nicht Widersinn, sondern Unsinn zutage fördern, verdient aus den beiden folgenden Gründen eigens festgehalten zu werden. Einmal macht diese Tatsache deutlich, daß wir mit pragmatisch-semantischen Kombinationstests auf der einen und Substitutionstests auf der anderen Seite wirklich zwei grundverschiedene Arten von Sprachtests haben, deren methodologische Unterschiede man nicht einfach dadurch einebnen kann, daß man die beiderseits zu untersuchenden Sprachformen ineinander zu ‚transkribieren' versucht. Zum anderen aber (und dieser zweite Punkt folgt aus dem ersten): Tragen pragmatisch-semantische Kombinationstests auf die eine oder andere Weise – nämlich ‚elenktisch', ‚apodeiktisch' oder ‚heuristisch' – zur *‚Analyse'* (‚Zergliederung') oder *‚Explikation'* von Begriffen bei, so können Rylesche Substitutionstests offenbar nicht genau der gleichen Aufgabe dienen. Ich möchte mich deswegen terminologisch, wenn auch nicht uneingeschränkt in der Deutung, der von Weitz (*1953*, passim; *1967*, 103f.) vorgeschlagenen Unterscheidung zwischen „analysis" und „elucidation" anschließen und mit Weitz (*1953*, 190, 200f., 219, 227f.) auch sagen, daß das Philosophieren für Ryle – und andere Vertreter der ‚Oxford Philosophy' – nicht mehr, wie in unterschiedlicher Weise besonders für Russell und Moore, ‚Analyse' oder ‚Zergliederung', sondern *‚Klärung'* (‚Aufklärung', ‚Erhellung', ‚Erläuterung') von Begriffen ist: nämlich „the elucidation of certain concepts by an elucidation of the logic of

---

vgl. V, 5), und dementsprechend ist auch die Rede von einer „erfolgreichen Heilung" nicht jeden verständlichen Sinnes bar, sondern schlimmstenfalls pleonastisch und damit auf eine vergleichbare Weise „sinnlos", aber nicht „unsinnig" wie, nach einer frühen Differenzierung Wittgensteins (*1921*, 4.461–4.4611), neben Kontradiktionen auch Tautologien. (Vgl. auch oben Anm. 4.)

our ordinary use of the relevant expressions" (219; vgl. Ryle *1938*, 182; *1957*, 267; *1962*, 188). Dieser Unterschied wird im folgenden deutlich werden.

b. Sinn und Unsinn

Im Rahmen seiner Diskussion der logisch-semantischen Paradoxien und der zu ihrer Vermeidung geschaffenen „theory of types" sah sich Russell genötigt, zwischen sinnvollen und nur scheinbar sinnvollen, in Wahrheit aber illegitimen Ausdrücken eine Grenze zu ziehen und insbesondere dem Bereich der wahren oder falschen (und damit sinnvollen) Aussagen den Bereich von unsinnigen Möchtegern-Aussagen gegenüberzustellen (bes. Russell *1908*, 62–64, 75; *1918*, 188, 252, 258, 261–263).

Diese Russellsche Dichotomie zwischen Sinn und – zumal als Sinn verkleidetem – Unsinn wurde für Gilbert Ryle (vgl. *1970*, 5–7) zum Ausgangspunkt seines eigenständigen Philosophierens. Aus diesem Grunde hat er sich auch – was im Oxford der späten zwanziger Jahre alles andere als gewöhnlich war – eine Zeitlang mit Husserl *(1900/1901)* befaßt: Wie bei Russell, so fand er bei Husserl den ihn fesselnden Gegensatz zwischen Sinn und Unsinn genügend ernst genommen (Ryle *1970*, 8f.). Auch hat er Husserls Auffassung zugestimmt, „that the business of philosophy is not to give new information about the world but to analyse the most general forms of what experience finds to be exemplified in the world" (*1932 b*, 170). In der Tat ist der Gegensatz zwischen dem Sinnvollen (Wahren-oder-Falschen) und dem Sinnlosen für Ryle nicht zuletzt deswegen so belangvoll, weil er eine Möglichkeit an die Hand gibt, die „Gleichschaltung" (im Original deutsch!) von Naturwissenschaft und Philosophie zu verhindern (*1950*, 246–248, vgl. 237f.; *1951*, 251f.; *1962*, 179–182,

188): „Science is concerned with what makes (significant) statements true or else false; philosophy is concerned with what makes them significant or nonsensical. So science talks about the world, while philosophy talks about talk about the world... Doing philosophy consists in discussing what can and cannot be *significantly* said." (*1950*, 247; vgl. *1951*, 252, 256; *1962*, 186; sowie *1954 a*, 324, und ähnlich Wittgenstein, *Schriften III*, 63)

Dabei weist Ryle dem Unsinn, gegenüber dem Sinn, sogar die Rolle des „Seniorpartners" zu; denn – und mit dieser Begründung nimmt Ryle zugleich eine Abgrenzung der sprachanalytischen Philosophie gegenüber sprachwissenschaftlichen Disziplinen wie z. B. der Lexikographie vor, die festgehalten zu werden verdient –: „the philosopher's proprietary question is not ‚What does this or that expression mean?', but ‚Why does this or that expression make nonsense? and what *sort* of nonsense does it make?'" (Ryle *1970*, 6f.; Hervorhebung von Ryle). Indem Ryle gerade dem Unsinn – dem, was man *nicht* sagen kann – einen so hohen methodologischen Rang zuerkennt, trifft er sich bemerkenswerterweise sogar mit Austin, dessen überwiegendes Interesse allerdings auch nach der Einschätzung Ryles (14f.) gar nicht den logisch-syntaktischen „absurdities" (und zumal den „paradox-generators"),[13] sondern den sprachpragmatischen „infelicities" (also den Sprechakten und ihren Fehlschlägen) gilt. Denn Austin (*1956*, 138 Anm. 2) sagt im Zusammenhang mit der Frage, warum man sich für bestimmte Handlungen auf

[13] An dieser Stelle kann man erkennen, daß Ryle, anders als Husserl (s. o. V, 1 a), nicht das Widersinnige, sondern das Unsinnige als „absurd" bezeichnet. Noch deutlicher wird das in der terminologischen Bemerkung Ryle *1938*, 180; vgl. *1950*, 246; doch unterscheidet Ryle, wie sich in V, 1 a und Anm. 12 bereits gezeigt hat, nicht immer streng zwischen Unsinn und Widersinn.

bestimmte Weise *nicht* entschuldigen könne: „we are sometimes not so good at observing what we *can't* say as what we can, yet the first is pretty regularly the more revealing" (Hervorhebung von Austin).

c. Kategorien und Kategorienfehler

Alle philosophischen Aussagen, und nur sie, sind nach Ryle (*1938*, 170, 184) „category-propositions" – nämlich „assertions that terms belong to certain categories or types" –, und damit sagt er, nur in anderen Worten, dasselbe wie mit seinen soeben (in V, 1 b) schon zitierten Kennzeichnungen der Aufgaben der Philosophie. Ich möchte das im Ausgang von Ryles Begriff des „Satzrahmens" – „sentence-frame" – erläutern.

Einen Satzrahmen bringt man dadurch hervor, daß man in irgendeinem wahren oder falschen Satz irgendeinen Teilausdruck durch drei Punkte oder einen anderen Platzhalter – durch ein „gap-sign" zur Markierung der entstandenen Leerstelle oder „Lücke" – ersetzt (Ryle *1938*, 173f.; vgl. *1945*, 208f.; *1962*, 184, 191f.). So entsteht z.B. aus dem Satz „Mein Enkel ist im Bett" der Satzrahmen „... ist im Bett". In diesem Beispiel ist der Satzrahmen ein ‚Begriffswort' im Sinne Freges, und in dessen sehr genauer Terminologie sind Satzrahmen allgemein nichts anderes als sprachliche Bezeichnungen von Funktionen, deren Werte stets Wahrheitswerte sind. Seit Russell pflegt man statt dessen allerdings eher von „propositional functions" oder „Aussagefunktionen" zu sprechen, ohne dabei dem Unterschied zwischen Bezeichnung und Bezeichnetem immer sorgsam Rechnung zu tragen. Um diese „Konfusion" zu vermeiden, zieht Ryle es vor, schlicht von „sentence-frames" zu sprechen (*1938*, 176 Anm.; *1945*, 209, sagt er „skeleton sentence").

Ein Satzrahmen kann nun dadurch wieder geschlossen werden, daß man seine offene Argumentstelle („Lücke") durch irgendwelche Teilausdrücke möglicher Sätze – durch „sentence-factors" (*1938*, 173) – ausfüllt. Aber nicht immer bringt eine solche Schließung wieder einen wahren oder falschen Satz hervor; „Und ist im Bett" ist schon „grammatisch" abwegig (falls „Und" kein Eigenname, sondern die übliche, wegen ihrer neuen Möchtegern-Funktion aber großgeschriebene Konjunktion ist), während der mit den Regeln der Grammatik durchaus vereinbare Satz „Samstag ist im Bett" (falls „Samstag" kein Personenname ist) in einer anderen Weise – nämlich „logisch" – „absurd" ist (*1938*, 174; vgl. *1962*, 186). Die logische Absurdität präzisiert Ryle (*1938*, 179) wie folgt: „When a sentence is (not true or false but) nonsensical or absurd, although its vocabulary is conventional and its grammatical construction is regular, we say that it is absurd because at least one ingredient expression in it is not of the right type to be coupled or to be coupled in that way with the other ingredient expression or expressions in it."[14]

Weil das Problem des typenbedingten Unsinns aber kein einzelsprachliches ist (Ryle *1938*, 174, 184; vgl. *1953*, 305), möchte Ryle statt von Typen von „Ausdrücken" oder „Satzfaktoren" („sentence-factors") lieber von Typen dessen sprechen, was durch sie – wie er nicht ohne Bedenken sagt – „bezeichnet" wird („signified"), und daher faßt er logische Typen als Typen von „Aussagefaktoren" („proposition-factors") auf (*1938*, 174, 180f.).

---

[14] Wenn man diese Formulierung mit Ryle *1950*, 246; *1951*, 252; *1962*, 185f. vergleicht, wird der Zusammenhang zwischen Ryles Problem und Russells Typentheorie ganz besonders augenfällig. Vgl. dazu aber Bar-Hillel in Edwards *1967* VIII, 168 b.

Sofern es sich bei den Satzfaktoren um Begriffswörter handelt – und diese sind philosophisch ja von besonderem Interesse –, können die zugehörigen Aussagefaktoren auch kurz „Begriffe" („concepts") genannt werden (vgl. *1938*, 181; *1945*, 199f.; *1962*, 182–185). Wegen seiner durchaus berechtigten Abneigung gegen das von ihm so genannte „‚Fido'-Fido-Prinzip" (Ryle *1949 b*, 226f., 233) – das Bedeutungsmodell von „Gegenstand und Bezeichnung" (Wittgenstein *1953*, § 293; s. o. III, 4 c) – versteht er später (Ryle *1953*, 305–307), auch hierin mit Wittgenstein harmonierend, unter einem „Begriff" den „Gebrauch" eines (Begriffs-)Wortes: seinen „use", d.h. „the way, method or manner of using it" (*1953*, 307; vgl. *1962*, 185f.).

Statt von „logischen Typen" spricht Ryle auch von „Kategorien" („categories"). Dabei bezieht er sich zwar ausdrücklich auf Aristoteles (*1938*, 170–176) und Kant (176–179), doch mag trotzdem Popper (*1963*, 260 Anm. 16) auf einen sachlich wie terminologisch bemerkenswerten Zusammenhang hinweisen, wenn er meint, daß nicht zuletzt auch Husserl (*1900/1901* II.1, 13, 318) mit seiner Rede von „Bedeutungskategorien" für Ryles Bezeichnungsweise Pate gestanden habe.

Eine explizite Definition des Begriffs „logischer Typ" oder „Kategorie" vermeidet Ryle allerdings schon *1938*, und *1954 b* (9) sagt er sogar, man könne diesen Begriff nicht sozusagen als Passepartout benutzen, der uns alle philosophischen Schlösser öffne, sondern bloß nach Art eines Vorschlaghammers, mit dem man lärmend an Türen haut, die man gerne geöffnet bekommen möchte. Dagegen bietet Ryle *1949 a* (10) so etwas wie eine Definition; aber erstens scheint sich diese mit seinen Intentionen von *1938* nicht ganz zu decken, und zweitens kann man von ihr schon deshalb nicht viel erwarten, weil er (*1938*, 181) gute

Gründe nennt, die sogar eine – schwächere – Definition von bloßer Typen-*Gleichheit* unmöglich erscheinen lassen. Den viel wichtigeren Begriff der Typen-*Verschiedenheit* definiert er dort aber so: „Two proposition-factors are of different categories or types, if there are sentence-frames such that when the expressions for those factors are imported as alternative complements to the same gap-signs, the resultant sentences are significant in the one case and absurd in the other." (181)

Auch gegen diese Definition hat man freilich Einwände vorgebracht (vgl. bes. Kemmerling in Ritter/Gründer *1971ff.* IV, 781–783). Doch könnte man diese, wie mir scheint, entkräften, wenn man die Definition auf bestimmte *syntaktische* Typen von ‚proposition-factors' einengen würde. Dies brauchte ihrem philosophischen Nutzen keinen Abbruch zu tun, und so sehe ich keinen zwingenden Grund, warum man der Überzeugung Ryles (*1945*, 202) widersprechen sollte, Absurditäten seien „Skalpell" sowohl wie „Stachel" des Philosophierens: „Absurdities are the original goad to philosophical thinking; they continue to be its scalpel."

Da nun z.B. der Satzrahmen „... ist im Bett" durch den Ausdruck „mein Enkel" zu einem je nachdem wahren oder falschen, durch den Ausdruck „Samstag" aber zu einem sinnlosen (Möchtegern-)Satz komplettiert wird, gehört das, was man mit dem Ausdruck „mein Enkel" bezeichnet, gemäß der Ryleschen Definition zu einem anderen logischen Typ oder zu einer anderen Kategorie als das, was man mit dem Wochentagsnamen „Samstag" bezeichnet (vgl. auch Mackie *1956*, 6f.). Dieses Ergebnis ist freilich trivial, und zwar deshalb, weil die Absurdität des Satzes „Saturday is in bed" offenkundig („obvious") ist. Andere Typenverstöße („type-trespasses") sind aber schwer zu durchschauen und tückisch („insidious") und offenbaren sich beispielsweise nur dadurch, daß sie zunächst verborgen bleibende Widersprüche oder Paradoxien erzeugen; Beispiele sind die berühmte Lügner-Antinomie und die übrigen logisch-semantischen Paradoxien, mit denen man sich seit Russell in der Logik und Philosophie der Mathematik immer wieder befaßt hat (Ryle *1938*, 179f.).

Ryles eigenes Interesse gilt allerdings mit Vorrang nicht solchen „paradox-generators", sondern einer ganz anderen Sorte von „trouble-makers" (vgl. *1970*, 8, 14): Die Typenverstöße oder Kategorienfehler („category-mistakes": *1949 a*, Kap. I), die er am gründlichsten untersucht, findet er im traditionellen („cartesischen") Dualismus von Körper und Geist.[15]

d. „Der Begriff des Geistes"

Diesen Dualismus – „das Dogma vom Gespenst in der Maschine" – nennt Ryle auch den „Zwei-Welten-Mythos" oder kurz „Descartes' Mythos" (*1949 a*, Kap. I). Ein Mythos ist für ihn aber „the presentation of facts belong-

[15] Von Savigny (*1970*, 83, vgl. 78, 88: „Sprachfehler") meint, Ryles Rede von „Kategorienfehlern" in „The Concept of Mind" sei bloß „ein Überbleibsel aus seiner ontologisch inspirierten, früheren Phase" – „‚Sprachwidrigkeit' würde genügen". Demgegenüber habe ich zu zeigen versucht, daß Ryle zwischen *1938* und *1970* dauerhaft an Verstößen gegen die „logische Syntax" (vgl. Ryle *1970*, 7, 14) interessiert war. Im übrigen hatte Ryle, als er *1938* „Categories" schrieb, seine „ontologische", durch den frühen Wittgenstein *(1921)* mitbestimmte Phase schon hinter sich. Ihr wichtigstes Dokument ist Ryle *1932 a*, wo er „die einzige und ganze Aufgabe der Philosophie" (100) völlig anders bestimmt als seit *1938* (s. o. V, 1 b–c), nämlich als „philosophische Analyse" im Sinne einer „Reformulierung" solcher sprachlichen Ausdrücke, die insofern „systematisch irreführen", als sie „the real [!] form of the fact recorded" verhüllen (87, 100).

ing to one category in the idioms appropriate to another" (10; vgl. 17). Der cartesische Dualismus ist, mit anderen Worten, in Ryles Augen ein einziger großer, auf vielen kleineren beruhender Kategorienfehler (I.2–3; vgl. *1962*, 188): Die Dualisten versuchen, auch das Mentale unter Kategorien zu bringen, die nur dem Physischen adäquat sind – z.B. unter die Kategorien „Ding", „Vorgang", „Veränderung", „Ursache", „Wirkung" (*1949 a*, 20) –, und dieser „paramechanischen Hypothese" (21) liegt psychologisch der folgende Fehlschluß zugrunde: „Since mental-conduct words are not to be construed as signifying the occurrence of mechanical processes, they must be construed as signifying the occurrence of non-mechanical processes; since mechanical laws explain movements in space as the effects of other movements in space, other laws must explain some of the non-spatial workings of minds as the effects of other non-spatial workings of minds." (20)

Um in diesem Gewirr von Kategorienfehlern Ordnung zu schaffen, bemüht sich Ryle in einer Vielzahl von Einzeluntersuchungen um den Nachweis, daß aus dem psychophysischen Dualismus logische Absurditäten folgen (*1949 a*, 10, 24). Nicht jede der von ihm dabei verwandten Methoden einer solchen „reductio ad absurdum" (Ryle *1945*; Howard *1963*, 149) ist ausgesprochen ‚sprachanalytisch'; so benutzt er – wie in geringerem Ausmaß übrigens auch viele andere analytische Philosophen – oft und gern Argumente eines vitiösen „regressus in infinitum" (vgl. Howard *1963*, 150f.). Doch sollen hier nur einige methodologisch oder inhaltlich besonders bemerkenswerte Anwendungsfälle dessen vorgestellt werden, was Mackie *(1956*, 6) Ryles „technique of sentence-frames" und Howard (*1963*, 151) „Ryle's substitution argument" nennt; in diesem Sinne spreche ich von Ryles

Methode der Substitutionstests.[16] Weil diese Methode Ryles mit seiner Definition von Kategorien-Verschiedenheit (s. o. V, 1 c) auf das engste zusammenhängt, dürfte sie für sein Philosophieren fundamental sein. Daß man trotzdem ihr Gewicht nicht selten herabsetzen möchte, kann wohl nur mit prinzipiellen Bedenken gegen jene Definition (so Howard *1963*, 152 mit Anm. 15) oder mit einem Mißverständnis dessen erklärt werden, was Ryle selbst (*1949 a*, 10) über die in „The Concept of Mind" verwandten Methoden sagt (so Walsh *1983*, 383 f.).

Einer Fülle von Substitutionstests bedient sich Ryle etwa mit der Absicht, die Unterstellung von „Willensakten" („volitions") und von „Erkenntnistätigkeiten" („cognitive activities") als verfehlt zu erweisen. Wenn ein solcher Nachweis gelingt, so entfällt ja wenigstens von diesen zwei Seiten her eine starke Motivation, eine „innere" psychische Welt anzunehmen, in der sich solche Akte und Aktivitäten abspielen müßten.

1) ‚Willensakte' haben in der Philosophie tatsächlich schon oft dazu herhalten müssen, um die Ursachenkette einer menschlichen Handlung und ihrer Folgen zu komplettieren: So, wie beispielsweise eine Muskelkontraktion im Zeigefinger eines Attentäters einen Pistolenschuß (und den Tod eines Thronfolgers; und einen Weltkrieg; und das Aufkommen eines Diktators; und einen zweiten Weltkrieg) verursacht, so oder ähnlich soll ein verborgener, auf der öffentlichen Bühne der äußeren Welt nicht mehr

[16] Terminologische Anklänge beispielsweise an Russell (*1908*, *77*: „method of substitution"), an den frühen Wittgenstein (*1921*, 6.24: „Substitutionsmethode") oder auch an Delius (*1963*, III.11–12: „substitutive Analyse") sind dabei kaum vermeidbar, aber unbeabsichtigt und nicht von Belang.

vorzufindender ‚Willensakt' jene kleine, aber folgenträchtige Fingerkrümmung verursacht haben (eine Auswahl neuerer Belege gibt Danto *1973*, 207 Anm. 10).

Aber wenn das Wollen auf diese Art *selbst* dem Bereich der miteinander kausal verbundenen Handlungen und Ereignisse angehörte, dann würde es, so sagt Ryle (*1949 a*, 63 f.), auch seinerseits mit den für Handlungen und Ereignisse gedachten und verwendeten Prädikaten beschreibbar sein müssen: dann müßte man beispielsweise von den Willensakten genauso wie von den angeblich durch sie verursachten Handlungen sagen können, sie seien plötzlich oder allmählich, stark oder schwach, schwer oder leicht, angenehm oder unangenehm; sie könnten beschleunigt, verlangsamt, unterbrochen oder aufgeschoben werden; man könne sich dabei geschickt oder ungeschickt anstellen; sie fänden zu dem und dem Zeitpunkt (z.B. morgens um zehn Uhr drei) statt; usw.; und all dies ergibt offensichtlich keinen verständlichen Sinn.[17]

Ryle hätte hier auch noch Substitutionstests von einer etwas anderen Art hinzufügen können, von denen er in ähnlichen Argumenten durchaus auch Gebrauch macht (vgl. *1949 a*, 134, 137; *1954 b*, 103 f.): Er hätte darauf hinweisen können, daß man jemandem beispielsweise

---

[17] Derartige Substitutionstests schreibt Ryle (*1954 a*, 323; *1954 b*, 60; *1962*, 185 f.) mit Recht schon Aristoteles zu (vgl. bes. Eth. Nic. 1173 a 29 bis b 5). Weiterhin vergleiche man Ryle *1949 a*, 143; *1954 b*, 102 f., mit Aristoteles, Soph. El. 178 a 9; De sensu 446 b 2; Met. 1048 b 33–34; Eth. Nic. 1174 a 14–16, b 12–13; und Ryle *1962*, 189–191, mit Aristoteles, De anima II, 5. Ferner sieht Ryle (*1954 a*, 323 f.) auch in Freges Bemühungen um eine Klärung des Begriffs der Anzahl Substitutionstests am Werk, und Frege *1884*, §§ 22, 24, bestätigt das in der Tat, wenn er z.B. sagt: „Die grüne Farbe legen wir jedem Blatte bei, nicht so die Zahl 1000"; s.o. II, 2 a. – Substitutionstests finden sich auch bei Locke (*1690*, III.X.15) und bei Wittgenstein (*Schriften V*, 388–390: Zettel 501, 504, 507 – vgl. zum letzten Ryle *1954 b*, 57–60).

befehlen, verbieten oder erlauben könne, vom Sprungturm zu springen, aber nicht, vom Sprungturm springen zu wollen (vgl. das ‚Sprechaktkriterium' für menschliches Handeln im weitesten Sinne: Hoche *1973 b*, 112–114); und er hätte seine englischsprachigen Leser daran erinnern können, daß man Verben des Wollens nicht in Dauerformen (‚continuous tenses') zu setzen pflegt (vgl. oben IV, 1 f). Selbst zu dem letztgenannten sprachlichen Phänomen gibt es Parallelen in anderen indogermanischen Sprachen (mir ist nicht ganz klar, ob Vendler *1967*, 11, das bestreiten will oder nicht) – etwa in den slawischen Sprachen, im Französischen, in westdeutschen Mundarten und auch im Hochdeutschen selbst. So kann man z. B. den Satzrahmen „Ich bin gerade dabei, ..." (oder in Dialekten: „Ich bin am...") zwar durch „(zu) essen", aber nicht durch „essen (zu) wollen" sinnvoll ergänzen; und wenn man trotzdem oft sagt: „Ich will gerade essen", so wird durch „gerade" – ähnlich wie durch „schon um zwölf" in dem Satz „Ich will schon um zwölf essen" – nicht etwa „wollen", sondern „essen" näher bestimmt (vgl. Searle *1983*, 30, 41).

Mehr oder weniger explizite Substitutionstests von dieser und ähnlicher Art weisen allesamt in dieselbe Richtung: Wir sprechen mit dem Wort „wollen" nicht über Vorgänge oder Handlungen, insbesondere also auch nicht über Vorgänge oder Handlungen auf einer ‚inneren Bühne', zu der nur jeweils ich selbst einen ‚privilegierten Zugang' hätte; jenes Wort ist mithin kein „Ereigniswort" („occurrence word").

Da man es aber, wie schon gesagt, auch nicht mit so ‚feinkörnigen' Zeitangaben wie „morgens um zehn Uhr drei" oder „schon um zwölf" verbinden kann (vgl. Ryle *1962*, 190 f.; Searle *1983*, 30), so kann es auch nicht dem anderen großen Typ von „episodischen Wörtern" („episodic words") angehören, nämlich kein „Leistungs-"

oder „Erfolgswort" („achievement word" oder „success word") sein (s.u. V, 1 d, Nr. 2). So wird man dazu gedrängt, das Wort „wollen" als „Dispositionswort" („disposition word") anzusehen (Ryle *1949 a*, Kap. III, V; vgl. Hoche *1973 b*, §§ 29–31). Die Aussagen, in denen es vorkommt, sind Dispositionsaussagen, die nach der Auffassung Ryles (vgl. bes. *1949 a*, 86f., 113, 119f.) als allgemeine hypothetische Sätze aufgefaßt werden müssen, die jedoch, da sie von einzelnen Individuen handeln – Spilsbury *1953*, 348f., spricht geradezu von „,GI' propositions, i.e. general propositions about individuals" –, nicht universelle „Gesetze", sondern nur „gesetzähnliche" oder „gesetzesartige" Sätze sind. (Dieser Rylesche Gebrauch von „law-like" ist nicht mit dem Goodmanschen zu vermengen: Goodman [bes. *1947*, Teil III; *1955*, 1.3] nennt *solche* Sätze „lawlike", die sich von [Natur-] Gesetzen höchstens dadurch unterscheiden, daß sie de facto nicht gelten.)

So bringt die Klärung des Wollensbegriffes mit Hilfe von Substitutionstests – eine ,Begriffserhellung' (,elucidation'), die offensichtlich keine Analyse im Sinn von ,Zerlegung' oder ,Zergliederung' einschließt (s.o. V, 1 a) – schon eine erste Bestätigung dessen, was Ryle (*1949 a*, 46, vgl. 190) der dualistischen Annahme einer privaten Innenwelt mit den folgenden Worten positiv gegenüberstellt: „... roughly, the mind is not the topic of sets of untestable categorical propositions, but the topic of sets of testable hypothetical and semi-hypothetical propositions." ,Halbhypothetische' (oder ,mischkategorische') Urteile sind dabei für ihn solche, in denen sich eine ,Tatsachenfeststellung' mit einer ,Ableitungslizenz', und zwar einer Dispositionsaussage, amalgamiert (*1949 a*, V.2–4). So sagt man z.B. mit dem Satz „Sie übt (gerade) Klavier" nicht nur etwas über die gegenwärtige Tätigkeit der betreffenden

Dame, sondern zugleich auch etwas über das, was sie will (und ähnlich mit dem Satz „Sie spielt (gerade) Klavier" auch etwas über eine ‚entwickelte Fähigkeit', sozusagen eine ‚zweite Dynamis' oder ‚erste Entelechie' im Aristotelischen Sinn). Die eigenen Beispiele Ryles (vgl. etwa *1949a*, 87, 135, 139f.) scheinen mir teilweise weniger überzeugend, und sie sind in der Tat häufig kontrovers diskutiert und später auch von Ryle selbst (in Magee *1971*, 101) in Zweifel gezogen worden.

2) Neben der Anerkennung von ‚Willensakten' wäre für Ryle die Anerkennung von ‚Erkenntnistätigkeiten' etwa des Entdeckens, Findens, Erblickens, Hörens, Erkennens, Lösens, Schließens, Beweisens oder Verstehens ein starkes Motiv, eine ‚innere Bühne' zu postulieren; denn da man, sagt Ryle (*1949 a*, V.5), zwar beobachten kann, wie jemand etwas zu hören, zu erblicken, zu erkennen, zu beweisen oder zu verstehen *versucht*, aber nicht, wie er all dies wirklich *tut*, müßte man schließen, daß solche Aktivitäten – wenn es denn welche sind – sich nicht in der öffentlichen, sondern in der Innenwelt jedes Einzelnen abspielen. Aber all diese Wörter für angebliche Erkenntnisvorgänge werden, wie Ryle (ebd.) durch Substitutionstests – m. E. erfolgreich – zu zeigen versucht, im allgemeinen ganz anders verwendet als Vorgangs- oder, spezieller, als Handlungsverben. So kann man z. B. die Lösung eines Problems zwar intensiv, systematisch oder sorgfältig suchen, aber nicht intensiv, systematisch oder sorgfältig finden; nach Pilzen fleißig, gründlich und stundenlang Ausschau halten, aber sie nicht fleißig, gründlich und stundenlang – außer in einem iterativen Sinne – entdecken oder erblicken; sich erfolgreich oder vergeblich mit einem komplizierten Beweis in einem Mathematikbuch befassen, ihn aber nicht erfolgreich oder vergeblich verstehen

(es sei denn ‚vergeblich' oder ‚umsonst' in dem Sinn, daß man ihn später wider Erwarten nicht braucht, z. B. in einer Prüfung gar nicht nach ihm gefragt wird). Oder, von der anderen Seite her: Jemand kann zwar das Glück haben, etwas Wichtiges zu finden, aber kaum, es zu suchen; oder das Glück, ins Schwarze zu treffen, aber kaum, ‚aufs Schwarze zu zielen' (Ryle *1962*, 192).

Erkenntnisverben sind also keine Ereignisverben. Aber Dispositionsverben sind sie auch nicht, obwohl man u. U. ebenfalls sagen könnte, jemand habe das Glück, ausgezeichnet tanzen zu können, in der Philosophiegeschichte umfassend Bescheid zu wissen oder ein ruhiges und geräumiges Haus zu besitzen. Denn Erkenntnisverben kann man, anders als Dispositionsverben wie z. B. „können", „wissen", „glauben", „wollen" oder „besitzen", mit sehr ‚feinkörnigen' Zeitangaben verbinden: So kann man sagen, man habe den Witz nicht sofort, sondern erst am nächsten Morgen verstanden, als man sich gerade rasierte. Erkenntnisverben sind also „echte episodische Wörter"; doch gehören sie, wie gesagt, nicht zu den Ereignisverben und daher insbesondere nicht zu den „Aufgabenverben" („task verbs"), sondern zu der anderen schon erwähnten großen Gruppe der Episodenwörter, nämlich zur Gruppe der „Leistungs-" oder „Erfolgszeitwörter" (Ryle *1949 a*, V.5).

Die natürliche Sprache ist allerdings so flexibel, daß manche Verben sowohl als Dispositions- wie als Erfolgswörter vorkommen. Wenn man den Witz beim Rasieren endlich verstanden hat, ‚versteht' man ihn in der Regel für den Rest seines Lebens; und selbst wenn man aufgehört hat, sich mit einer Fremdsprache oder einer physikalischen Theorie zu befassen, ‚versteht' man sie wenigstens noch für einige Wochen, Monate oder Jahre (vgl. Ryle *1949 a*, 53: „understanding is a part of knowing how", d.h.: „Verstehen ist eine Art des Könnens", also eine Fähigkeit [„dynamis"], also eine Disposition). Trotzdem sind solche Kategorien-Untersuchungen für die Philosophie durchaus von Belang; denn zumindest als Vorgangswort scheint das Zeitwort „verstehen" im Deutschen nicht vorzukommen: selbst wenn man etwas „gründlich" verstehen kann, so kann man es doch nicht „intensiv" oder gar „sorgfältig", „erfolglos", „stundenlang" oder „dreimal täglich" verstehen. Daher sollte man skeptisch sein, wenn etwa Dilthey *(1900)* das für seine Hermeneutik so fundamentale Verstehen als einen ganz bestimmten „Vorgang" charakterisiert (nämlich als den „Vorgang, in welchem wir aus Zeichen, die von außen sinnlich gegeben sind, ein Inneres erkennen": 318, vgl. 332), zumal er sofort hinzufügt: „Das ist der Sprachgebrauch; und eine feste psychologische Terminologie, deren wir so sehr bedürfen, kann nur zustandekommen, wenn jeder schon fest geprägte, klar und brauchbar umgrenzte Ausdruck von allen Schriftstellern gleichmäßig festgehalten wird." (Freilich findet sich dieser anscheinend naheliegende Kategorienfehler – den man aber vielleicht durch eine bloße Änderung in der Terminologie korrigieren könnte – auch bei einem so gut mit Wittgenstein vertrauten analytischen Philosophen wie von Wright [*1971*, IV.1], der beharrlich von „acts of understanding", ja sogar von einer „activity" des Verstehens spricht, und zwar deshalb, weil er zwischen Verstehen und Interpretieren eine kategoriale Unterscheidung vorzunehmen versäumt.)

2. Wittgensteins Methode der Sequenzbildung

a. Wissen, Erfahren und Verifizieren: Die erkenntnistheoretische Sonderstellung des eigenen Empfindens

In den „Philosophischen Untersuchungen“ (*1953*, § 246; vgl. *1933/1934*, 90) heißt es bei Wittgenstein: „Man kann nicht sagen, die Andern lernen meine Empfindung *nur* durch mein Benehmen, – denn von mir kann man nicht sagen, ich lernte sie. Ich *habe sie*.“ Daß Wittgenstein hier das Wort „lernen“ wählt, ist nach von Savigny (*1969 a*, 52 Anm. 1) einer seiner „unglücklichen Anglizismen“. Er habe, meint Savigny – wie mir scheint, zu Recht –, statt von „Lernen“ an dieser Stelle „offensichtlich von Erfahren oder Feststellen reden“ wollen; das englische „learn“ wird ja in der Tat nicht selten im Sinne von „in Erfahrung bringen“ gebraucht. Wittgenstein will also sagen, daß ich meine Empfindungen nicht ‚in Erfahrung bringe‘ – daß ich nicht ‚erfahre‘, daß ich die und die Empfindungen habe. Wenn das aber so ist, dann kann ich sie auch niemals ‚in Erfahrung gebracht haben‘ – niemals ‚erfahren haben‘ oder, kurz gesagt, ‚wissen‘, daß ich sie habe (vgl. Wittgenstein *1933/1934*, 45–47; s.o. III, 2); denn etwas wissen, das heißt, es in Erfahrung gebracht – und nicht wieder vergessen – haben: „To know something is to have discovered or learned something and not to have forgotten it.“ (Ryle *1962*, 195, vgl. 194, und *1949 a*, VII.4 passim)

Hier haben wir also den zwar nicht einzigen, aber wohl wichtigsten Grund, warum Wittgenstein Sätze wie „Ich weiß, daß ich Schmerzen habe“ oder „Ich weiß, was ich denke (will, wünsche, glaube, fühle usw.)“ als „unsinnig“ ablehnt (s. o. III, 2; zu anderen Gründen vgl. Wittgenstein *1934–1936*, 274; *1949–1951*, § 58; *1953*, § 408, II, 533;

sowie Scholz *1969*, 41–53, 70). Dieser Zusammenhang geht besonders daraus deutlich hervor, daß Wittgenstein unmittelbar vor der zitierten Bemerkung über „Lernen" und „Haben" sagt: „Von mir kann man überhaupt nicht sagen (außer etwa im Spaß), ich *wisse*, daß ich Schmerzen habe. Was soll es denn heißen – außer etwa, daß ich Schmerzen *habe*?" (*1953*, § 246; zu einer Einschränkung s.o. III, 2)

Nun sagt man freilich nicht selten, man „fühle" Schmerzen. Ist dieses ‚Fühlen' nicht doch eine besondere Art von innerer Wahrnehmung oder Erfahrung? Wittgenstein bestreitet das und setzt gleich: „having toothache = feeling toothache" (ähnlich auch Ryle *1949 a*, 98f. u. VII.2); deswegen könne man auch nicht sagen: „I say he has toothache because I observe his behaviour, but I say that I have because I *feel* it"; denn diese Erklärung liefe im eigenen Fall auf die Nicht- oder Scheinerklärung hinaus: „I say I have it because I have it" (Wittgenstein *1934–1936*, 274; vgl. *1933/1934*, 89, und Moore *1954/1955*, 307).

Aber ist ‚Schmerzen fühlen' wirklich dasselbe wie ‚Schmerzen haben'? Cook (*1965*, 295) versucht dies mit Hilfe eines rudimentären pragmatisch-semantischen Kombinationstests zu zeigen: „It will make sense to say, ‚There was a stone in my shoe, but I didn't feel it', whereas it will not make sense to say, as an admission of ignorance, ‚There was a pain in my knee, but I didn't feel it'."[18] Cook

---

[18] Strenggenommen hätte Cook darauf hinweisen müssen, daß man – sofern man das Wort „Schmerz" nicht zur Bezeichnung eines bloß physiologisch-biochemischen Vorgangs mißbraucht – Satzpaare wie das folgende ablehnen würde: „Es ist möglich, daß ich Schmerzen habe, aber keine fühle" und „Es ist möglich, daß ich Schmerzen fühle, aber keine habe". Erst dann würde die semantische Äquivalenz der alltagssprachlichen Ausdrücke „Schmerzen fühlen" und „Schmerzen haben" wirklich gezeigt sein; s.o. IV, 4. Mit der Einschränkung „as an admission of

folgert daraus mit Recht, daß wir, wenn wir sagen, wir fühlten einen Schmerz im Knie, das Wort „fühlen" nicht in demselben „perzeptuellen Sinn" verwenden wie dann, wenn wir sagen, wir fühlten einen Stein im Schuh. Nur bei einer solchen perzeptuellen Verwendung kann man mit Sätzen der Form „I know because I feel it" etwas erklären: „‚Ich habe einen Stein im Schuh' – ‚Woher weißt du das?' – ‚Weil ich ihn fühle'" ist ein (halbwegs) sinnvoller Dialog, „‚Ich habe Schmerzen im Knie' – ‚Woher weißt du das?' – ‚Weil ich sie fühle'" dagegen nicht (vgl. auch Garver *1982*).

Daß man nicht einmal sinnvoll *fragen* kann, woher man von seinen eigenen Schmerzen wisse (vgl. auch Ryle *1949 a*, 161 f.), hat Wittgenstein schon in seinen Cambridger Vorlesungen 1930–1933 bemerkt, und diese sprachliche Feststellung dient ihm dort zur Begründung für seine These, für das Vorliegen jeweils eigener Bewußtseinserlebnisse gebe es keine „Verifikations"-Möglichkeiten und damit auch keine „Kriterien": „He said first that... what verifies or is a criterion for ‚I have toothache' is quite different from what verifies or is a criterion for ‚He has toothache'... In this connection he said later... that there is no such thing as a verification for ‚I have', since the question ‚How do you know that you have toothache?' is nonsensical." (Moore *1954/1955*, 307)

Diese These ist aus wenigstens zwei Gründen außerordentlich wichtig. Der erste ist der – zum zweiten s. u. VI, 2 b–c –, daß sie für Wittgenstein Anlaß war, sich von seinem früheren Verifikationismus (vgl. *Schriften III*,

---

ignorance" versucht Cook de facto, ‚Sinnkonstanz abzubauen'; denn man würde den in Rede stehenden Satz als sinnvoll empfinden, wenn man ihn so verstünde: „Ich hatte Schmerzen im Knie, aber ich habe sie nicht *beachtet*."

passim, aber auch schon *1921*, 4.022, 4.024, 4.063) wieder zu distanzieren. Hatte er Anfang 1930 gesagt: „The sense of a proposition is the way in which it is verified" (vgl. auch *1929/1930*, § 166), so relativierte er dieses Diktum schon ungefähr 1932/1933 sehr stark: „He said this only meant ‚You can determine the meaning of a proposition by asking how it is verified' and went on to say, ‚This is necessarily a mere rule of thumb, because ›verification‹ means different things, and because in some cases the question ›How is that verified?‹ makes no sense'. He gave as an example of a case in which that question ‚makes no sense' the proposition ‚I've got toothache' of which he had already said that it makes no sense to ask for a verification of it – to ask ‚How do you know that you have?'." (Moore *1954/1955*, 266, zu den Datierungen vgl. 256)[19]

---

[19] Damit war der Boden bereitet für Wittgensteins Übergang von einem – spezielleren – ‚Verifikationsprinzip' der Bedeutung zu einem – allgemeineren – ‚Sprachspiel-' oder ‚Gebrauchsprinzip' (s.o. III, 1–2): „Die Frage nach der Art und Möglichkeit der Verifikation eines Satzes ist nur eine besondere Form der Frage ‚Wie meinst du das?'. Die Antwort ist ein Beitrag zur Grammatik des Satzes." (Wittgenstein *1953*, § 353, vgl. § 560; Moore *1954/1955*, 266f.; Waismann *1976*, Kap. VIII, XVI) Der verifikationistische Sonderfall ist aber insofern sehr wichtig, als der (nicht-übertragene) Gebrauch eines Satzes, unbeschadet seiner jeweiligen sprechakttheoretischen (‚performativen' oder ‚illokutionären') Funktion, immer auch von den Anwendungskriterien für seine deskriptiven Bestandteile abhängt (vgl. auch Hare *1952*, 22). Insbesondere muß man bei Sprechakten des Behauptens oder Feststellens nach wie vor anerkennen (und implizit tut das beispielsweise auch Searle in seiner Ersten Einleitungsregel für Sprechakte dieser Art: *1969*, 66), daß man mit einem Satz überhaupt nur dann eine gelingende Feststellung treffen kann, wenn er sich wenigstens prinzipiell überprüfen läßt. Man wird daher Braithwaite zustimmen müssen, wenn er schreibt: „The older verificational principle is subsumed under the new use principle: the use of an empirical statement derives from the fact that the statement is empirically verifiable." (*1955*, *77*; vgl. auch Schlick *1936*, 146–148; Warnock *1951*, 318f.; Urmson *1956*, 179; Ayer *1963*, 22f.; Haller *1965*, 141; Putnam *1975 a*, 135; Kripke *1982*, 134–136)

b. Methodologische Kommentare zu Ryles Substitutions- und Wittgensteins Sequenzbildungs-Tests

Um diese erkenntnistheoretische Eigentümlichkeit von Sätzen, in denen von jeweils meinen eigenen Schmerzen die Rede ist, deutlich herauszustellen, hat sich Wittgenstein, wie soeben (in V, 2 a) sichtbar geworden sein dürfte, einer Methode bedient, die einiges mit der Ryleschen Methode der Substitutionstests gemein hat, aber darüber hinaus doch unverkennbar eigene Züge trägt.

Gemeinsam ist beiden Methoden – um es einmal in der Sprache, wenn auch nicht ganz genau im Geiste, von Whorf (*1936*, 70–72) zu sagen –, daß sie grammatische „Kryptotypen" (im Gegensatz zu „Phänotypen") ans Licht bringen sollen. Wittgenstein (*1953*, § 664) schlägt einmal vor, „im Gebrauch eines Worts eine ‚Oberflächengrammatik' von einer ‚Tiefengrammatik' [zu] unterscheiden", und in diesem Sinn kann man sagen, daß beide Methoden ‚tiefengrammatisch' verfahren. Statt von der ‚Tiefengrammatik' unserer Wörter spricht Ryle gelegentlich (z.B. *1949 a*, 231; *1962*, 186) von ihrer „logical grammar", wozu ihn Husserls *(1900/1901)* IV. „Logische Untersuchung" angeregt haben dürfte, die übrigens nach einer Vermutung Giers (*1981*, 98f.) auch auf den frühen Wittgenstein (*1921*, 3.325) einen mindestens terminologischen Einfluß ausgeübt haben könnte. Doch häufiger ist bei Ryle statt dessen von dem „logical behaviour" unserer Wörter die Rede (z.B. *1949 a*, 143, 214; *1954 a*, 324; *1962*, 193), und diese Ausdrucksweise hat in der analytischen Philosophie weithin Schule gemacht (vgl. z.B. Hare *1963*, 22, 73; Strawson *1963*, 503, 513). Das ‚logische Benehmen' oder ‚Verhalten' eines Ausdrucks ist für Ryle im Grunde nichts anderes als die Kategorie oder der logische

Typ des entsprechenden Aussage-Faktors oder, spezieller, Begriffs. So kann man sagen, daß die beiden hier thematisierten Methoden Wittgensteins und Ryles darin übereinkommen, daß sie die Tiefengrammatik – nicht: Oberflächengrammatik – der sprachlichen Ausdrücke bzw. die logischen Typen – nicht: grammatischen Typen – der Begriffe betreffen.

Sie unterscheiden sich aber dadurch, daß Wittgenstein nicht Substitutionen in Satzrahmen vornimmt (s. aber oben Anm. 17), sondern Sequenzen von Sätzen, z.B. Dialoge, zu bilden versucht. Das ist für ihn aus folgendem Grunde wichtig.

In schlichten Satzformen von der Art „Ich habe Schmerzen“ und „Du hast Schmerzen“ (oder: „Er hat Schmerzen“) zeigen sich tiefengrammatische Unterschiede zwischen der ersten und den beiden anderen grammatischen Personen noch nicht. Sie melden sich erst bei komplexeren Sätzen der Art „Ich weiß, daß ich Schmerzen habe“ im Gegensatz etwa zu „Ich weiß, daß du Schmerzen hast“, von denen der erste, wenn man ihn aus seinem Äußerungskontext reißt, auf den ersten Blick leicht unverständlich erscheint. Doch ist auf dieser Stufe der Komplexität die Unverständlichkeit nur eine gleichsam oberflächliche Verfärbung, die sich rasch wieder auswaschen läßt (s.o. IV, 4 b); denn ein ‚wohlwollender‘ Hörer würde die Äußerung eines Satzes wie „Ich weiß, daß ich Schmerzen habe“ nicht als ‚konstative‘ Behauptung über eine Erkenntnisleistung und eine aus ihr hervorgegangene kognitive Disposition verstehen (s.o. V, 1 d), sondern als ‚performativen‘ Akt einer, sagen wir, mehr oder minder schroffen Zurückweisung des Versuchs eines andern, den Sprecher vor einem Raubbau an seinen Kräften zu warnen (s.o. III, 2).

Diesem Walten der Sinnkonstanz wird auf einer noch

höheren Stufe der Komplexität jedoch ein Ende gesetzt: Ein Sprechakt der Art „Ich weiß, daß du Schmerzen hast" läßt sinnvollerweise die „Woher?"-Frage zu, während der Kurzdialog „‚Ich weiß, daß ich Schmerzen habe' – ‚Woher wissen Sie das?'" eine gleichsam in der Wolle gefärbte Absurdität ist; für einen Wortwechsel dieser Art – oder für die entsprechende Frage: „Woher wissen Sie, daß Sie Schmerzen haben?" – läßt sich nicht einmal in der ungezügelten Phantasie eine seriöse Verwendungsmöglichkeit ausmalen.[20]

Den durch tiefengrammatische Sequenzbildungs-Tests zutage geförderten Unsinn darf man nicht mit Falschheit verwechseln. Wittgenstein selbst nennt zwar gelegentlich Äußerungen wie „Ich weiß, was ich denke" (*1953*, II, 534) oder „Ich weiß, daß ich Schmerzen habe" (*1949–1951*, § 41) nicht, wie gewöhnlich, „unsinnig", sondern „falsch". Aber im Gesamtzusammenhang seines Philosophierens dürfte das nur so zu verstehen sein, daß es ‚falsch' – im Gegensatz zu ‚richtig' – sein würde, so etwas *„zu sagen"* (*1953*, II, 534), und nicht etwa so, daß die Sätze selber als ‚falsch', ihre Negationen mithin als ‚wahr' gelten müßten (s. o. III, 3); in der Deutungsvariante, in der „Ich weiß, daß ich Schmerzen habe" nicht gesagt werden kann, kann man ja auch nicht sagen: „Ich weiß nicht, ob (oder

[20] Selbst diese Behauptung muß aber relativiert werden: Wer „Schmerzen" als Wort für einen physiologisch-biochemischen Vorgang beansprucht – ich würde deutlicher sagen: mißbraucht – und dem Arzt sogar die Entscheidung darüber überlassen möchte, ob der Kranke Schmerzen hat – oder ‚fühlt'? –, der könnte so etwas im Ernste schon sagen wollen. Die jüngere – sogenannte „analytische" – Philosophie des Geistes tendiert im großen und ganzen tatsächlich in diese Richtung; vgl. z. B. Putnam *1962* gegenüber Malcolm *1959*. Daher trifft die folgende Karikatur einer Begrüßung unter behavioristischen oder sonstwie ‚anti-subjektivistischen' Gegenwartsphilosophen tatsächlich beinah ins Schwarze: „Ihnen geht es gut. Und wie geht es mir?"

gar: daß) ich Schmerzen habe", und die Unmöglichkeit, *dies* zu sagen, ist für Wittgenstein einer der Gründe für die Unmöglichkeit, *jenes* zu sagen (s.o. V, 2 a).

Diese Bemerkung zeigt, wie leicht sich der für Wittgenstein (vgl. bes. *1953*, § 246) so fundamentale Unterschied zwischen Falschheit und Unsinn auch in seinen eigenen Formulierungen hin und wieder verwischt. Ein Gegenstück dazu ist uns bei Ryle ebenfalls schon begegnet (s.o. V, 1 a–b mit Anm. 12): Obwohl es für seinen Philosophie-Begriff unerläßlich ist, zwischen dem Sinnlosen und dem Wahren-oder-Falschen zu unterscheiden, läßt er die Untersuchung von sinnlosen Sätzen wie „Der Arzt hat ihn stundenlang geheilt" mit der von widersinnigen – also logisch falschen – Sätzen wie „Der Arzt hat ihn erfolglos geheilt" ineinanderlaufen. Angesichts der äußeren Ähnlichkeit dieser Fälle ist das natürlich kein Wunder, aber es wird gewiß auch dadurch gefördert, daß man psychologisch sicher geneigt ist, bei ‚Sinn' bloß an ‚einstimmigen Sinn' zu denken und daher den ‚unstimmigen Sinn', also ‚Widersinn', zum ‚Unsinn' zu rechnen.

Der von der Falschheit im allgemeinen und vom Widersinn im besonderen also sorgsam zu unterscheidende Unsinn ist aber auch etwas anderes als bloß sprachpragmatische „Sinn-", „Witz-" oder „Funktionslosigkeit". Wenn etwa Birnbacher (*1974*, 135 Anm. 62) meint, von Sätzen der Art „Ich weiß, daß ich Schmerzen habe" wolle Wittgenstein „nicht mehr und nicht weniger" sagen, „als daß solche Sätze *funktionslos* (obgleich wahr) sind", so muß man dem deswegen widersprechen, weil auch die (der „sinnlosen" Lesart) genetisch zugrunde liegenden Sätze der Art „Ich bringe in Erfahrung, daß ich Schmerzen habe" nicht bloß „funktionslos", sondern insofern „sinnlos" sind, als eigene Empfindungen einfach nicht zur Kategorie oder zum logischen Typus dessen gehören, was man selber erfahren kann (s. o. V, 2 a; vgl. Ryle *1949 a*, VII.2): Solche Sätze enthalten Kategorienfehler oder Typenverstöße im Sinne Ryles (s. o. V, 1 c) und können daher auch nicht „wahr" genannt werden.

VI. Sprachliche ‚Phänomenologie'

1. „Linguistic Phenomenology"

Weder pragmatisch-semantische Kombinationstests (Kap. IV) noch Substitutions- und Sequenzbildungs-Tests (Kap. V) könnten Ergebnisse bringen, wenn man sich die zu überprüfenden Sprachgebilde rein als solche ansehen wollte, ohne nach den konkreten außersprachlichen Bedingungen zu fragen, unter denen man sie verwenden würde.

Wenn man (um mit Wittgensteins Sequenzbildungs-Tests zu beginnen) z. B. den Satz „Woher weißt du, daß dir die Füße weh tun?" spontan absonderlich findet, dann wohl am ehesten deshalb, weil man sich etwa die Situation von Wanderern vorstellt, von denen einer über seine schmerzenden Füße klagt. Doch könnte ein typographisch vollkommen gleicher Satz auch in einer ganz anderen Situation geäußert werden, z. B. in einem Kriegslazarett, in dem ein gerade aus der Narkose erwachter Bein-Amputierter seinem Bettnachbarn sagt, er fühle sich ziemlich gut, nur die Füße täten ihm weh. Hier würde die Frage – mit dem Akzent auf „Füße" und nicht auf „weißt" wie naheliegenderweise im Falle der Wanderer; strenggenommen haben wir also zwei verschiedene Fragen – nicht mehr seltsam, sondern makaber klingen; doch als ‚ätiologisch' gemeinte (s. o. III, 2) würde sie immerhin sinnvoll sein. Wo die ‚ätiologische' Deutung nicht mehr in Frage kommt, also vor allem bei Wittgensteins schlichter Version „Woher weißt du, daß du Schmerzen hast?", kann die Sinnlosigkeit durch die Heranziehung außersprachlicher Hintergründe nicht mehr ganz so einfach beseitigt werden. Doch läßt auch diese Fassung eine ganze Reihe verschiedener Intonationsmuster zu, und man kann sich vorstellen, daß jemand eine aus diesem Bündel von Fragen – nämlich die: „Woher weißt du, daß du *Schmerzen* hast?“ – in einer Situation stellen könnte, in der es naheläge, richtiger so zu fragen: „Bist du sicher, daß du Schmerzen und nicht z. B. ein kribbelndes Gefühl der Taubheit (im Bein) hast?“

Auch bei Ryleschen Substitutionstests hat man den außersprachlichen Hintergrund immer mehr oder weniger explizit in Betracht zu ziehen. Zum Beispiel kann man Pilze tatsächlich nicht nur stundenlang suchen, sondern auch stundenlang finden (nämlich wieder und wieder, den ganzen Nachmittag lang; s. o. V, 1 d); und vielleicht hat beispielsweise Graf Lambsdorff gar keinen Pleonasmus begangen, als er am 9. November 1982 (in der ARD-Sendung „Monitor“) sagte, die F.D.P. habe es 1980 „erfolgreich verhindert“, daß Strauß nach Bonn gekommen sei; denn er könnte ja auch gemeint haben, seine Partei habe Straußens Rückkehr verhindert, und dies habe im Laufe der nächsten zwei Jahre sehr zum Erfolg der deutschen Bundespolitik beigetragen.

Sogar pragmatisch-semantische Kombinationstests erweisen sich schließlich als *mehr* denn eine von jedem Hinblick auf „die Sachen selbst“ nicht getrübte „Sprach“-Analye. Selbst bei der elementaren und abgedroschenen Frage, ob man Junggeselle, aber nicht ledig sein könne (s. o. IV, 4 b), und erst recht bei der Frage, ob man eine bestimmte Person als verpflichtet ansehen könne, etwas Bestimmtes zu tun, ohne zu wollen, daß sie es tue (s. o. IV, 4 d), mußten wir uns im Zuge des Abbaus von Sinnkonstanz immer wieder denkbare Situationen (‚Welt‘-Varianten) vergegenwärtigen, mit Bezug auf die man scheinbar sprachwidrige Formulierungen doch noch verwenden kann, ohne wirklich Widersinn zu erzeugen. Dies würde noch viel deutlicher werden, wenn man Beispiele untersuchen wollte, die unmittelbar ein Gebiet betreffen, in dem die begriffsanalytische Philosophie nach einer weitverbreiteten Meinung mit der empirischen Naturwissenschaft konkurrieren oder kollaborieren muß: „Er hatte gestern abend eine ganze Flasche Whisky getrunken, und heute morgen wachte er stöhnend auf, legte sich Eisbeutel auf die Stirn, nahm zwei Prontopyrin und klagte über rasende Kopfschmerzen; aber er hatte in Wirklichkeit gar keine Schmerzen": Wie könnte man eine Kombination dieser Art pragmatisch-semantisch testen, ohne zu überlegen, vor was für einem außersprachlichen Hintergrund und aufgrund von was für Indizien oder Kriterien eine solche Äußerung doch noch verständlich und legitim sein könnte?

Eine sich auf sich selber beschränkende, nämlich von allen „Sach"-Fragen absehende „Sprach"-Analyse – die man je nach Wertung ‚autark' oder aber ‚borniert' nennen könnte – ist also gar nicht durchführbar: selbst wenn man die Absicht hätte, würde man es nicht schaffen, sprachliche Formulierungen außerhalb jedes Sachzusammenhanges begrifflich zu ‚analysieren' oder zu ‚eluzidieren'. Um dies ganz deutlich zu machen und einem entgegenstehenden Mißverständnis – das zumindest in Deutschland anscheinend noch bis heute hier und da fortlebt – auch schon terminologisch zu steuern, hat Austin einmal empfohlen, statt von „‚linguistic' or ‚analytic' philosophy or ‚the analysis of language'" eher z.B. von „linguistic phenomenology" zu sprechen, da es ja darum gehe, die Verwendung unserer sprachlichen Mittel im Anblick dessen, was sich nicht-sprachlich zeigt – der „phenomena" in einem unspezifischen Sinne, also etwa: der „Sachen" – zu analysieren: „When we examine what we should say when, what words we should use in what situations, we are looking ... not *merely* at words (or ‚meanings', whatever they may be) but also at the realities we use the words to talk about: we are using a sharpened awareness of words to sharpen our perception of, though not as the final arbiter of, the phenomena." (Austin *1956*, 130, vgl. 129)

Ganz in diesem Sinne hat sich auch Hare in seinem außerordentlich lesenswerten Aufsatz „A School for Philosophers" ausgesprochen: „Philosophers are concerned with words as having meanings or uses; and these at any rate cannot be studied without seeing how words are used, in concrete situations, to say various things; and, of course, this involves (as is evident from our practice) a careful study of the situations, in order to find out what is being said... A full philosophical examination of language would involve a full examination of everything that can be talked about – and if there are things that cannot be talked about, they cannot in any case become the subject of a philosophical enquiry." (Hare *1959*, 51, vgl. 50–52)

Wie das im Alltag des Philosophierens aussieht, kann man besonders gut bei Wittgenstein sehen: „One device that Wittgenstein constantly uses is that of exploring imaginary situations in which people have to think up and teach ways of communicating" (Ryle *1957*, 266): Er stellt uns gern fiktive Situationen vor, fragt: „Was sollen wir nun sagen?", und prüft mögliche Antworten (vgl. bes. Wittgenstein *1953*, §§ 80, 142, 157, 181, 236, 493, 540, 557; *Schriften VI*, 348); oder er geht der Frage nach, wie sich abgewandelte Lebensformen auf unser Sprechen und unsere Begriffsbildung auswirken müßten (vgl. bes. *1953*, §§ 257, 554–556, II, 542; *Schriften V*, 363–366: Zettel 368–388). Man möchte dieses Verfahren fast als ‚sprachanalytische Phantasievariation' bezeichnen (s. o. I, 5), um damit auf die ,phänomenologische Phantasievariation' anzuspielen, die besonders von Husserl gepflegt und thematisiert worden ist (dazu ausführlich: Hoche *1964*, §§ 25–27; *1983 b*). Gier (*1981*, 114f.) hat diesen Bezug zwischen Wittgenstein und Husserl tatsächlich herzustellen versucht und dabei zu Recht besonders auf Wittgenstein *1929/1930* (§§ 60, 72f.) hingewiesen; doch im großen und ganzen scheinen mir die Unterschiede viel größer – und die Gemeinsamkeiten und Parallelen auch viel interessanter –, als Gier zu erkennen gibt (vgl. z. B. Hoche *1981 b*, 5.3).

2. *Analytische Philosophie und transzendentale Phänomenologie*

In der ausführlich zitierten Bemerkung Austins über „linguistic phenomenology" (s. o. VI, 1) kommt das Wort „Phänomen" nur in einem, wie ich sagte, ,unspezifischen' Sinn vor; Austin gebraucht es also, wie man mit Heidegger (*1927*, 31) zweckmäßig unterscheiden kann, nicht gemäß dem "phänomenologischen", sondern gemäß dem „*vulgären* Phänomenbegriff". Doch hat man zumindest Wittgenstein auch in einem „transzendental-phänomenologischen" Sinne eine „linguistic phenomenology" zuschreiben wollen (Gier *1981*, 47, 208). Dabei ist die Rede von „transzendentaler" und „sprachlicher Phänomenologie" allerdings so weit gefaßt, daß sie sogar auf Heidegger und Merleau-Ponty angewandt werden kann (vgl. Gier *1981*, 42, 44, 173, 215). Die im Grunde fruchtbringende Tendenz, neben Unterschieden auch einmal Gemeinsamkeiten hervorzuheben, wird auf diese Weise aber wohl doch zu sehr überspannt, als daß sie noch wirklich interessante

Ergebnisse zeitigen könnte. Indessen darf uns die in dieser Hinsicht gebotene Vorsicht keinesfalls daran hindern, unsere Aufmerksamkeit auf ganz konkrete Berührungspunkte und Konvergenzen zu lenken, die zwischen einer Reihe von sprachanalytischen Philosophen auf der einen und der transzendentalen Phänomenologie im genuinen Sinn Husserls auf der anderen Seite bestehen.

a. Sind Wittgenstein und Ryle Behavioristen?

Wie wir oben (in III, 2 und vor allem V, 2 a) gesehen haben, gehören für Wittgenstein eigene Schmerzen nicht zur Kategorie oder zum logischen Typus dessen, was man selber erfahren kann, erst recht also nicht zu einem Bereich ‚privater' Objekte, zu denen man einen ‚privilegierten' erfahrungsmäßigen Zugang hätte. Interpretiert man dieses Ergebnis ohne die nötige Sorgfalt, und erinnert man sich zugleich an Wittgensteins Ablehnung einer „unmittelbaren privaten Empfindungssprache" (Scholz *1969*, 72f.; s.o. III, 4), so liegt die Versuchung nahe, Wittgenstein für einen Behavioristen zu halten. Man könnte dann nämlich fragen (so leider noch Hoche *1979*, 2.3): Wenn ich subjektive Empfindungen nicht *erfahren* kann und daher von ihnen nichts *wissen* kann und schließlich über sie auch nicht *sprechen* kann, was sollte es dann noch heißen, daß ich solche Empfindungen *habe*?

Tatsächlich hat Wittgenstein (*1953*, § 307) den Einwand befürchtet, er sei „ein verkappter Behaviorist"; und wenn er in diesem Zusammenhang sagt: „Wir müssen also den noch unverstandenen Prozeß im noch unerforschten Medium leugnen. Und so scheinen wir also die geistigen Vorgänge geleugnet zu haben. Und wollen sie doch natürlich nicht leugnen!" (§ 308), so braucht man in dieser Bemerkung allein noch längst kein überzeugendes Dementi zu sehen, sondern könnte sie auch – vor allem in einer Synopse mit § 306 – als Ausdruck jener Spielart des philosophischen Behaviorismus mißdeuten, die man üblicherweise – doch, wie sich zeigen wird, ebenfalls zu Unrecht – Ryle unterstellt.

Tatsächlich glaubt Donagan (*1966*, 327–329) sagen zu dürfen, die meisten Leser der „Philosophischen Untersuchungen" hätten in dieses Buch „a highly sophisticated form of behaviorism" hineingelesen, und Pitcher (*1964 a*, 348 f.) habe diese Deutung „vollendet": „If Pitcher is right, Wittgenstein's position comes to this: the private inner happenings that the Cartesians wrongly describe as ‚sensations' really do exist, but no language either does or can have names for them. As for sensations, for which we do have words, although perhaps not names, they are a matter of the behaviour of those who have them, and the behaviour of others towards them. This position might well be described as ‚linguistic behaviourism', in contrast to the more familiar ‚ontological' behaviourism, which denies that Cartesian inner happenings exist at all."

In der Tat sagt Pitcher an der genannten Stelle, Wittgenstein bestreite zwar nicht, daß wir Empfindungen hätten, wohl aber, daß sie in unsere Sprachspiele eingingen. Doch auch das ist schon falsch, wenn die oben (in III, 4 c) vorgeschlagene Deutung Zustimmung finden darf: Nach Wittgenstein kann man sehr wohl über Empfindungen sprechen, falls man sich nicht durch eine unpassende – gegen die ‚Sprachökologie' verstoßende – Anwendung des Augustinischen „‚Fido'-Fido-Prinzips" selber den Weg verstellt. Deswegen geht es nicht an, bei Wittgenstein einen auch nur „sprachlichen" oder „linguistischen" Behaviorismus finden zu wollen. (Vgl. dazu auch Holborow *1967* contra Mundle *1966*.)

Nun sagt Wittgenstein aber doch jedenfalls, daß unsere

Schmerzen und anderen subjektiven Empfindungen keiner inneren – im Sinne Ryles ‚privilegierten' – Erfahrung zugänglich seien. Reicht dieser Umstand nicht hin, Wittgenstein trotz seinen entgegengesetzten Beteuerungen (*1953*, bes. §§ 154, 244, 304–308, 677) doch noch auf irgendeine Variante des Behaviorismus festzulegen? Das Gegenteil ist der Fall: Wittgenstein will ja nicht etwa sagen, ich könne auch über meine eigenen Schmerzen usw. nur „auf die Beobachtung meines Benehmens hin" (*1953*, § 357) sprechen, und damit die Selbsterfahrung der Fremderfahrung assimilieren, sondern ihm geht es ganz im Gegenteil darum, daß man sich seiner eigenen subjektiven Empfindungen in einer so besonderen Weise gewiß sei (vgl. §§ 246f.), daß es einfach unangemessen wäre, von einer „Selbsterfahrung" zu sprechen und damit den falschen Schein zu erwecken, als handle es sich dabei nur um eine andere, der Fremderfahrung beigeordnete Spezies eines und desselben Genus ‚Erfahrung'. Was sich also dem flüchtigen Blick als Indiz für einen Wittgensteinschen Behaviorismus darbieten könnte, ist im Gegenteil ein Indiz dafür, daß Wittgenstein den jeweils eigenen Fall vom jeweils fremden Fall nicht nur ‚spezifisch', sondern ‚generisch', ja im Sinne Ryles ‚kategorial' unterscheiden will. (Versucht man sich dieser Folgerung zu entziehen, dann muß man nicht nur ganz eindeutige Äußerungen Wittgensteins – bes. *1953*, §§ 154, 244, 304, 311 – über „Schmerzen" oder „Schmerzempfindung" im Unterschied zu „Schmerzbenehmen" ignorieren, sondern sich auch auf spitzfindige Konstruktionen einlassen, um Wittgenstein als einen „nicht konsistenten" Behavioristen zu deuten: vgl. etwa Jones *1971*, 22.)

Wird *Wittgenstein* in der Literatur überwiegend wohl *doch nicht* als Behaviorist betrachtet, so ist die behavioristische Interpretation *Ryles* im Gegenteil gang und gäbe.

Tatsächlich wird Ryle in „The Concept of Mind" nicht müde, eine psychische „Innenwelt" oder „private Bühne" zu leugnen (vgl. etwa *1949 a*, 74: „internal world", „inner world"; 148: „private stage"; 162: „windowless chamber", „secret chamber"; *1962*, 193: „private chamber"), und seine Philosophie des Geistes kann leicht den Eindruck erwecken, als wolle er Aussagen über Mentales als Aussagen über körperliches Verhalten und/oder Dispositionen zu körperlichem Verhalten analysieren (s. o. V, 1 d). Daher hat es sich eingebürgert, mit Bezug auf Ryle von einem „analytischen Behaviorismus" zu sprechen, oder auch, um den Unterschied zum „methodologischen Behaviorismus" in der Psychologie zu markieren, von einem „logischen Behaviorismus" (so etwa Bieri *1981*, 15f., 31–35; dagegen rät Heyer *1984*, Anm. 2, bei Ryle nur von einem „analytischen" Behaviorismus zu sprechen und den Terminus „logischer Behaviorismus" für physikalistisch-reduktive Versionen zu reservieren, wie sie vor allem von Carnap *1932/1933* und Hempel *1935* vertreten wurden).

Ryle selber stimmt seiner Einordnung in den Behaviorismus zwar nur unwillig zu, doch scheinen sich seine Bedenken vor allem gegen den „-ismus" zu richten (*1949 a*, X.2, und in Magee *1971*, 104); und mit den folgenden Sätzen scheint er seinen Behaviorismus endgültig zu besiegeln: „The sorts of things that I can find out about myself are the same as the sorts of things that I can find out about other people, and the methods of finding them out are much the same ... In principle, ..., John Doe's ways of finding out about John Doe are the same as John Doe's ways of finding out about Richard Roe" (*1949 a*, 149); „our knowledge of other people and of ourselves depends upon our noticing how they and we behave" (173).

Doch wie bei Wittgenstein (vgl. bes. *1933/1934*, 45f.;

1953, § 246) der Akzent auf die Ausdrücke „wissen" und „herausfinden" oder „lernen", so ist hier bei Ryle der Akzent ganz entsprechend auf die Ausdrücke „finding out" und „knowledge" zu legen (s. u. VI, 2 b). ‚Herausfinden' kann man über sich selbst eine ganze Menge, und grundsätzlich in derselben Weise wie über andere: z. B. über seinen Charakter, seine Fähigkeiten, seine Neigungen und Motive (vgl. Ryle *1949 a*, VI.4). In diesem Sinn sagt auch Goethe (Wilhelm Meisters Wanderjahre, Berliner Ausgabe, Bd. 11, 298): „Wie kann man sich selbst kennenlernen? Durch Betrachten niemals, wohl aber durch Handeln. Versuche, deine Pflicht zu tun, und du weißt gleich, was an dir ist. Was aber ist deine Pflicht? Die Forderung des Tages."

Genau wie Wittgenstein (s. o. V, 2 a) will auch Ryle (*1949 a*, VII.2: „Empfindungen") keineswegs leugnen, daß ich oft Schmerzen – beispielsweise ein Zwacken, wenn mich der Schuh drückt – „spüre oder habe" („feel or have": 196, vgl. 98 f.): Natürlich „hat" man Empfindungen (198, 200); natürlich kann man seine Schmerzen „beachten" oder auch nicht („notice", „pay ... heed to": 197); natürlich bin ich der einzige, der über meine Empfindungen authentisch berichten kann: „It is, of course, true and important that I am the only person who can give a first-hand account of the tweaks given me by my ill-fitting shoe." (199, vgl. 195) Was Ryle dagegen bestreiten will, ist nur dies, daß ich meine Empfindungen entdecken, herausfinden, mir ansehen, beobachten, mustern oder bezeugen könne („discover", „find out", „peer at", „observe", „watch", „scrutinize", „witness" usw.: 195–200 passim); daß man sich seiner Empfindungen auf die gleiche Weise versichern könne wie irgendwelcher Vorgänge oder Dinge in der äußeren Welt (ebd.), insbesondere also wiederum mit Hilfe anderer Empfindungen, was zu einem unendlichen Regreß führen würde (197); vor allem aber, daß meine Empfindungen sei es in meinem Körper, sei es in einer psychischen ‚Innenwelt' seien (198f.): „My tweak is not hidden from the cobbler because it is inside me, either as being literally inside my skin, or as being, metaphorically, in a place to which he has no access. On the contrary, it cannot be described, as needles can, as being either internal or external to a common object like myself." (199)

Aber läuft nicht gerade dieser letzte Punkt doch wieder zumindest de facto auf eine Leugnung meiner subjektiven Empfindungen hinaus? Wiederum muß man, wie vorhin schon bei Wittgenstein, antworten: Ganz im Gegenteil – Ryle will unsere subjektiven Empfindungen nicht hinwegdisputieren, sondern nur deutlich machen, daß sie kategorial – ihrem logischen Typus nach – von allen Vorgängen und Objekten in der Welt ‚toto coelo' verschieden sind. Das geht noch einmal ganz deutlich aus den folgenden Worten hervor, in denen er das Eigenrecht des subjektiven Empfindens ganz unzweideutig bekräftigt: „The antithesis between ‚public' and ‚private' was in part a misconstruction of the antithesis between objects which can be looked at... and sensations which are had but not looked at... (198; „having sensations is not watching or detecting objects; and watching and detecting things and episodes is not having them in the sense in which one has sensations" (200).

b. Die Sonderstellung des eigenen gegenwärtigen oder unmittelbar vergangenen subjektiven Erlebens in der analytischen Philosophie

Es würde also verkehrt sein, von Ryle und Wittgenstein anzunehmen, sie säßen beide im selben Boot eines philosophischen Behaviorismus. Doch es wäre nicht weniger falsch, sie zu Antipoden stempeln zu wollen und von ihnen zu sagen, während der eine Selbstgewißheit und Fremderfahrung so weit voneinander abrücke, daß sie nicht einmal mehr derselben Gattung ‚Erfahrung' subordiniert werden könnten, habe der andere (nämlich Ryle) die Selbsterfahrung der Fremderfahrung vollkommen assimiliert.

Dieses Mißverständnis liegt freilich näher, und es läßt sich nicht leugnen, daß Ryle selber ihm Vorschub geleistet hat. Denn tatsächlich beschränkt er sich nicht auf die Feststellung, man lerne seine eigenen – und zwar auch geistigen und charakterlichen – Eigenschaften im Prinzip auf die gleiche Art kennen wie die seiner Mitmenschen (s.o. VI, 2 a). Vielmehr nimmt er diese im Bereich der längerfristigen Dispositionen völlig begründete Parallele unberechtigterweise auch für – nicht nur weit zurückliegende – Stimmungen und andere kürzerfristige Dispositionen in Anspruch (*1949 a*, 98f.), ja sogar für geistige Ereignisse und Erfolge (162f., 166f.). So antwortet Ryle auf die erkenntnistheoretische Frage („the epistemologist's question"), wie jemand herausfinde, in welcher Stimmung er selbst gerade sei: „If, as may not be the case, he finds it out at all, he finds it out very much as we find it out... Somewhat as the sleepy man finds out that he is sleepy by finding, among other things, that he keeps on yawning, so the bored man finds out that he is bored, if he does find this out, by finding that among other things he glumly says to others and to himself ‚I feel bored' and ‚How bored I feel'." (99)

Während die übliche Auffassung die ist, man gebe seinen Stimmungen sprachlichen Ausdruck, wenn und weil man ihrer gewiß sei, wird hier umgekehrt die These favorisiert, man könne sich seiner Stimmungen im wesentlichen erst dadurch versichern, daß man sie sprachlich äußere; ja, Ryle geht noch einen Schritt weiter und assimiliert die sprachlichen Stimmungsäußerungen („avowals of moods": 98) unkontrollierten Ausbrüchen (vgl. 99: „blurted avowal") und Widerfahrnissen wie dem Gähnen des Schläfrigen (vgl. auch Wittgenstein *1953*, §§ 244, 404, 406). Beides scheint mir nicht überzeugend, und zudem bleibt Ryles Darstellung halbherzig; denn mit dem zweifachen Zusatz „falls er das überhaupt (bzw.: wirklich) herausfindet" – mit dem er im Rahmen seiner *erkenntnistheoretischen* und nicht etwa sprachlich-terminologischen Fragestellung wohl schwerlich andeuten will, man sei sich über seine Stimmungen oft nicht im klaren – distanziert er sich anscheinend schon von der verbatim trotzdem noch aufrechterhaltenen Parallele.

Ryle hat diese Auffassung später aber entschieden zurückgenommen (*1962*, 195f.), und was er in diesem Zusammenhang positiv sagt (ich komme am Ende dieses Unterabschnitts darauf zurück), beseitigt die letzten Zweifel an dem vorhin (in VI, 2 a) erzielten Ergebnis, er sei sich mit Wittgenstein zum mindesten in der folgenden Auffassung einig: Unsere subjektiven Empfindungen können wir nicht hinwegdisputieren, aber wir müssen sehen, daß sie sich von den objektiven Dingen und Ereignissen in der Welt *fundamental* unterscheiden; Empfindungen gibt es nicht *nicht*, sondern nur ‚*totaliter aliter*' als diese (vgl. Wittgenstein *1933/1934*, 103), und zwar so *tiefgreifend anders*, daß schon das Bild von einer „inneren Welt" eine „paramechanische" Fehldeutung wäre (Ryle *1949 a*, passim).[21]

---

[21] Angelsächsische Autoren, die im Gegensatz zu Wittgenstein und Ryle weder einen phänomenologischen ‚Hintergrund' noch eine phänomenologische ‚Ader' haben, tun sich mit der Interpretation dieses Unterschieds schwer. Ein Musterbeispiel ist Buck *1962*, der ihn – in einer

Dies trifft aber nicht bloß auf Schmerzen und anderweitige Empfindungen zu, sondern auf den gesamten Bereich des subjektiven Erlebens. Vor allem bei Wittgenstein ist das gut zu belegen. Moore hebt nämlich ausdrücklich hervor, Wittgenstein habe bei seiner exemplarischen Analyse von Sätzen über eigene Schmerzen (s.o. V, 2 a) wohl alle jene Sätze im Auge gehabt, „which he had originally distinguished from ‚hypotheses' as ‚what I call propositions'" (Moore *1954/1955*, 266). Das jedoch, was Wittgenstein in seinen frühen Cambridger Vorlesungen eine Zeitlang schlicht „propositions" nannte, um solche Sätze einerseits von empirischen ‚Hypothesen' und andererseits von mathematischen Sätzen zu unterscheiden, dürfte, außer Sätzen über eigene Zahnschmerzen usw., wesentlich mehr umfassen als bloß Sätze des Typs „There seems to me to be a man here" (261) – also wesentlich mehr als das, was Kant unter dem Namen „Wahrnehmungsurteile" seinen „Erfahrungsurteilen" gegenüberstellt (vgl. Prauss *1971*, §§ 9–13).

Denn das von Moore (*1954/1955*, 261, vgl. 307) überlieferte Wittgensteinsche Kriterium für „what I call propositions" ist die Unmöglichkeit ihrer „Verscheinung" (vgl. Prauss *1971*, bes. 200–238), und es sind ja keineswegs nur Kantische Wahrnehmungsurteile wie z.B. „Es scheint mir, daß es regnet", die man nicht (aufs neue) „verscheinen" kann: Wenn man von jenem Gebrauch von „es

---

primär freilich gegen Strawson und Malcolm gerichteten Diskussion – dadurch völlig trivialisiert, daß er das „epistemologically interesting finding-out" (208) als ein Verfahren des Schließens („inferring": 193, 207f.) mißdeutet und dann natürlich leicht sagen kann, ein so verstandenes „Herausfinden" sei auch der Fremderfahrung nicht wesentlich, so daß es für ihn nur noch ein kleiner (wenn auch falscher) Schritt zu seiner weiteren These ist, im „irrelevanten" Sinne von „to find out", nämlich im Sinn von „to learn", stimmten Selbst- und Fremderfahrung grundsätzlich überein (207).

scheint mir" absieht, mit dem man nicht geradeheraus von einem ‚Schein' im Kontrast zur ‚Wirklichkeit', sondern sei es vorsichtig, sei es rücksichtsvoll von der ‚Wirklichkeit' selbst sprechen will (vgl. auch Prauss *1971*, 225f. Anm. 2), dann kann man überhaupt keine Sätze über seine eigenen gegenwärtigen oder jüngstvergangenen Bewußtseinserlebnisse mit „es scheint mir" oder „mir scheint" präfigieren, vorausgesetzt, daß man, noch einmal Kantisch gesprochen, die Frage dahinstehen läßt, ob diesen Erlebnissen außer ihrer „subjektiven Realität" (als bloßen „Modifikationen des Gemüts") auch noch eine „objektive" beigelegt werden könne (vgl. Kant *1781*, A 197).

Da diese Kantische Rede von „objektiver Realität" aber nur auf das angewandt werden kann, was man seit Brentano und Husserl „intentionale" Bewußtseinserlebnisse nennt, läßt sich jener Gedanke auch so formulieren: In dem Sinne, in dem man mit „es scheint mir" Schein und Wirklichkeit kontrastiert, kann man auch Sätze über seine eigenen gegenwärtigen oder unmittelbar vergangenen intentionalen Erlebnisse nicht verscheinen, sofern man sich nicht darauf festlegt, daß die intentionalen Objekte zugleich auch wirkliche seien. In dem für Wittgensteins Kriterium relevanten Sinne kann man also nicht einmal Sätze wie „Ich sehe ein Flugzeug" verscheinen, solange man es dahinstehen läßt, ob das von mir gesehene Flugzeug bloß ein intentionales Objekt ist (man könnte fast sagen: bloß ein ‚visualisiertes Akkusativ-Objekt': vgl. Anscombe *1965*, 158–168) oder darüber hinaus, ‚in Personalunion' sozusagen, auch ein wirklicher Gegenstand (im Unterschied zu einem Halluzinat) und zumal ein wirkliches Flugzeug (im Unterschied beispielsweise zu einem UFO).[22]

---

[22] Es ist hier also nicht an ‚transzendental reduzierte' Bewußtseinserleb-

Dies findet seine Bestätigung darin, daß man den Satz „Es scheint mir, daß ich ein Flugzeug sehe“ unter der eben genannten Beschränkung – und innerhalb des hier allein in Frage kommenden Rahmens erkenntnistheoretischer und nicht etwa terminologischer Interessen – bloß dann sinnvoll findet, wenn der Akzent auf „Flugzeug“ oder „ein“ oder allenfalls noch auf „scheint“, aber jedenfalls nicht auf „sehe“ liegt (und die unterschiedliche Akzentuierung macht ja aus dem scheinbar *einen* Satz der geschriebenen Sprache *höchst verschiedene* Sätze der gesprochenen Sprache): „Ich *sehe* ein Flugzeug“ kann man z. B. sagen, um der Vermutung entgegenzutreten, daß man das Flugzeug (nur) *höre*; doch mit dem Satz „Es scheint mir, daß ich ein Flugzeug *sehe*“ – im Unterschied etwa zu seiner temporalen Abwandlungsform „Es scheint mir, daß ich (bei jenem Luftangriff im August '44) ein Flugzeug *gesehen habe*“ – können wir auch mit einer noch so gut entwickelten Sinnkonstanz-Kompetenz (s. o. IV, 4 b) nicht mehr fertigwerden, ohne unseren epistemologischen Interessenbereich gegen einen rein terminologischen einzutauschen oder die in den beiden letzten Absätzen deutlich gemachten Schranken zu ignorieren.[23] In dieser Hinsicht hat

---

nisse im Sinne Husserls zu denken. Diese Warnung ist wichtig, weil man andernfalls meine Behauptung unter Hinweis auf Wittgenstein *1929/1930*, §§ 57, 70, mit Aussicht auf Erfolg angreifen könnte.

[23] Man könnte sich durchaus vorstellen, daß ein blind geborener Mensch im Augenblick seiner Heilung sagt: „Es scheint mir, daß ich ein Flugzeug *sehe*“; doch entsprechend könnte ein Mensch, der noch nie im Leben Schmerzen verspürt hat, eines Tages auch sagen: „Es scheint mir, daß ich *Schmerzen* im Zahn habe“, und in beiden Fällen würde es nicht um eine epistemologische, sondern um eine terminologische Frage gehen. Weiterhin könnte ein im späteren Leben Erblindeter, dessen Gehirn z. B. mit Hilfe von Elektroden gereizt wird, in einem epistemologischen Sinn vielleicht sagen: „Es scheint mir, daß ich ein Flugzeug *sehe*“ (respektive: „Es *scheint* mir, daß ich ein Flugzeug sehe“); doch würde er dann die Verscheinungsform deshalb wählen, weil er das von ihm, wie er meint,

Wittgensteins eigenes Beispiel „Ich habe Zahnschmerzen" (s. o. V, 2 a) vor dem Satz „Ich sehe ein Flugzeug" nicht das geringste voraus; denn in der Deutung „Ich habe Schmerzen im *Zahn*" ist Wittgensteins Standardbeispiel ebensogut verscheinbar wie der Satz „Ich sehe ein *Flugzeug*". Das liegt daran, daß Schmerzen zwar nicht intentional, wohl aber kausal oder ‚ätiologisch' (s. o. III, 2 und VI, 1) auf Objekte, wenn auch nur Teile des eigenen Körpers, bezogen sind, und in dieser Hinsicht sind ganz parallele Täuschungen (bis hin zum Phantomschmerz) möglich wie bei den Bezugsgegenständen zumindest gewisser intentionaler Erlebnisse (bis hin zum Halluzinieren).

Wir dürfen also festhalten, daß Sätze über unsere eigenen gegenwärtigen oder jüngstvergangenen Bewußtseinserlebnisse, seien diese intentional oder nicht, erstens in dem für Wittgensteins Kriterium relevanten Sinne nicht

---

anscheinend respektive *scheinbar* gesehene Flugzeug als nicht bloß intentionalen, sondern zugleich auch wirklichen Gegenstand und die in Frage stehende Wahrnehmung dementsprechend auch als durch jenen wirklichen Gegenstand kausal hervorgerufenen physikalisch-physiologischen Vorgang auffassen würde, womit er die im Text genannte Beschränkung durchbräche. Deswegen darf man, wenn ich recht sehe, nicht sagen, die behauptete Parallele zwischen Schmerzenhaben und Sehen bräche an dieser Stelle zusammen, da es nicht vorstellbar sei, daß ein im späteren Leben an einem anästhetisierenden Leiden Erkrankter in welcher Lage auch immer sagen könne: „Es scheint mir, daß ich *Schmerzen* habe", oder gar: „Es *scheint* mir, daß ich Schmerzen habe". (Daß man das in einem epistemologischen Sinne tatsächlich nicht sagen kann, machen z. B. Kripke *1972*, 334–342, und Schwartz *1977*, 35f., ganz deutlich.) – Eine umfassende Untersuchung der „Verscheinungs"-Frage müßte übrigens auch solchen idiomatischen Verwendungsweisen Rechnung zu tragen versuchen wie dem folgenden Satz, der bemerkenswerterweise einem Roman entstammt, den eine englische Philosophin und Schriftstellerin dem Wittgenstein-Exegeten David F. Pears gewidmet hat: „I seem to remember that it is." (Iris Murdoch: The Unicorn, London 1963, Triad/Panther Books 1977, 21)

verscheint werden können, sofern man die – nicht ‚transzendental', sondern ‚mundan' verstandene – Frage nach der Wirklichkeit ihrer Bezugsobjekte dahinstehen läßt; und zweitens, daß man auf die Äußerung solcher Sätze nicht mit der Frage „Woher weißt du das?" reagieren und dementsprechend solche Sätze auch nicht aufgrund von *„Kriterien"* äußern oder gar *„verifizieren"* kann (Moore *1954/1955*, 266, 307).

Damit hat man aber, so scheint mir, nur zwei gleichberechtigte und auf das engste miteinander zusammenhängende Kennzeichen des je eigenen gegenwärtigen oder unmittelbar vergangenen subjektiven Erlebens herausgestellt: Dieses ist – bei Beachtung der eben erörterten Klauseln über Intentionalität und Kausalität – so unmittelbar gewiß, daß schon die leiseste Andeutung eines Zweifels an seiner Gewißheit völlig verfehlt erscheint. Diese ausgezeichnete Gewißheit ist offensichtlich der ‚Seinsgrund' für die beiden sprachlichen Tatsachen, daß man Sätze über sein eigenes gegenwärtiges oder unmittelbar vergangenes subjektives Erleben – und nur solche Sätze – weder verscheinen noch an ihre Äußerung mit der Frage „Woher weißt du das?" anknüpfen kann. Vorrang hat aber für den Philosophen immer die Frage nach dem ‚Erkenntnisgrund' (vgl. Kant *1788*, A 5 Anm.), und dieser ist hier alternativ der eine oder der andere der beiden genannten Züge an der ‚Tiefengrammatik' oder an dem ‚logischen Verhalten' von sprachlichen Ausdrücken, in denen es um je mein eigenes gegenwärtiges oder unmittelbar vergangenes subjektives Erleben geht.

Beide Züge finden in der analytischen Philosophie tatsächlich auch weithin Beachtung – allerdings bei einem und demselben Philosophen gewöhnlich nicht beide Züge zusammen. Der Aspekt der Verscheinung spielt dabei die geringere Rolle, doch begegnet man ihm erneut beim späteren Wittgenstein (*1953*, II, 501f.), sodann aber auch bei seinem – und Moores – persönlichen Schüler Malcolm (*1959*, 79f.) und bei einigen jüngeren analytischen Philosophen wie Kripke (*1972*, 341) und Thomas Nagel (*1974*, bes. 271).

Dagegen wird der Aspekt des Erfahrens und Wissens, vor allem aber des Verifizierens aufgrund von Kriterien,[24] sehr viel häufiger ernst genommen. Auch der spätere Wittgenstein selbst weist wiederholt darauf hin, daß es für das Vorliegen eigener Bewußtseinserlebnisse keine Kriterien gebe (vgl. bes. *1953*, §§ 357, 377, 404, II, 536), doch besonders ausgeprägt tritt uns dieser Gedanke bei Malcolm entgegen, der die „asymmetry" hervorhebt, die zwischen Sätzen wie „I had a dream" und „He had a dream" bestehe (wobei er offensichtlich nicht an schon weiter zurückliegende Träume denkt, für die das nicht zutrifft): „the telling of a dream as the criterion of the occurrence of a dream" sei auf den eigenen Fall ebensowenig anzuwenden (*1959*, 63f.), wie man durch die Anwendung eines Kriteriums herausfinden könne, daß man

---

[24] Malcolm spricht in meines Erachtens wünschenswerter Deutlichkeit geradezu von einem „criterion of verification" (*1959*, 64; *1963*, 131). Demgegenüber scheint mir z.B. Buck dem Kriterien-Begriff nicht nur seine philosophische Würze, sondern auch seine philosophische Schneide zu nehmen, wenn er „Bedeutungs"-Orientiertheit und „Verifikations"-Orientiertheit von Kriterien auseinanderreißt (*1962*, 196–199); damit schüttet er nämlich nach meinem Urteil das ‚transzendentalphilosophische' Kind mit dem ‚verifikationistischen' Bade aus. Der gleiche Einwand dürfte gegenüber Birnbacher angebracht sein, der ganz ähnlich zwischen „semantischen Kriterien" und „Evidenzkriterien" eine Kluft aufzureißen versucht (*1974*, bes. 3.3) und damit, wie mir scheint, die wichtigsten (aber auch anfälligsten) philosophischen Fortschritte unseres Jahrhunderts wieder preisgibt. Das bekannteste Beispiel für eine solche Kapitulation vor den – unbestrittenen – Schwierigkeiten des Wittgensteinschen Kriterien-Begriffs ist wohl Putnam *1962* contra Malcolm *1959*; s.o. Anm. 20.

selber Schmerzen (*1959*, 15) oder ein Nachbild habe (*1963*, 79). Etwas ganz Ähnliches sagt auch Strawson (*1959*, 99–112) mit Bezug auf die von ihm so genannten „P-predicates" (‚Personen-Prädikate'), zu denen er neben ‚psychologischen' Prädikaten wie „is in pain" auch Handlungsprädikate wie „is going for a walk" zählt (104): Man schreibt sie nur seinen Mitmenschen, aber nicht sich selbst aufgrund von „Kriterien", und zwar „Verhaltens-Kriterien", zu (108, 112, vgl. allerdings 134), und nur in jenem Fall, aber nicht auch in diesem kann überhaupt von einer „method of verification" die Rede sein (99f.; die Radikalität dieses Unterschieds habe ich *1973 b*, 210, nicht beachtet).

Doch auch Ryle ist an dieser Stelle zu nennen. Obwohl er in „The Concept of Mind" sprachliche Stimmungsäußerungen – wenn auch nur halbherzig, wie ich sagte – als Indizien nicht nur für fremde, sondern auch für eigene Stimmungen zuläßt (*1949 a*, 98f.), sagt er in diesem Zusammenhang doch: „If a person says ‚I feel bored', or ‚I feel depressed', we do not ask him for his evidence, or request him to make sure." (98) Diese ‚wittgensteinsche' Tendenz gewinnt später (*1962*, 194–196) bei ihm die Oberhand gegenüber der ursprünglich mit ihr so stark konkurrierenden Neigung, „avowals" – „present-tense, first-person declarations ... of mental states and acts" – dem Stöhnen oder Schreien des Verletzten, dem Fluchen des Wütenden oder gar dem Gähnen des Müden zu „assimilieren". Für solche Äußerungen des Typs „I am depressed, in pain or intending to travel" – sofern sie keine ätiologischen Implikationen enthalten („diagnoses ... of why I am depressed or in pain") – brauche ich keine „Gründe", und es wäre „absurd", in diesem Zusammenhang von „entdecken", „herausfinden", „wissen", „glauben" oder „vermuten" zu sprechen; und trotzdem sind

‚avowals' für Ryle insofern eine Art von Aussagen oder „Berichten" („reports"), als man mit ihnen z. B. auf die Fragen eines Arztes instruktive Antworten geben kann (ähnlich auch Wittgenstein *1953*, II, 497–499; vgl. Donagan *1966*, 326 f.).

c. Bezüge zu einer noematischen Phänomenologie

Bezüglich der beiden soeben (in VI, 2 b) besprochenen tiefengrammatischen Eigenheiten von Sätzen über je mein eigenes gegenwärtiges oder unmittelbar vergangenes subjektives Erleben – also bezüglich der Unmöglichkeit, solche Sätze zu verscheinen, und bezüglich der Unmöglichkeit, solche Sätze mit Operatoren wie „ich habe herausgefunden", „ich weiß", „ich vermute" usw. zu präfigieren – sind auffallende Konvergenzen zwischen analytischer Philosophie und transzendentaler Phänomenologie zu bemerken.

Ryle scheint sich dieses Umstands in gewisser Weise bewußt zu sein; denn er charakterisiert – und zwar unter Anspielung auf Husserls Phänomenologie-Begriff (Ryle *1962*, 180) – sein Hauptwerk „The Concept of Mind" als „a sustained essay in phenomenology" (188), und insbesondere nennt er seine zuletzt (am Schluß von VI, 2 b) referierten Ausführungen über ‚avowals' – denen er, wenn auch in Anführungszeichen, die bemerkenswerte Überschrift „‚Cogito'" gibt – ein „specimen of my phenomenology" (194).[25]

Freilich distanziert sich Ryle zur gleichen Zeit explizit,

[25] Daß auch Wittgenstein um 1930 herum dazu neigte, seine „(Tiefen-) Grammatik" als Alternative zur Phänomenologie zu betrachten, ja „Phänomenologie" zu nennen, scheint mir demgegenüber nicht ganz so erhellend; vgl. aber Gier *1981*, Kap. 5.

ja schroff von der Husserlschen Form der Phänomenologie (*1962*, 180–182), und implizit tut er das abermals dadurch, daß er von seinen ‚avowals' sagt: „Above all they refuse to behave like infinitely well-certified reports of matters of solipsistic fact. Their conceptual location is not yet fixed; so the locations of the concepts of consciousness and self-consciousness remain unfixed; so what is conveyed by ‚I', ‚you' and ‚he' remains unfixed." (196)

Doch dieses ausgeprägte Bedürfnis Ryles, sich von der kontinentalen Phänomenologie im allgemeinen (vgl. Gier *1981*, 3) und von der Phänomenologie Husserls im besonderen abzusetzen, scheint mir vor allem zwei Gründe zu haben, die nicht sachbedingt sind: erstens eine nicht gerade kongeniale Husserl-Interpretation Ryles (vgl. bes. *1932 b*) und zweitens eine allzu konservative Selbst-Interpretation Husserls; denn dieser hat bis ins hohe Alter hinein gezögert, eine naheliegende Konsequenz aus seinen Analysen zu ziehen und die rein „noetische" Interpretation des Bewußtseins, wie sie für den Psychologismus charakteristisch war, durch die „noematische" Deutung nicht lediglich zu *ergänzen*, sondern vollständig zu *ersetzen* (vgl. Hoche *1973 b*, 27f. u. Kap. I).

Bei einem solchen einheitlich noematischen Verständnis der transzendentalen Phänomenologie, das ich beim späten Husserl *(1934–1937)* zu finden glaube, stellen sich nämlich die Bewußtseinserlebnisse, die für meine Bezugsobjekte konstitutiv sind – die „konstituierenden Mannigfaltigkeiten" –, nicht einmal mehr zum Teil als Ereignisse in der ‚Innenwelt' eines ‚Bewußtseinsstroms' dar, sondern durchweg als Mannigfaltigkeiten von „Gegebenheits-" oder „Erscheinungsweisen", die zwar jeweils *mir* hier und jetzt zugewandt sind und in diesem Sinn „subjektiv" heißen können, aber als ‚Seiten' oder ‚Aspekte' der konstituierten *Gegenstände* doch sozusagen ‚draußen' bei diesen zu finden sind. Dann aber kann die Reflexion auf das eigene subjektive Erleben keine im Prinzip iterierbare „Rückwendung“ sein, sondern nur die Präsentation der konstituierten Objekte in der vollen Konkretion ihrer subjektiven Gegebenheits- oder Erscheinungsweisen. Die so, durch Überwindung einer vorangegangenen Abstraktion, herausgestellten „Gegenstände im Wie ihrer subjektiven Erscheinungsweisen“ – also die noematisch verstandenen „Phänomene“ – können jedoch nicht aufs neue in subjektiven Erscheinungsweisen erscheinen und daher auch nicht auf eine Weise ‚erfahren‘ werden, die der Erfahrung der konstituierten Objekte auch nur im entferntesten ähnlich wäre (vgl. Hoche *1973 b*, 28–38; *1979*, bes. 2.4–2.8).

Noematisch verstandene Phänomene stellen sich also in den grundlegenden Hinsichten ganz genau so dar wie die subjektiven Erlebnisse in dem auch von Wittgenstein, Ryle und anderen sprachanalytischen Philosophen nicht bestrittenen Sinn. Darin zeigt sich eine von der Sache her sicher Beachtung verdienende Konvergenz zwischen analytischer Philosophie und transzendentaler Phänomenologie, im Vergleich zu der die eher historisch-philologischen Fragen von nur sekundärer Bedeutung sind, ob Husserl in der „Krisis“ *(1934–1937)* auf eine doppelseitig noetisch-noematische Deutung der transzendentalen Phänomene tatsächlich vollends verzichtet habe, oder wie Wittgenstein oder Ryle präsentische Sätze in der ersten Person von der Art „Ich habe Schmerzen“, „Ich fürchte mich“, „Ich bin niedergeschlagen“ oder „Ich will verreisen“ zu verschiedenen Zeiten ihres Lebens interpretiert wissen wollten und welche Folgerungen sie aus der tiefengrammatischen Eigentümlichkeit solcher Sätze zu ziehen bereit waren oder nicht.

d. „The Philosophy of Mind and Action"

Auf jeden Fall ist es eine philosophiegeschichtliche Tatsache, daß weder Husserl noch Wittgenstein oder Ryle oder andere analytische Philosophen aus der von ihnen gleichermaßen betonten Sonderstellung des je eigenen subjektiven Erlebens eine meines Erachtens ebenso naheliegende wie fruchtbare Konsequenz für das Leib-Seele-Problem gezogen haben – nämlich die Konsequenz, daß das Leib-Seele-Problem überhaupt erst dadurch zu einem, wie Schopenhauer es nannte, „Weltknoten" werden konnte, daß man die Verschiedenheit meines Bewußtseins für mich vom fremden Bewußtsein für mich – oder meines Bewußtseins für einen andern von dem Bewußtsein des anderen für ihn selbst – nicht radikal genug faßte (vgl. Hoche *1973 b*, bes. § 25).

Zu Beginn der dreißiger Jahre stand Wittgenstein anscheinend unmittelbar davor, als er von den Sätzen „I have toothache" und „He has toothache" unumwunden erklärte, sie seien nicht einmal Werte einer und derselben Aussagefunktion „x has toothache" (Moore *1954/1955*, 307). Diese Erklärung muß seine überwiegend formallogisch gesonnenen Schüler und Kollegen in Cambridge ziemlich schockiert haben; denn sie läuft ja darauf hinaus, daß eigene Schmerzen und fremde Schmerzen nicht unter denselben Begriff subsumiert werden könnten, und scheint daher – allerdings nur so lange, wie man die Begriffe „Identität" und „Verschiedenheit" ohne ‚sprachökologische' Rücksichten universalisiert (s.o. III, 3) – schon das einfachste Argumentieren mit ‚psychologischen' Verben durch drohende Ambiguität zu blockieren.

Es ist daher kaum erstaunlich, daß man in der analytischen Philosophie diese kühne Bemerkung Wittgensteins fast durchweg nicht als Ausdruck einer epochemachenden

Einsicht gewürdigt, sondern im Gegenteil als Verirrung abgetan hat (vgl. aber Carnap *1932/1933*, 119f.). Die sogenannte „analytische Philosophie des Geistes" bewegt sich seit dem Ende der fünfziger Jahre geradezu in die entgegengesetzte Richtung: Unter nahezu vollständiger Mißachtung der ‚phänomenalen' sowohl wie ‚kategorialen' Abgründe, die sich für Phänomenologen und Sprachanalytiker zwischen Selbstgewißheit und Fremderfahrung aufgetan haben, versucht man sich in der Schaffung nivellierender ‚Leib-Seele-Identitäts-Theorien', ‚eliminativer Materialismen' oder ‚Funktionalismen' zu überbieten.

Die daraus erwachsenden Arbeiten können wegen ihres im Detail manchmal erstaunlichen Scharfsinns und ihres meist hohen technischen Standards ohne Zweifel eine interessante Lektüre sein; aber sie lassen gewöhnlich jedes Fingerspitzengefühl für ‚sprachökologische' Fragen vermissen (s. o. III, 1–4). Das zeigt sich z. B. daran, daß sie die Anwendungs-Restriktionen für den Gebrauch von – gerade auch für ihre Zwecke – grundlegenden Termini wie „identisch" und „und", die z. B. von Russell (*1918*, 258) bzw. von Ryle (*1945*, 206; *1949 a*, 23, 161) erwähnt worden sind, schlicht ignorieren. Daher kann diese „Philosophie des Geistes" („philosophy of mind") im großen und ganzen wohl nur noch wegen der von ihr gepflegten Technik des „semantic ascent" (s. o. II, 1 a), vor allem aber wegen ihrer historischen Kontinuität zur begriffs- oder sprachanalytischen Philosophie in einem losen Sinn „analytisch" heißen; sie ist nach meiner Einschätzung keine („permanente") Fortsetzung der „Revolution in der Philosophie" der ersten Jahrhunderthälfte, sondern schon Teil einer empiristisch-szientistischen „Restauration". Einen kongenialen Überblick über dieses umfangreiche und gegenwärtig so spektakuläre Gebiet vor allem der englischsprachigen Philosophie gibt Bieri *(1981)*, der in seinen

Sammelband auch eine umfangreiche und nach verschiedenen Themenbereichen gegliederte Bibliographie aufgenommen hat.

Wie die gegenwärtige „Philosophie des Geistes", so krankt nach meiner Einschätzung auch die eng mit ihr verbundene jüngere „analytische Handlungstheorie" („philosophy of action") – einen guten Überblick bieten die beiden Sammelbände von Meggle/Beckermann *1977* – größtenteils daran, daß sie eine ‚phänomenale' und ‚kategoriale' Differenzierung zwischen dem je eigenen und dem je fremden Fall – insbesondere also zwischen meinem Handeln für mich und dem fremden Handeln für mich – als überflüssig (und vermutlich verfehlt) betrachtet. Von dieser Kritik sind auch im übrigen durchaus lesenswerte und erhellende Publikationen nicht auszunehmen – nicht einmal Anscombes bahnbrechendes Büchlein „Intention" *(1957)*, die handlungstheoretischen Arbeiten Davidsons *(1980)* oder Searles neues Buch „Intentionality" *(1983)*, das eine Kenntnis zumindest des frühen Husserl, aber kein Verständnis für seine auch schon in den „Logischen Untersuchungen" deutlich werdenden methodologischen Einsichten zeigt. So driften auch auf diesem Gebiet die im weiteren Sinne noch „analytische" Philosophie und die transzendentale Phänomenologie wieder weit auseinander, obwohl von der Natur der Sache her Konvergenzen viel näher zu liegen scheinen (vgl. Hoche *1973 b*; *1983 c*).

3. Analytische Philosophie oder transzendentale Phänomenologie?

Die in VI, 2 gegebenen Hinweise auf sachliche Konvergenzen zwischen Formen der analytischen Philosophie und Formen der transzendentalen Phänomenologie könnten den Eindruck erwecken, als sei es weitestgehend in das Belieben des einzelnen Philosophen gestellt, eine an sprachlichen Ausdrücken ansetzende Begriffsanalyse oder eine an Bewußtseinserlebnissen ansetzende Intentionalanalyse oder auch beides promiscue zu betreiben. Damit drängt sich die Frage auf, ob begriffsanalytische und intentionalanalytische Methoden einander im Sinne eines „und/oder“ *dulden*, im Sinn eines „und“ *ergänzen* oder im Sinne eines „entweder-oder“ *ausschließen*, und im letzten dieser drei Fälle, welche Seite dabei auf der Strecke zu bleiben verdient.

Diese Frage ist meines Wissens zuerst von Tugendhat *(1970; 1976)* explizit gestellt worden; und seine Antwort lautet: Die beiden Positionen schlössen einander aus; denn sie seien „Konkurrenzunternehmen, von denen jedes beanspruchen kann, das andere zu übergreifen: alles Bewußtsein von einem Gegenstand ist immer ein Glied eines Satzverständnisses; andererseits kann die Bewußtseinsphilosophie geltend machen, daß alles Satzverständnis nur eine Bewußtseinsweise unter anderen ist“ (*1976*, 79; vgl. *1970*, 3f.); und das Überlebensrecht gebühre insofern der analytischen Philosophie, als ihr Ansatz beim Verstehen sprachlicher Ausdrücke, und zwar primär ganzer Sätze, auch die phänomenologische Frage nach dem intentionalen Bezug auf Gegenstände mitbeantworte, während der phänomenologische Ansatz beim „Meinen von Gegenständen“ nicht einmal *dieses* befriedigend aufklären könne (*1970*, 4, 14, 19f.; *1976*, 87f., 100–103).

Obwohl Tugendhat dieses Ergebnis mit ernst zu nehmenden Argumenten fundiert, bin ich nicht sicher, ob wir mit seinem Todesurteil über die transzendentale Phänomenologie nicht doch noch in die Revision gehen sollten. Indessen ist jedenfalls hier nicht der Platz, einen solchen Versuch zu wagen. Doch sei an dieser Stelle wenigstens darauf hingewiesen, daß der Applikations-Bereich der analytischen Philosophie viel größer ist als der der transzendentalen Phänomenologie. Was *diese* leisten kann, ist das Verständlichmachen des konstituierenden Bewußtseins und des konstituierten Seins: Der Phänomenologe hat, wie Husserl (*1934–1937*, 184) erhellend sagt, „kein anderes wissenschaftliches Thema … als dieses: die universale Selbstverständlichkeit des Seins der Welt – für ihn das größte aller Rätsel – in eine Verständlichkeit zu verwandeln". Das ist zwar viel, doch nicht alles. Auch wenn man das Sein der Welt und der aus ihrem Horizont heraus begegnenden Dinge mit Hilfe der phänomenologischen Fundamentalmethode der transzendentalen (oder ontologischen) Epoché ‚verstanden' hat, bleibt es ein Desiderat, z. B. die verschiedenen Modi des ‚Sollens', des ‚Sollte', der ‚Pflicht' und des ‚Rechts' oder die Begriffe der ‚Freiheit' und ‚Verantwortung' usw. verständlich zu machen, und ich vermag nicht zu sehen, wie man diese Ziele bewußtseinsanalytisch erreichen könnte.

Daß die analytische Philosophie bei der Verfolgung dieser und ähnlicher Ziele mit der Phänomenologie also nicht konkurriert, schließt indessen nicht aus, daß es auch dabei zu interessanten Parallelen mit dieser kommt. So wird man in jedem Zweig der begriffsanalytischen Forschung auf Gegenstücke zur transzendentalen oder ontologischen Epoché stoßen können, z. B. in der analytischen Ethik auf jene spezifisch metaethische Epoché, die unter dem Namen der „(moralischen) Neutralität der Metaethik" eine gewisse Bekanntheit erlangt hat, deren eigentümliche methodologische ‚Dekontaminations'-Funktion im Rahmen einer *Verstehens-* (und nicht: Beweis-) Bemühung man aber ebensooft zu verkennen pflegt wie die ganz parallele Funktion der transzendentalen Epoché oder Reduktion (vgl. Hoche *1979*, 1.1–1.9; *1981 a*, 2.4).

Selbst die sprachanalytischen „paradigm-case arguments" – eine zuverlässige Differenzierung, kritische Würdigung und nahezu vollständige Bibliographie kann man bei von Savigny *(1981)* finden – erfordern in mindestens einer ihrer zahlreichen Varianten eine Art Epoché (was auch bei Savigny *1981*, 47, angedeutet zu werden scheint). Diese Methode soll im vorliegenden Handbuch-Band allerdings nicht erörtert werden, obwohl sie eine Zeitlang als eine der tragenden Säulen der Philosophie der normalen Sprache galt (Savigny *1981*, 38 mit Anm. 2). Denn von denen, die sie in der einen oder anderen Weise benutzt, verurteilt oder beschrieben haben, scheint sie durchweg als eine *Beweis*-Methode mißverstanden zu werden (vgl. Savigny *1969 a*, Kap. 9: „Die beweisende Verwendung der normalen Sprache"; *1981*, Untertitel: „Eine Familie von anti-skeptischen Argumentationsstrategien"), deren Schlüssigkeit in der Tat nicht gewährleistet ist (Savigny *1981*). Wenn man diese Art des Argumentierens jedoch als eine *Verstehens*-Bemühung rekonstruiert – was sie ihrem Grundgedanken nach auch zu sein scheint –, dann kann sie, wenn ich recht sehe, philosophisch sehr wertvoll werden. Doch dafür eine Lanze zu brechen, kann nicht mehr Aufgabe eines Handbuchs sein.

Teil B:
Spezifische Methoden der analytischen Philosophie

Von Werner Strube

I. Sibley und die vergleichende informal-logische Analyse ästhetischer Begriffe*

Es gibt in der Philosophie, besonders in der Ästhetik sowie der Rechts- und Sozialphilosophie, ‚schwierige' Begriffe, die sprachanalytische Philosophen dadurch zu klären versuchen, daß sie die Bedingungen der Anwendung der betreffenden Ausdrücke studieren (vgl. Gallie *1956*, 168). Viele Sprachanalytiker schließen dabei an die in der traditionellen Definitionslehre thematisierte Frage nach den notwendigen und hinreichenden Anwendungsbedingungen eines Ausdrucks an, modifizieren diese Frage jedoch, um der ‚komplexen Logik' des betreffenden Begriffs gerecht zu werden. – Eine der Entdeckungen der sprachanalytischen *Ästhetik* ist, daß zwar im Falle von Begriffen der Logik und Mathematik, nicht aber im Fall solcher Begriffe wie ‚Kunstwerk' „necessary and sufficient conditions for the application of a concept can be stated" (Weitz *1956*, 175). Auf diese Entdeckung reagiert Ziff mit der These, die Definition, die in der Angabe notwendiger und hinreichender Bedingungen der Anwendung eines Ausdrucks bestehe, sei nur *eine* Art der Definition („merely one kind of definition", *1953*, 100); es gebe andere Arten, den Begriff ‚Kunstwerk' zu definieren,

---

* Ziel dieser Sibley-Analyse sowie der folgenden Analysen ist es, einen Beitrag zu leisten zur Beseitigung des von Steinvorth (*1980*, 134) zu Recht beklagten „Mangels... in der Formulierung konkreter Verfahrensweisen, die über die allgemeine Berufung auf logische oder nichtempirische Sprachanalyse hinausginge".

zum Beispiel diese: Man führt eine Menge von Merkmalen an, die für Kunstwerke charakteristisch sind („mit Absicht und Geschick gemacht", „von Leuten bewundert, diskutiert und kritisiert", usf.); keines dieser charakteristischen Merkmale ist notwendigerweise ein Charakteristikum für ein Kunstwerk, aber eine bestimmte Teilmenge dieser Merkmale reicht hin, das betreffende Objekt ein ‚Kunstwerk' zu nennen (*1953*, 99ff.; vgl. Weitz *1956*, 169ff.). – Und auf *rechtsphilosophisch* relevante Begriffe wie ‚Gültigkeit' bezogen, sagt Hart, sie seien nicht so einfach wie etwa der geometrische Begriff ‚Dreieck' per genus proximum et differentiam specificam definierbar; vielmehr müsse für sie das einfache Modell der notwendigen und hinreichenden Bedingungen abgewandelt werden (*1961*, 29, vgl. 163).

Im vorliegenden Kapitel soll die Analyse der Anwendungsbedingungen solcher ‚schwierigen' Ausdrücke vor allem am Beispiel des 1959 veröffentlichten Aufsatzes „Aesthetic Concepts" von F. Sibley charakterisiert und erläutert werden. Sibleys Aufsatz kann nicht nur als ‚exemplarischer Fall' einer vergleichenden informal-logischen Begriffsanalyse gelten; er ist für die sprachanalytische Ästhetik auch zu einem Muster oder ‚Präzedenzfall' geworden: Zahlreiche sprachanalytische Ästhetiker, z.B. Hungerland *(1963)* und Meager *(1970)*, haben später ihre Analysen in Sibleys Manier durchgeführt. – In der Charakterisierung und Erläuterung der Analyse Sibleys werden, wie sich zeigen wird, bestimmte metaphilosophische Bemerkungen Ryles gute Dienste tun. Auch was die Benennung dieser Methode angeht, hat Ryle – mit seiner Rede von der „informalen Logik" von Begriffen – Pate gestanden (s.u.).

1. Sibleys informal-logische Fragestellung

Sibleys Fragestellung lautet folgendermaßen: Ist die Anwendung ästhetischer Begriffe auf einen Gegenstand in nicht-ästhetischen Eigenschaften dieses Gegenstands begründet und, wenn ja, wie? Oder auch: Sind ästhetische Aussagen in nicht-ästhetischen Aussagen begründet und, wenn ja, wie? Wir „müssen untersuchen, wie wir solche Urteile bilden und wie wir sie rechtfertigen und erklären" (*1965*, 135).

Sibley setzt sich zur Aufgabe, die logischen Regeln aufzudecken, die den Gebrauch solcher Begriffe[1] wie „anmutig" determinieren; oder auch, da Begriffe Faktoren von Aussagen sind: Sibley will die „logischen Merkmale" von ästhetischen Aussagen ausfindig machen (s. *1959*, 98). Insbesondere will er die logischen Beziehungen darlegen, die zwischen ästhetischen und nicht-ästhetischen Aussagen bestehen: Ist die Aussage „Diese Vase ist anmutig" in der Aussage „Diese Vase ist dünnwandig, blaßblau usf." logisch enthalten und also ableitbar aus ihr? Muß das Verhältnis in Form einer schwächeren Analogie der Folgerung gedacht werden – etwa in Form einer Relation wie derjenigen, die Strawson zwischen der Behauptung, der König von Frankreich sei weise, und der Behauptung, es gebe einen König von Frankreich, gesehen hat (vgl. Hungerland *1963*, 116f.)? Oder ist die Folgerung nicht vielleicht überhaupt das falsche Modell, wenn es um die

[1] Genau genommen sollte vom ‚Gebrauch von Ausdrücken' die Rede sein. Nach Ryle ist „a concept" äquivalent mit „a way of operating with an expression (or any other expression that does the same work)" (*1953*, 310; vgl. auch Malcolm *1951*, 336; s.o. Teil A, V, 1 c). Danach machen die spezifischen Anwendungsbedingungen z.B. des Ausdrucks „anmutig" die Logik des Begriffs ‚anmutig' aus. – In etwas laxerer Redeweise ist bei Sibley wie bei anderen analytischen Philosophen dann aber auch vom ‚Gebrauch eines Begriffs' die Rede.

Bestimmung des Verhältnisses von ästhetischen zu nichtästhetischen Aussagen geht?

Sibley will, kurz gesagt, die „informale Logik“[2] ästhetischer Aussagen und Begriffe aufdecken. – Ich versuche, Sibleys Aufgabenstellung durch die Erläuterung der Ausdrücke „Logik“ bzw. „informale Logik ästhetischer Begriffe“ klarer zu machen.

a. Die ‚Logik' ästhetischer Begriffe

Wie bei Sibley ist auch bei vielen anderen sprachanalytischen Philosophen immer wieder von ‚Logik' die Rede. Auf dem Gebiet der sprachanalytischen Ästhetik geht es zum Beispiel Hungerland um „the logic of aesthetic concepts“ (*1963*, 43) und Aldridge um „the logic of talk about art“ (*1963*, 79). Es versteht sich von selbst, daß der Ausdruck „Logik“ hier in einem ausgefallen weiten Sinne gebraucht wird: Die ‚logische Syntax' ist, an den grammatischen Regeln gemessen, „a deeper set of rules, the rules of sense, the rules of (sc. formal) logic, the rules regulating the mutual relations of categories, etc. etc.“ (Findlay *1961*, 430). – Der Ausdruck „Logik“ wird vor allem deshalb gebraucht, weil die Regeln, die man aufdecken will, universal sind, ohne von empirischer Allgemeinheit zu sein; sie sind keine Regelmäßigkeiten von maximaler statistischer Gültigkeit:

[2] Der Ausdruck „informal logic“ stammt von Ryle. Was Ryle mit diesem Ausdruck meint, ist am ausführlichsten dargestellt in dem Aufsatz „Formal and Informal Logic“ (*1954 b*, 111–129). In dem Aufsatz „Ordinary Language“ drückt Ryle seine Zielsetzung (die auch die Zielsetzung Sibleys ist) so aus: „We are interested in the informal logic of the employment of expressions, the nature of the logical howlers that people do or might commit if they strung their words together in certain ways, or, more positively, in the logical force that expressions have as components of theories and as pivots of concrete arguments.“ (*1953*, 318)

1) Zwar erlernen (‚internalisieren‘) wir die Regeln, die den Gebrauch von Ausdrücken determinieren, im Verlauf unseres Spracherwerbs. Gleichwohl sind diese Regeln nach sprachanalytischer Ansicht *nicht schichtenspezifisch* beschränkt. Gegen entsprechende Vorwürfe gerichtet, hebt Ryle hervor, daß „the essayist or lawyer does not know the meaning of ‚rabbit‘ or ‚and‘ better than Everyman. There is no room here for ‚better‘." (*1953*, 309) Und ähnlich stellt Sibley fest, daß zwischen der Sprache des professionellen Kunstkritikers und der des Laien im Prinzip kein Unterschied bestehe: Der Kunstkritiker bringe uns dazu, die ästhetischen Eigenschaften eines Objekts zu sehen, und er tue dabei im Prinzip das gleiche, das unsere Eltern und Lehrer in der Zeit der Kultivierung unseres Geschmacks getan hätten: „Die dazu gebrauchten Methoden, die Sprache und das Verhalten stimmen mit denen des Kritikers überein." (*1959*, 106) Also: Die Sprache, die der Kunstkritiker spricht, ist *Teil* der Sprache, die *allen* Mitgliedern einer Sprachgemeinschaft gemeinsam ist; sie ist nicht die Sprache eines *exklusiven Teils* der Mitglieder einer Sprachgemeinschaft.

2) Die Regeln, um die es hier geht, sind nach sprachanalytischer Ansicht überdies auch *nicht einzelsprachlich* oder ethnozentrisch beschränkt. Sie liegen jedem Gebrauch, den wir einzelsprachlich von Ausdrücken machen, zugrunde. Oder anders gesagt: Es sind *dieselben* (‚universalen‘) Regeln, die sich von Einzelsprache zu Einzelsprache unterschiedlich „realisieren" oder „manifestieren" (vgl. Searle *1971 a*, 65; Strube *1981 a*). So gibt es für einen ästhetischen Begriff wie den des Anmutigen keinerlei notwendige und/oder hinreichende Anwendungsbedingungen, gleichgültig, ob dieser Begriff durch „anmutig", „graceful" oder „gracieux" ausgedrückt ist. – Im übrigen

wird in diesem Zusammenhang erkennbar, warum *Aussagen* den ‚eigentlichen' Bezugspunkt der Analyse bilden: Nur dann, wenn man von der Aussage oder dem Satz (was hier das Gleiche bedeutet) ausgeht, kann man logische, und das heißt universale Regeln der Sprache ermitteln. „Words, constructions, etc., are the atoms of a Language; sentences are the units of Speech." (Ryle *1961*, 408; „Language" meint die Einzelsprache, „Speech" die Gruppe derjenigen Aktivitäten, die man vollzieht, wenn man etwas sagt, gleichgültig, ob man es in deutscher, englischer oder französischer Sprache sagt. – Nebenbei sei bemerkt, daß sich in Ryles ebenso wie in Sibleys Orientierung an Aussage oder Satz ein Nachhall der traditionellen Logik des Urteils zeigt. Ryle und Sibley haben den ‚pragmatic turn' noch nicht vollzogen – anders als beispielsweise Searle, für den die Sprechakte „die grundlegenden oder kleinsten Einheiten der sprachlichen Kommunikation" sind [s. *1971 a*, 30].)

b. Die ‚informale Logik' ästhetischer Begriffe

Daß es die *informale* Logik ästhetischer Begriffe und Aussagen ist, die Sibley aufdecken will, kann man am besten durch eine entsprechende Gegenüberstellung von formaler und informaler Logik zeigen:

1) Die Frage, ob man die Aussage „Diese Vase ist anmutig" aus der Aussage „Diese Vase ist dünnwandig, blaßblau (usf.)" ableiten könne, kann nicht unter Absehen vom spezifischen Inhalt der Begriffe ‚anmutig', ‚blaßblau' usf. beantwortet werden. Anders als etwa die in der formalen Logik diskutierten – und disziplinierten – ‚logischen Wörter' „alle" und „einige", nach denen von Menschen, Kühen, Göttern und was für Dingen auch immer

die Rede sein kann, sind die Begriffe ‚anmutig' und ‚blaßblau' nicht vom jeweiligen Kontext unabhängig bzw. themenneutral (vgl. Ryle *1954 b*, 115). Anders gesagt: Die traditionelle formale Logik geht davon aus, daß die Folgerichtigkeitsregeln die Beziehungen zwischen Aussagen determinieren, mit den Begriffen als den Faktoren der einzelnen Aussagen aber wenig oder gar nichts zu tun haben. Sibley hingegen geht davon aus, daß die logischen Beziehungen, die es zwischen gewissen Aussagen gibt, sehr wohl mit den Begriffen zu tun haben, die in den Aussagen vorkommen: Begriffe können zu unterschiedlichen Typen oder Kategorien gehören – und eben die Typenunterschiede muß man berücksichtigen, wenn man die Logik der betreffenden Aussagen und Aussagenzusammenhänge aufdecken will.

2) Anders als dem Vertreter der formalen Logik geht es Sibley nicht um Aussageformen, sondern um ästhetische Aussagen, die als solche in den Augen des formalen Logikers gar keine ‚Aussagen' sind: Ästhetische Aussagen sind ja nicht wahr oder falsch. – Wer nach den Anwendungsbedingungen ästhetischer Ausdrücke fragt, fragt nach den eine ästhetische Aussage rechtfertigenden Gründen; es geht ihm um diejenigen Züge an einem Objekt, die eben dies Objekt anmutig oder feurig oder dergleichen machen. Er fragt nicht nach so etwas wie den notwendigen und hinreichenden Wahrheitsbedingungen ästhetischer Aussagen; es geht ihm nicht um „Gründe... in der Bedeutung einer wahren Aussage oder einer Tatsache, deren Kenntnis den Schluß, die Annahme oder das Urteil, etwas verhalte sich so und so, vernünftig, richtig oder plausibel machen würde" (Sibley *1965*, 144).

3) Es geht Philosophen wie Ryle und Sibley um Begriffs-

beziehungen, die sich großenteils mit den Mitteln der zur Verfügung stehenden formalen Logik nicht oder nicht angemessen präzisieren lassen. Der Versuch, bestimmte ‚schwierige' Begriffe mit den Mitteln der vorhandenen formalen Logik zu explizieren, führt oft geradezu zu einer Verzerrung der ‚natürlichen Logik' dieser Begriffe. Prägnant hat Nowell-Smith dies, auf die „logic of moral words" (*1954*, 22) bezogen, ausgedrückt: Nowell-Smith möchte zeigen, „how the nature and purpose of practical discourse has been made unintelligible by the attempt to elucidate it by means of a logical apparatus unsuited to the purpose and to substitute a new logical apparatus that may be more successful" (61).

2. *Sibleys vergleichende informal-logische Analyse ästhetischer Begriffe*

Sibley versucht, die Logik ästhetischer Begriffe – oder genauer: die spezifische Art und Weise, in der ästhetische Aussagen in nicht-ästhetischen begründet sind – in einer *vergleichenden* informal-logischen Analyse herauszuarbeiten, die ich zunächst ohne eigene kritische Stellungnahme so zusammenfasse:

1) Anders als geometrische Begriffe werden ästhetische Begriffe nicht aufgrund notwendiger und hinreichender Bedingungen gebraucht. „Denn während ein Quadrat stets aufgrund *derselben* Bedingungen ein Quadrat ist (vier gleiche Seiten und vier rechte Winkel), haben ästhetische Termini für äußerst verschiedene Objekte Gültigkeit. Ein Ding ist anmutig wegen dieser, ein anderes wegen jener Merkmale." (*1959*, 90)

2) Anders als psychologische Dispositionsbegriffe werden ästhetische Begriffe nicht aufgrund dieser oder jener bestimmten Reihe von Bedingungen gebraucht, die für die korrekte Anwendung des betreffenden Begriffs hinreicht. Denn während ein Mensch immer dann beispielsweise ‚intelligent' genannt wird, wenn er komplizierte Schachaufgaben lösen, schwierige Texte analysieren, mehrere Sprachen sprechen kann und ähnliches mehr, kann eine Vase nicht schon dann zart oder anmutig heißen, wenn sie dünnwandig, blaßblau und dergleichen ist; sie könnte nämlich auch fade oder blutleer sein.

3) Ästhetische Begriffe werden zwar, wie Farbbegriffe, nicht aufgrund ‚logischer Bedingungen' gebraucht. Anders aber, als das bei Farbbegriffen der Fall ist, wird die Anwendung ästhetischer Begriffe im Zweifelsfall nicht dadurch gerechtfertigt, daß man den betreffenden Gegenstand unter normale Sichtbedingungen bringt.

4) Daß die Anwendung ästhetischer Begriffe einerseits zwar keinen notwendigen und/oder hinreichenden Bedingungen unterliegt, andererseits aber auch nicht willkürlich ist, hat ‚kunstontologische' Gründe: Die ästhetische Eigenschaft eines Dinges ist etwas Einmaliges. Diese Vase ist anmutig wegen *dieser* blassen Farbe und *dieser* leicht geschwungenen Kontur, jene wegen *jener*. Man kann deshalb nicht folgern oder induktiv beweisen, daß das betreffende Ding anmutig ist. „Die Dinge können uns mit nicht-ästhetischen Termini so ausführlich beschrieben werden wie wir wollen, wir werden dadurch nicht in die Lage versetzt, zugeben zu müssen oder nicht leugnen zu können, daß die Dinge zart, anmutig, grell oder ungewöhnlich ausgewogen sind." (*1959*, 91) – Aber man kann jemanden durch Hinweise auf bestimmte nicht-ästheti-

sche Eigenschaften des Gegenstands, durch eine entsprechende metaphorische Redeweise, durch Gesten (die etwa die Kontur des Gegenstands ‚nachzeichnen') u. a. m. dazu bringen, daß er die Anmut dieses Gegenstands *auch sieht*. Man kann ihn, wenn er nur empfänglich genug ist, die Anmut der Vase sehen machen. (Die zuletzt aufgeführten Argumente sollen im folgenden nicht diskutiert werden.)

In Sibleys Argumenten, wie sie unter 1) bis 3) präsentiert werden, werden die ästhetischen Begriffe mit Begriffen anderer Typen verglichen; genauer: Sie werden hypothetisch mit anderen – vertrauten oder vertrauteren – Begriffen gleichgesetzt, nämlich mit geometrischen Begriffen, mit psychologischen Dispositionsbegriffen, mit Farbbegriffen. (In Sibleys Text auch noch mit Begriffen wie „gültig", die Hart [*1948/1949*, 148] ‚defeasible concepts' genannt hat und die hier ausgeblendet bleiben sollen, weil die betreffenden Argumente strukturell den anderen Argumenten Sibleys völlig entsprechen.) Die *hypothetische* Gleichsetzung deckt die *tatsächliche* Verschiedenheit auf:

In 1) vergleicht Sibley ästhetische Begriffe mit geometrischen. Geometrische Begriffe werden aufgrund notwendiger und hinreichender Bedingungen gebraucht: Eine geometrische Figur ist dann und nur dann ein Quadrat, wenn sie vier gleiche Seiten und vier rechte Winkel hat. Anders bei einem ästhetischen Begriff wie „anmutig", der aufgrund unterschiedlicher Eigenschaften gebraucht und deshalb auf ganz unterschiedliche Dinge angewandt werden kann (s. *1959*, 90). Oder in etwas anderer Darstellung: Setzt man ästhetische Aussagen hypothetisch mit geometrischen gleich, ergibt sich beispielsweise der Satz: „Eine Vase ist dann und nur dann anmutig, wenn sie dünnwandig, blaßblau (usf.) ist." Dieser Satz ist absurd; und nach Sibleys Meinung ist jeder analog strukturierte Satz absurd, wie detailliert und kompliziert auch immer die ‚N-ascription' oder Zuschreibung nicht-ästhetischer Eigenschaften sein mag (vgl. *1959*, 91). Also gehört zur Logik ästhetischer Begriffe, daß sie *nicht* gemäß notwendigen und hinreichenden Bedingungen angewandt werden.

In 2) vergleicht Sibley ästhetische Begriffe mit psychologischen Dispositionsbegriffen. Nach Sibley reicht eine bestimmte Reihe von Eigenschaften hin, um die Anwendung solcher Begriffe wie „intelligent" sicherzustellen: „Wir können sagen: ‚Wenn es stimmt, daß er dies und das und auch das andere tun kann, dann kann man nicht leugnen, daß er intelligent ist'." (*1959*, 91) Am Beispiel: „Wenn es stimmt, daß er ein guter Schachspieler ist, schwierige Texte analysieren und mehrere Sprachen sprechen kann, dann muß er intelligent sein." Sibley bildet hypothetisch oder versuchsweise eine analoge ästhetische Aussage, deren Absurdität augenfällig ist: „...aber wir können *keinerlei* allgemeine Aussage der folgenden Art machen: ‚Wenn die Vase blaßrosa ist, ein wenig gebogen, leicht gesprenkelt usw., dann ist sie zart, muß sie zart sein'" (ebd.). Also werden ästhetische Begriffe nicht aufgrund hinreichender Bedingungen gebraucht. – Das von Sibley Gesagte läßt sich folgendermaßen präzisieren: Für „intelligent" kann man wenigstens eine disjunktive hinreichende Bedingung angeben: Wenn die Eigenschaften A, B, C für die Zuschreibung von Intelligenz hinreichend sind oder die Merkmale D, E, F, dann sind auch die Eigenschaften A, B, C *allein* hinreichend, jemandem Intelligenz zuzuschreiben. Analoges gilt für „anmutig" aber nicht.

In 3) vergleicht Sibley ästhetische Begriffe mit Farbbegriffen, genauer: mit „einfachen Farbwörtern". Sibley setzt dabei eine ‚unkritische Situation' voraus – eine Situation, in der es z.B. keiner Farbtafel bedarf, um zu entscheiden, welche Farbe der betreffende Gegenstand hat: „Wir erkennen, daß das Buch rot ist, indem wir hinsehen." (*1959*, 99) Beim Gebrauch zumindest der einfachen Farbwörter folgen wir als normale Beobachter unter normalen Umständen „nicht irgendwelchen Regeln oder Prinzipien" (ebd.). Bei ästhetischen Begriffen ist das ähnlich: Wir sehen einfach, daß eine Vase anmutig ist. (Im Hinblick auf diese These könnte man Sibleys Position mit einem Ausdruck T. Cohens „property-intuitionism" nennen; s. *1973*, 123.) Andererseits ist aber der Unterschied zwischen ästhetischen und Farbbegriffen deutlich, und zwar besonders im Hinblick auf die Begründung von ästhetischen und Farbaussagen. Um im Eventualfall eine Farbaussage – eine Aussage wie „Diese Tomate ist (noch) grün" – zu rechtfertigen, bringt man das betreffende Referenzobjekt unter normale Sichtbedingungen. Analoges gilt für die Zuschreibung ästhetischer Eigenschaften *nicht*. Um eine solche Zuschreibung zu rechtfertigen, trägt man (im Normalfall) den betreffenden Gegenstand, etwa ein Gemälde, nicht ans Tageslicht – dies zu tun, würde absurd wirken –, sondern man weist auf gewisse nicht-ästhetische Eigenschaften hin usf. Man gibt „Erklärungen"; man weist am Gegenstand auf, daß er anmutig oder dergleichen ist.

Wie man sieht, wird in allen Argumenten die Methode der „reductio ad absurdum" angewandt: Indem ästhetische Begriffe mit geometrischen, psychologischen und Farbbegriffen analogisiert werden, entsteht eine Absurdität. Oder, um die Sache noch etwas zu dramatisieren und im Anschluß an Formulierungen Ryles: In Sibleys Argumenten bricht die hypothetisch oder versuchsweise angenommene Gleichartigkeit zwischen ästhetischen und geometrischen Begriffen sozusagen vor unseren Augen in sich zusammen. – Warum die „reductio ad absurdum" in der analytischen Philosophie von so großer Wichtigkeit ist, hat Ryle im übrigen folgendermaßen begründet: Um die logische Leistungsfähigkeit von Aussagen und Begriffen zu prüfen, gibt es kein der direkten visuellen Beobachtung korrespondierendes Verfahren (Ryle *1945*, 271). Die „reductio ad absurdum method" steht sozusagen an derjenigen Stelle, die in den Naturwissenschaften von Experiment und Beobachtung eingenommen wird.

Die unter 1) bis 3) präsentierten Argumente Sibleys sind mit dem bisher Gesagten hinsichtlich ihrer *Struktur* beschrieben. Im folgenden sollen noch einige Bemerkungen zu den *Funktionen* der Argumente Sibleys gemacht werden:

1) Die logischen Eigenschaften, die den ästhetischen Aussagen kraft Gleichsetzung mit geometrischen und anderen Aussagen unterstellt wurden, werden durch die Ad-absurdum-Argumente eliminiert. Die ästhetischen Begriffe werden dadurch negativ oder indirekt charakterisiert. Zugleich mit dieser negativen Charakterisierung werden Bedingungen festgelegt, denen die spätere positive Charakterisierung ästhetischer Begriffe genügen muß: Wenn es Bedingungen für die Anwendung ästhetischer Begriffe gibt – und es gibt welche –, dann dürfen es eben keine notwendigen und/oder hinreichenden sein. Bestimmte Eigenschaften eines Objekts können ‚bestenfalls' in typischer oder charakteristischer Weise für die Zuschreibung einer gewissen ästhetischen Eigenschaft sprechen (s. *1959*, 92).

2) Die negative oder indirekte Charakterisierung ästhetischer Begriffe ist zugleich eine Abgrenzung unterschiedlicher Begriffstypen: eine Abgrenzung unter dem Gesichtspunkt eben der Anwendungsbedingungen eines Aus-

drucks. Da diese Begriffstypen gewissermaßen gleichzeitig oder synoptisch vor Augen treten, ist die Verwendung geographischer Metaphern nahegelegt: Sibley erstellt eine *logische Landkarte* der betreffenden Begriffstypen oder Kategorien; er macht das, was Ryle „the charting of the logical powers of ideas" (*1945*, 201) oder „Bestimmung der logischen Geographie von Begriffen" (*1969*, 5) nennt. In die logische Landkarte, die Sibley erstellt, sind alle – zumindest alle in Sibleys Augen auffälligen – logischen Merkmale von geometrischen und ästhetischen Begriffen, von psychologischen Dispositionsbegriffen und von Farbbegriffen gleichzeitig eingetragen.

3) Sibleys informal-logische Analyse ästhetischer Begriffe stellt eine *Destruktion* bestimmter traditioneller Ansichten dar. „Man fordert, ästhetische Urteile sollten sich in dem Sinne auf Gründe stützen, daß sie aus ihnen rational abgeleitet werden oder sich ableiten lassen." (Sibley *1965*, 144) Diese Forderung ist offensichtlich ebenso absurd wie die hypothetisch angenommene Auffassung, ästhetische Begriffe hätten dieselben logischen Eigenschaften wie geometrische. – Diese destruktive Komponente findet man in der sprachanalytischen Ästhetik (und der sprachanalytischen Philosophie überhaupt) immer wieder. So ist es nach Hungerland ein Fehler, zu meinen, ‚A-ascriptions' zeigten dasselbe logische Verhalten wie ‚N-ascriptions', sie seien also wahre oder falsche Aussagen im selben Sinne wie diese (*1967/1968*, 158).

4) Die destruktive Funktion der informal-logischen Argumente Sibleys kann bei etwas anderer Beleuchtung als *therapeutische* Funktion dieser Argumente angesehen werden: Weil man naiverweise von ästhetischen Begriffen erwartet hat, sie hätten die gleiche Logik wie die ganz

vertrauten Adjektive ‚rot' oder ‚blau', ist man angesichts der Tatsache, daß man jemanden *durch Reden* dazu bringen kann, die Anmut einer Vase zu sehen, in Verwunderung geraten. Diese Verwunderung weicht, wenn man die eigentümliche Logik ästhetischer Begriffe – und das heißt hier vor allem: die spezifische Weise der Begründung ästhetischer Aussagen – durchschaut hat. Dann nämlich sieht man, daß ästhetische Begriffe ebenso ‚natürlich' wie irgendwelche anderen Begriffe sind. „Nur vor dem Hintergrund anderer, in der Philosophie vertrauterer Modelle erscheinen sie seltsam oder verwunderlich." (*1959*, 105)

Zur Therapie philosophischer Probleme gehört bei Sibley im übrigen auch – ebenso wie bei den klassischen ‚therapeutischen Positivisten' Wittgenstein und Wisdom –, daß die Ursachen des Problems (der Verwunderung oder Verwirrung) „diagnostiziert" werden: a) Man hat eine Typenverwechslung (‚category-mistake') „begangen". Man hat die logische Form der einen (etwa der ästhetischen) Aussage der logischen Form der anderen (etwa der geometrischen) Aussage angeglichen. b) Man hat zwei unterschiedliche Begriffe von „Grund" konfundiert. Sibley spricht die Vermutung aus, „daß zwei Dinge oft miteinander verwechselt werden: Man fordert, ästhetische Urteile sollten sich in dem Sinne auf Gründe stützen, daß sie aus ihnen rational abgeleitet werden..., vernünftigerweise kann man aber nur verlangen, daß ein Kritiker, nachdem er erkannt hat, warum ein Gegenstand anmutig ist oder nicht, das auch sagen kann." (*1965*, 144) In anderer Terminologie: Man hat die analytische Abhängigkeit von Aussagen mit derjenigen Art von Abhängigkeit verwechselt, die man unmittelbar sieht und die von den Intuitionisten „synthetische Folgerungsbeziehung" genannt wird (vgl. Strawson *1949 b*, 108).

3. Kritische Würdigung der Analyse Sibleys

Sibleys Analyse hat eine Reihe von Schwächen, die man ähnlich in der informal-logischen Analyse auch anderer sprachanalytischer Philosophen finden kann:

1) Sibley zeichnet eine *spezifische* Gebrauchsweise von Ausdrücken als *typisch* aus. – Wenn Sibley sagt, daß es für die Anwendung ästhetischer Ausdrücke keine notwendigen und/oder hinreichenden Bedingungen gebe, ist er einseitig am Begriffstyp der ästhetisch charakterisierenden Ausdrücke („anmutig“, „elegant“ usf.) orientiert. Zwar räumt er ein, daß es manchmal so aussehe, „als könnte ein ästhetisches Wort nach einer Regel angewandt werden“ (*1959*, 96), und zumal der Gebrauch von negativen ästhetischen Ausdrücken wie „scheußlich“ könne möglicherweise durch eine Reihe von ‚N-ascriptions‘ „in einem strengen Sinne“ gerechtfertigt werden (109), aber er tut diese Fälle als „Randfälle“ ab (96) oder als atypische Fälle (97 u. 109). Er praktiziert damit ein Verfahren, das in der sprachanalytischen Philosophie „wie eine Seuche verbreitet“ ist (Savigny *1969 a*, 432): Fälle, die nicht zur gerade behaupteten These passen, werden willkürlich beiseite geschoben. Oder in anderer Formulierung: Sibley geht in seinem Interesse an dem, „was ihnen (sc. den ästhetischen Begriffen) allen gemeinsam ist“ (*1959*, 87), zu weit. Er analysiert in Wahrheit allein die Logik ästhetisch charakterisierender Ausdrücke vom Typus „anmutig“, verallgemeinert aber die Ergebnisse, die er in der Analyse *dieser* Ausdrücke gewinnt, vorschnell zur Logik *der* ästhetischen Begriffe. Er begeht, wie man so etwas gelegentlich nennt (s. Aldridge *1963*, 81), eine „essentialist fallacy“.[3]

[3] Das Bestreben, ein einheitliches Prinzip zu finden, ist schon früher, vor allem in der Tradition der skeptischen Philosophie, für ‚Verzerrungen‘

2) Sibley *gleicht unterschiedliche* Gebrauchsweisen von Ausdrücken *einander an:* a) Weil Sibley den Unterschied zwischen ‚A-ascription' (Zuschreibung einer ästhetischen Eigenschaft) und ‚verdict' nicht oder nicht deutlich genug sieht, stellt er Ausdrücke wie „ausgewogen" oder „einheitlich" in *eine* Reihe mit ästhetisch charakterisierenden Begriffen (s. *1959*, 87). „Ausgewogen" und „einheitlich" sind aber Ausdrücke, die zumindest in bestimmten ästhetischen Kontexten als Wertwörter fungieren und nicht als Wörter, die ein „ästhetisches Merkmal" bezeichnen: Eine Statue kann ja als ‚anmutig' *charakterisiert* und zugleich als ‚nicht ganz einheitlich' *bewertet* werden – so wie von einem Wein gesagt werden kann, er sei lieblich, aber nicht sonderlich gut. b) Weil Sibley den Unterschied zwischen ‚A-ascriptions' und affektiven ‚A-attributions' nicht sieht, zählt er Ausdrücke wie „rührend" und „beeindrukkend" zu den ästhetisch charakterisierenden Ausdrücken (s. *1959*, 87). „Rührend" und „beeindruckend" sind aber Ausdrücke, die nach Beardsley (*1973*, 50) in objektiven *oder* in affektiven ‚A-attributions' gebraucht werden können. Werden sie, etwa vom Kunstliebhaber, in affektiven ‚A-attributions' gebraucht, meinen sie eine „subjective relation" im Sinne Toulmins (*1950*, 30) und keine Eigenschaft, durch die der betreffende Gegenstand ästhetisch charakterisiert ist (vgl. Strube *1981 c*, 98f.).

3) Sibley arbeitet die komplexe Logik bestimmter ‚schwie-

---

verantwortlich gemacht worden, so z.B. von Hume: „Hat ein Philosoph einmal ein Prinzip aufgestellt, das vielleicht viele Wirkungen der Natur erklärt, so erhebt er es sogleich zu seinem Lieblingsprinzip, wendet es auf alle Bereiche an und führt jede Erscheinung darauf zurück, mögen seine Begründungen auch noch so erzwungen und ungereimt sein." (In: G. Müller: D. Humes Typologie der Philosophen und der Lebensformen, Frankfurt a.M. 1980, 154)

riger' Begriffe *nicht detailliert* bzw. differenziert *genug* heraus. Weil er versäumt, ästhetisch charakterisierende Begriffe (wie „anmutig" und „elegant") mit Wertbegriffen (wie „gut" oder „exzellent") zu vergleichen, kann er zur Beantwortung der wichtigen informal-logischen Frage, ob ästhetisch charakterisierende Begriffe evaluativ oder bloß „value-tending" oder dergleichen seien (s. Freedman *1968*, 50f.), keinen Beitrag leisten. – Unter Rückgriff auf die Ausdrucksweise Ryles (s. *1945*, 205) könnte man auch sagen, Sibley habe zu wenig logische Absurditäten (also Sätze wie „Das ist elegant, weil es mir gefällt") produziert und deshalb nur eine verhältnismäßig geringe Anzahl an spezifischen logischen Merkmalen ästhetisch charakterisierender Begriffe zu Tage gefördert.

II. Austin und die linguistisch-phänomenologische Analyse des Sprechens

In den Vorlesungen, die er 1955 als William James Lectures an der Harvard-Universität gehalten hat und die postum unter dem Titel „How to do things with Words" veröffentlicht wurden, verfolgt Austin das Ziel, eine Theorie der Struktur des Sprechens aufzustellen. – Die Aufstellung dieser Theorie erfolgt auf dem ‚Weg von unten': 1) Austin untersucht Wörter und Wendungen, die in bestimmten (tatsächlichen oder fingierten) Situationen des Alltags gebraucht werden. 2) Er stellt intuitiv fest, „was wir sagen würden, wenn". 3) Er untersucht im besonderen Wörter, mit denen bestimmte ‚Unglücksfälle' bezeichnet werden, die sich beim Sprechen ereignen können: Unglücksfälle wie das Falsch-Sein oder die Nichtigkeit einer Äußerung. 4) Er gelangt auf dem Weg über die Einteilung der Unglücksfälle zu wichtigen sprachphilosophischen Unterscheidungen, etwa zur Unterscheidung von Äußerungen konstatierenden und performativen Typs. 5) Austins Zielsetzung, nämlich Unterscheidungen wie die genannte zu machen, bedeutet, daß die Alltagssprache „nicht das letzte Wort hat".

Dieser ‚Weg von unten', der im folgenden nachgezeichnet und am Schluß des Kapitels noch kurz gewürdigt werden soll, könnte mit einem Ausdruck Austins auch „linguistisch-phänomenologischer Weg" heißen oder „sprachanalytisch-phänomenologischer Weg". (Austin spricht in seiner methodologischen Programmschrift „A Plea for Excuses", *1956*, von „linguistic phenomenology". Er rückt mit der Wahl dieses Ausdrucks sein eigenes Vorgehen – und das Vorgehen vieler anderer ‚Oxford-Philosophen' – in die Nähe der kontinentaleuropäischen Phänomenologie, nimmt allerdings den Ausdruck „Phänomenologie" in einem weiten und sozusagen populären Sinne: Phänomenologie ist für ihn diejenige Philosophie, die „die Sachen selber" beschreibt unter Verzicht auf den Leitfaden einer Theorie und unter Ablehnung jeder ‚metaphysica specialis'. Cerf hat die Verhältnisse richtig dargestellt: „When Austin called himself a linguistic phenomenologist, he must have had in mind, not the transcendental constitutive phenomenology of Husserl, but the popular descriptive phenomenology of Husserl's followers." [*1969*, 376] – Näheres zu Austins Begriff der „linguistischen Phänomenologie" in: Strube *1985 a*.)[4]

1. Die Präsentation von Beispielen

Austin geht von Beispielen wie dem folgenden aus:

Was würden wir sagen, wenn jemand jemandem seine goldene Uhr zu schenken verspräche, diese ihm aber – was er nicht weiß – gestohlen worden sei? Wir würden sagen, sein Versprechen sei nichtig. Wir würden nicht sagen, es sei unaufrichtig oder falsch im Sinne von unzutreffend (vgl. *1972*, 32).

---

[4] Ich gebrauche im folgenden den Ausdruck „linguistische Phänomenologie" in Beziehung auf das *Austin*-spezifische Philosophieren. Demnach ist die „Methode, zu untersuchen, was wir sagen würden, wenn" (vgl. *1956*, 129), die Austin ebenso wie etwa Wittgenstein anwendet, nur der Ausgangspunkt bzw. ein ‚Teil' der „linguistic phenomenology" – so, wie nach Cavell die Antwort auf die Frage „Was würden wir sagen, wenn...?" nur ein „Teil" aller ‚Methoden' Wittgensteins ist (s. Cavell *1962*, 177).

Die für dieses Ausgangsbeispiel charakteristischen Punkte möchte ich am Leitfaden einer Maxime exponieren, die Austin so formuliert hat: Wenn man von der normalen Sprache – der „ordinary language“ – ausgeht, muß man untersuchen, *„what we should say when“* (*1956*, 129). Wie wichtig diese Maxime für ihn ist, indiziert Austin dadurch, daß er jedes ihrer Wörter durch Kursivdruck betont.

1) Austin geht aus von dem, was wir *sagen* würden, wenn ein Versprechen in der oben dargestellten Art verunglückt wäre. Oder allgemein und mit Worten, die Austin an anderer Stelle des „Plädoyers für Entschuldigungen“ gebraucht: Die normale Sprache hat für ihn „das erste Wort“ (s. *1956*, 133). – Daß die Sprache das erste Wort haben sollte, hat Austin entwicklungsgeschichtlich (‚sprachdarwinistisch‘) und heuristisch-praktisch begründet: Unser gemeinsamer Wortschatz enthält all die Unterschiede und Zusammenhänge, die zu markieren von den Menschen vieler Generationen für wichtig erachtet wurde – und die zahlreicher und subtiler sind „than any that you or I are likely to think up in our arm-chairs of an afternoon – the most favoured alternative method“ (*1956*, 130; vgl. *1975*, 328; vgl. auch Pears *1966*, 20; Copleston *1976*, 112).

2) Austin geht aus von dem, was wir sagen würden, *wenn* ein Versprechen in der oben dargestellten Art verunglückt wäre, d.h. wenn in einer Situation, in der jemand jemandem etwas verspräche, ein ‚normaler Begleitumstand‘ fehlte (vgl. *1972*, 31). – Daß man die Äußerung stets in der Situation sehen müsse, in der sie vorkommt, hat Austin ausdrücklich gefordert: „The total speech act in the total speech situation is the *only actual* phenomenon which, in the last resort, we are engaged in elucidating.“ (*1962 a*,

147)[5] Unter den Gründen, die für das Ausgehen von der betreffenden Situation sprechen, ist dieser besonders einleuchtend: Es gibt Ausdrücke, die auf den ersten Blick synonym zu sein scheinen, also etwa Ausdrücke wie „absichtlich", „überlegt" und „vorsätzlich". Malt man sich aber Umstände aus, auf die bezogen diese Ausdrücke korrekt angewandt werden können – etwa „Drei Möglichkeiten, Tinte zu verschütten" (wie der Titel eines Austin-Aufsatzes lautet; *1975*) –, dann wird deutlich, daß diese Ausdrücke durchaus verschieden angewandt werden und also verschiedene Bedeutungen haben (328 ff.).

3) Austin geht aus von dem, *was* wir sagen würden, wenn ein Versprechen in der oben dargestellten Art verunglückt wäre; oder genauer: was wir ‚normalsprachlich' oder in der „ordinary language" sagen würden (s. u. S. 240). Austin fragt nach Wörtern oder Wendungen, die „man im Einzelfall zur Beurteilung [sc. einer Äußerung] benutzt" (s. *1972*, 162); er fragt im besonderen nach Wörtern, die gewisse Weisen des ‚Nicht-in-Ordnung-Seins' oder ‚Verunglückens' von Äußerungen bezeichnen (Wörter wie

[5] Hare, der in vielen Dingen an Austin anschließt, drückt (*1959*, 51) diese Forderung so aus: „... philosophers are concerned with words as having meanings or uses; and these at any rate cannot be studied without seeing how words are used, in concrete situations, to say various things; and, of course, this involves (as is evident from our practice) a careful study of the situations, in order to find out what is being said." (Vgl. auch Warnock *1958*, 168.) – Austin hatte das Verfahren, die Bedeutung von Wörtern im Rückgang auf entsprechende Situationen zu klären, bereits 1940 (in seinem Aufsatz „The Meaning of a Word") skizziert: Um die Bedeutung des Wortes „rassig" („racy") zu klären, „I might do what we may call ‚demonstrating the semantics' of the word, by getting the questioner to *imagine*, or even actually to *experience*, situations which we should describe correctly by means of sentences containing the words ‚racy', ‚raciness' etc., and again other situations where we should *not* use these words." (*1961*, 25)

„sinnlos", „unsinnig", „nichtig", „unklar", „falsch"). – Im „Plädoyer" weist Austin darauf hin, daß man eine Liste entsprechender Wörter am besten mit Hilfe von Lexika erstellen könne (134f.; für Austins Zwecke würden heute Wörterbücher zur Verfügung stehen, die Listen ‚sinn- und sachverwandter Wörter' enthalten).

4) Austin geht aus von dem, was *wir* sagen würden, wenn, d.h. von Aussagen, die von jedermann akzeptierbar sind (Wittgenstein hatte in den ‚Philosophischen Untersuchungen' [*1953*, § 599] gesagt, die Philosophie stelle nur fest, „was jeder ihr zugibt"); oder in anderer Ausdrucksweise: Austin geht aus von Aussagen, die offensichtlich oder evidenterweise richtig sind. Nachdem er eine Reihe von Beispielen performativer Äußerungen angeführt hat („Ich taufe dieses Schiff auf den Namen ‚Queen Elizabeth'", „Ich wette einen Fünfziger, daß es morgen regnet" u.ä.), sagt Austin, keine der angeführten Äußerungen sei wahr oder falsch. Und er fährt fort: „Ich stelle das als offenkundig fest und begründe es nicht. Eine Begründung ist genauso unnötig wie dafür, daß ‚verflixt' weder wahr noch falsch ist." (*1972*, 27) – Das einzelne Beispiel ist demnach ein Fall, anhand dessen eine allgemeine Regel ‚intuitiv erschaut' wird. Man kann die Präsentation des Einzelfalls als eine Art Experiment ansehen und dann mit Worten des Phänomenologen Moritz Geiger sagen: Der einzelne Fall ist kein „die Wahrscheinlichkeit des gefundenen Satzes" erhöhendes „induktives Experiment", sondern ein „intuitives": ein Experiment, „das (ähnlich wie die Zeichnung in der Mathematik) nur die Aufgabe hat, die Tatbestände herauszustellen, an denen die allgemeine Gesetzmäßigkeit einsichtig werden kann" (*1913*, 5f.). – Was anhand des oben rekonstruierten Goldene-Uhr-Versprechens einsichtig werden kann oder vielmehr soll, ist

dies: Eine Äußerung kann in einer anderen Weise als der des Falsch-Seins verunglücken; sie kann nichtig sein.

2. *Austins ‚Intuitionismus'*

Weil der unter 4) angesprochene Punkt von großer methodologischer Wichtigkeit ist, versuche ich, ihn auf dem Weg der direkten wie der indirekten oder negativen Charakterisierung klarer zu machen:

1) Indem Austin sagt, was wir sagen würden, wenn, sagt er, was *er selbst* sagen würde, wenn. Er geht nicht induktiv vor, sondern intuitiv. – Der Sprachanalytiker hat die Regeln seiner Muttersprache im Verlauf seines Spracherwerbs internalisiert und kann sie, wenn er hinreichend geübt ist, bei Bedarf ‚intuitiv abrufen'. Dabei ist anzumerken, daß der Ausdruck „Intuition" hier nichts Geheimnisvolles hat: Wenn der Sprachanalytiker sagt, er wisse intuitiv, daß man in dieser Situation dies und dies sagen würde, dann heißt das soviel wie: Er weiß es einfach (vgl. Toulmin *1958*, 211), bzw. er *sieht* es einfach, weil er einen Blick für das ‚Verborgene' hat.[6] Searle hat den Sachverhalt klarer als Austin beschrieben: Wer Regeln des Sprechens formulieren möchte, ist „in der Lage dessen, der Schachspielen gelernt hat, ohne sich je die Regeln bewußt

---

[6] Austins ‚Intuitionismus' ist der Intuitionismus, wie er in der empiristischen Tradition, etwa in Humes Essay „Of the Standard of Taste", auf den Kunstkenner bezogen formuliert worden ist: Weil er das entsprechende ‚Auge' hat, erkennt der Kunstkenner schnell und scharf die verborgenen Schönheiten eines Kunstwerks. – Bei anderen sprachanalytischen Philosophen, die (wie Wittgenstein, s. Pitcher *1964 a*, 379f.) aus einer eher platonischen Tradition kommen, wird die Intuition in Analogie zum Sich-Erinnern gesehen (s. z.B. Wittgenstein *1953*, § 127).

gemacht zu haben, und der diese jetzt formulieren möchte" (*1971 a*, 85). So wie derjenige, der die Schachregeln formulieren möchte, nach den Bedingungen des richtigen Ziehens einer Schachfigur fragt, fragt derjenige, dessen Ziel die Formulierung von Regeln des Sprechens ist, welches die Bedingungen des korrekten Vollzugs eines bestimmten Sprechaktes sind. Was ich als Sprachanalytiker schließlich beschreibe, ist demnach „nicht das Verhalten einer Gruppe von Menschen, sondern Aspekte meiner Beherrschung einer regelgeleiteten Fähigkeit" (*1971 a*, 24).[7] An dieser Stelle drängt sich folgende Frage auf: Gibt es ein formales Kriterium, mit dessen Hilfe man eindeutig entscheiden kann, ob jemand eine Sprache beherrscht oder nicht? Antwort: Es gibt kein solches Kriterium; jedermann weiß, wie problematisch z. B. die Deutsch-Note des Abiturzeugnisses ist. Man wird sich deshalb mit folgender These begnügen müssen: So wie ich mein Leben lang Zeit habe, beim Schachspielen zu beweisen, daß ich Schach spielen kann (die Schachregeln kenne), habe ich auch mein Leben lang Zeit, zu beweisen, daß ich eine Sprache – in der Regel meine Muttersprache – beherrsche (vgl. Searle *1971 a*, 25 f.). Ein ‚Argument' aus diesem ‚lebenslangen Beweis' ist das Formulieren von Sätzen über Austin und seine Analyse des Sprechens.

2) Indem Austin sagt, was wir sagen würden, wenn, sagt er auch, was die *Mitglieder der Gruppe* sagen, mit der er

---

[7] Daß man als Sprachanalytiker die Regeln beschreibe, die man erlernt hat, ist ein ‚Topos' sprachanalytischen Philosophierens, den man in prägnanter Fassung etwa bei Ryle findet: „The philosopher, like other folk, has long since learned how to employ or handle it [sc. an expression], and what he is trying to describe is what he himself has learned." (*1953*, 310) – Über den sprachanalytischen ‚Regel'-Begriff s. bes. Kemmerling *1976*, 83 f., sowie Neumaier *1983*, 989 ff.

zusammenarbeitet. – In dieser Gruppe soll es (nach Darstellung Urmsons *1965*, 84) auch in Fällen eines anfänglichen „disagreement“ fast immer zum Konsens über die in Frage stehende Wortgebrauchsweise gekommen sein: Ein detailliertes ‚Ausmalen‘ einer Situation stellt sicher, daß von allen Gesprächsteilnehmern die gleiche Situation vorgestellt wird (vgl. Austin *1956*, 131 f.); und eine sorgfältige „discrimination“ der Ausdrücke führt in der Regel dazu, daß auf gleiche Phänomene auch die gleichen Ausdrücke angewandt werden. – Man könnte dies mit Hilfe des Goldene-Uhr-Versprechens folgendermaßen illustrieren: Es wäre nicht ausreichend, ein ‚verunglücktes‘ Versprechen so zu beschreiben: „Jemand, der nicht mehr im Besitz seiner Uhr ist, verspricht einem anderen, ihm seine Uhr zu schenken“ – denn diese Beschreibung könnte zu unterschiedlichen Qualifizierungen des betreffenden Sprechakts führen: Der eine könnte dieses Versprechen für unaufrichtig, der andere könnte es für nichtig halten. Die Hinzufügung, daß – in der vorgestellten Situation – der Sprecher den Verlust seiner Uhr noch nicht bemerkt und daß er tatsächlich die Absicht habe, seine Uhr dem Angesprochenen zu schenken, wird dazu führen, daß die ‚sprachanalytische‘ Aussage, dies Versprechen sei nichtig, aber nicht unaufrichtig, von allen Mitgliedern der Gruppe akzeptiert wird.

Nebenbei sei bemerkt, daß Austins Befragung von Mitgliedern seiner Arbeitsgruppe nicht bedeutet, daß die Aussagen, auf die man ‚sich einigt‘, empirische Aussagen über den Soziolekt einer Gruppe sind. „In Konfliktfällen wird das Urteil anderer eingeholt und zum Teil auch akzeptiert; jedoch wird das Urteil nicht als deren Annahme genommen, sondern als ein Urteil über das, was tatsächlich an Konventionen besteht.“ (Wunderlich *1974*, 23) Mit anderen Worten: Das, was die Mitglieder der betreffenden Gruppe sagen würden, wenn, manifestiert die Konventionen der betreffenden Einzelsprache, etwa *des Englischen*, auch wenn dies ein ‚kultiviertes Englisch' sein mag.

3) Indem Austin sagt, was wir sagen würden, wenn, sagt er nicht, was ‚wir alle' (der Mann von der Straße, Herr Meier und Herr Müller) sagen würden, wenn. Die Aussage des Sprachanalytikers, daß der, der etwas verspricht, einen zukünftigen Akt auszuführen verspricht, ist nicht durch die Generalisierung von Interview-Aussagen gewonnen. Sie ist Ausdruck einer Regel und keiner Regelmäßigkeit von maximaler statistischer Gültigkeit. Dementsprechend ist die Sprache, auf die sich der Sprachanalytiker stützt, *nicht* die tatsächlich gesprochene *Umgangssprache* mit ihren Ungrammatikalitäten, Unklarheiten usf.: Der „ordinary use" von Wörtern ist, wie Baier (*1952*, 50) betont, nicht „the use of the so-called ‚common' people". – Die Frage, was wir sagen würden, wenn, darf also nicht verstanden werden als Aufforderung zu einer Prognose über das tatsächliche Sprachverhalten der Mitglieder einer bestimmten Sprachgemeinschaft. – Cavell hat diesen Punkt prägnant formuliert: Der Sprachanalytiker „is not finally interested *at all* in how ‚other' people talk, but in determining where and why one wishes, or hestitates, to use a particular expression oneself" (*1965*, 251; vgl. *1962*, 146).

Exkurs:
Die ‚empiristische' Kritik
der intuitionistisch-sprachanalytischen Philosophie

Der ‚Intuitionismus' des Sprachanalytikers hat scharfe Kritik erfahren. Für Albert und Lenk sind die Aussagen des Sprachanalytikers in Wahrheit empirische Aussagen depravierter Art: Aussagen, die zustandegekommen sind auf amateurhafte oder dilettantische Weise (Albert *1961*, 49; Lenk *1967*, 194). Und für New sind die Aussagen des Sprachanalytikers in Wahrheit nicht deskriptiv, sondern präskriptiv (New *1966*, 70);[8] Austins Methode ist in News Augen „prinzipiell unzuverlässig" (76). Dementsprechend lautet die Folgerung, sprachanalytische Philosophen sollten die Werkzeuge der empirischen Linguistik einsetzen (vgl. Savigny *1969 a*, 437) und zur Ermittlung verbaler bzw. semantischer Unterschiede ein Vorgehen wählen, wie es etwa von den Kompilatoren des Oxford English Dictionary geübt worden sei (s. New *1966*, 73).[9]

---

[8] Daß viele Fälle vermeintlicher Analyse oder Beschreibung des gewöhnlichen Sprachgebrauchs in Wahrheit verkleidete Reformationen dieses Sprachgebrauchs seien, ist in der Kritik an der sprachanalytischen Philosophie häufig geäußert worden, u.a. bei Heath (*1952*, 196) und Maxwell/Feigl (*1961*, 489).

[9] Auf eine ganz anders geartete Kritik an der sprachanalytischen Philosophie sei wenigstens kurz hingewiesen: H. Marcuse trifft sich mit den Philosophen der ‚Gegenseite' in der Unterstellung, das Bezugssystem des sprachanalytischen Philosophen sei „die Mannigfaltigkeit des vorherrschenden Verhaltens" (*1964*, 185) bzw. „die Sprache, die der Mann auf der Straße wirklich spricht" (188). – Man könnte den Unterschied der beiden kritischen Positionen schlagwortartig so beschreiben: Für New, Albert und Lenk ist die sprachanalytische Philosophie nicht empirisch genug, für Marcuse ist sie gewissermaßen *zu* empirisch. (Aus Marcuses Vorwurf, daß sie ‚zu empirisch' sei, erwächst der weitere Vorwurf, sie sei affirmativ; die Sprachanalytiker nähmen eine Sprache hin, die in Wahrheit die Sprache der „Herren, Wohltäter und Werbetexter" sei [208]. Genau diese von Marcuse so genannte offizielle Sprache ist aber *nicht* die

Um diese Kritik zurückweisen zu können, knüpfe ich an die wichtigste der von New getroffenen Unterscheidungen an: Nach New gibt es Standardgebrauchsweisen von Wörtern, die man *„Postulate"* einer Sprache nennen könnte. „Wer behauptet, Deutsch zu sprechen, muß u. a. in der Lage sein, ...semantische Kontraste des ‚zufällig'-‚überlegt'-Typs zu unterscheiden." (*1966*, 75) Neben den Postulaten gibt es *„Optionen"* der Sprache: Unterschiede wie die zwischen „zufällig" und „unabsichtlich", die auch der, der behauptet, Deutsch zu sprechen, „nicht unbedingt... sofort" erkennen kann (ebd.). Gerade im Hinblick auf Optionen der Sprache gilt nach New: „Die Intuition mag Hypothesen liefern, doch nur empirische Daten werden diese bestätigen." (75)

1) Die *Postulate* einer Sprache sind für New „Verwendungsweisen, die jeder kompetente Sprecher dieser Sprache (etwa des Deutschen) unmittelbar erkennen wird" (74). New folgert aus dieser Hypothese, daß es für die Unterscheidung von Postulaten *„in der Praxis* ausreichen (mag), wenn wir uns auf unsere Intuition verlassen" (75). Damit ist meines Erachtens aber die Situation, in der sich der Sprachanalytiker befindet, wesentlich entschärft. Er kann nämlich darauf verweisen, daß viele Probleme der Philosophie unter Rekurs auf Postulate der Sprache gelöst werden können – etwa unter Rekurs auf die Sinnlosigkeit oder die Nichtigkeit oder die Mehrdeutigkeit einer Äußerung als auf *offensichtlich* unterschiedliche Weisen, in denen das Sprechen verunglücken kann.

2) Während es bei Postulaten der Sprache nicht nötig ist,

„ordinary language", von der Philosophen wie Austin ausgehen; s. u. S. 240.)

Methoden der empirischen Sprachwissenschaften in der Philosophie anzuwenden, ist es bei *Optionen* nicht möglich. Die Optionen einer Sprache (also Unterschiede wie der zwischen „zufällig“ und „unabsichtlich“) lassen sich durch die Betrachtung einer Vielzahl von Beispielen gerade *nicht* ausfindig machen. New gibt selbst zu, daß *nicht alle* Sprachbenutzer die ‚Optionen‘ ihrer Sprache vollständig beherrschen (75). – Wenn es um die Ermittlung der ‚feinen Unterschiede‘ oder Nuancen geht, gilt nicht das Majoritätsprinzip, sondern das Kriterium der ‚lebendigeren Phantasie‘ und das des ‚schärferen Blicks‘. – Nebenbei sei bemerkt, daß New sein eigenes ‚empiristisches‘ Programm nicht erfüllt: Seine Unterscheidung von „Option“ und „Postulat“ ist ihrerseits nicht induktiv, sondern intuitiv gewonnen. Ihre Richtigkeit wird weder durch „realisierte Texte“ belegt noch durch eine Befragung von „Leuten“ gestützt. Und schließlich sind die Begriffe „Option“ und „Postulat“ nicht operational definiert. Ob beispielsweise eine Unterscheidung wie die zwischen „zufällig“ und „unabsichtlich“ ein Postulat ist oder eine Option, erkennt man eben, wenn überhaupt, nur intuitiv und jedenfalls nicht aufgrund der Anwendung eines formalen Kriteriums, das New bereitstellen würde.

3) Im Sinne Austins könnte man gegen New folgendermaßen argumentieren: Der sprachanalytische Philosoph tut vielerlei, wenn er Sätze formuliert; und was er tut, glückt oder mißglückt auf je spezifische Weise. Seine Feststellungen können wahr oder falsch sein, seine Definitionen zweckmäßig oder nicht, seine Beschreibungen hinreichend oder nicht hinreichend detailliert; eine Analogie kann ‚an den Haaren herbeigezogen‘ oder zumindest ‚von etwas weit hergeholt‘ sein (was nicht heißt, daß sie falsch sein müßte), usf. (s. Strube *1980 a*, 76). Negativ gewendet:

Durchaus *nicht alle* Äußerungen des sprachanalytischen Philosophen *wollen* überhaupt empirische Aussagen sein (das Wort „empirisch" im Sinne einer naturwissenschaftlich orientierten empirischen Methodologie genommen); sie treten nicht mit dem Anspruch auf, ‚empirisch wahr oder falsch' zu sein.

3. Der Weg über die ‚Unglücksfälle', die sich beim Sprechen ereignen können

Für die Äußerung, die ich als Ausgangsbeispiel gewählt habe, ist charakteristisch, daß sie ‚verunglückt' ist: Das Versprechen, jemandem eine nicht mehr verfügbare Uhr zu schenken, ist *nichtig*. Wie in diesem Fall geht Austin auch sonst in seiner Sprachphilosophie fast immer von ‚Unglücksfällen' aus, die sich beim Sprechen ereignen können (das Wort „Unglücksfall" in einem so weiten Sinne genommen, daß es z.B. das Falsch-Sein einer Äußerung einschließt). – Folgende *Gründe* lassen den ‚Weg über die Unglücksfälle' in den Augen Austins und anderer sprachanalytischer Philosophen geraten erscheinen:

1) Auf dem Weg über die Unglücksfälle, die sich beim Sprechen ereignen können, kann man zu *sprachphilosophisch relevanten Unterscheidungen* kommen, z.B. zur Unterscheidung derjenigen Akte, die in ihrem Zusammenhang das Sprechen konstituieren: „Kriterien für die Unterschiede zwischen den abstrahierten ‚Akten' sind die möglichen Fehler zwischen Lipp' und Kelchesrand; in diesem Fall die verschiedenen Arten von Unsinn, die wir mit der Sprechhandlung hervorrufen können." (Austin *1972*, 162) – Daß der Weg über die Unglücksfälle bzw.

Regelverstöße überhaupt gangbar und daß er empfehlenswert ist, hat Hare so formuliert: „Den Unterschied zwischen verschiedenen Arten von Regeln kann man... am besten herausfinden, wenn man fragt, was bei den unterschiedlichen Ausdrücken als *Mißbrauch* zählen würde." (*1973 b*, 22) Vorausgesetzt wird dabei, daß „der Begriff ‚einer Regel folgen' logisch von dem Begriff *‚einen Fehler machen'* nicht zu trennen ist. Kann man von jemandem sagen, daß er einer Regel folgt, dann kann man auch fragen, ob er es richtig macht oder nicht." (Fann *1969 a*, 76)

2) Auf dem Weg über die Unglücksfälle, die sich beim Sprechen ereignen können, kann man *auf einfache Art* zur Unterscheidung der Akte gelangen, die in ihrer Gesamtheit einen bestimmten Sprechakt konstituieren: In Fällen ‚teilweisen' Verunglückens gewinnen die betreffenden Akte gewissermaßen Selbständigkeit. Auf unser Beispiel bezogen: *Einer* der Akte, nämlich die Referenz oder Bezugnahme auf die mittlerweile nicht mehr verfügbare goldene Uhr, ist *im Unterschied* zu den anderen Akten verunglückt, nämlich ‚leer', und erscheint eben dadurch von diesen anderen Akten isoliert. – Forguson hat die „consideration of cases in which one of the acts is ‚happy' while the other is not" (*1973*, 170) sehr gut erläutert: Während wir die Merkmale von Handlungen dann, wenn *alles* ‚glattgeht', leicht übersehen, werden Merkmale auffällig in den Fällen, in denen *etwas* schiefläuft. Was für Handlungen allgemein gilt, gilt a fortiori auch für sprachliche Handlungen: „Since speech acts are acts, we should expect this method to pay dividends in the present study as well." (166) Die Unterscheidung von lokutionärem und illokutionärem Akt beispielsweise „might go unnoticed in the normal successful speech act, where this distinction

can usually be made only at the level of abstraction, as a ‚distinction of reason'... It is only when meaning and force ‚come apart' that the normally (merely) abstract acts have a life of their own." (171)

3) Auf dem Weg über die Unglücksfälle, die sich beim alltäglichen Sprechen ereignen können, entdeckt man die sprachphilosophisch relevanten Unterschiede *unvoreingenommen*, d.h. unbeeinflußt von Theorien philosophischer oder linguistischer Art. Man kommt, wie Austin annimmt, „ohne Vorurteile an die Fakten heran" (s. Forguson *1969*, 50).

Um diese Annahme Austins verständlich zu machen, muß man sie in einen größeren Rahmen stellen: Selbst die Sprache des Alltags ist nach Austin oft schon „infected with the jargon of extinct theories" (*1956*, 130), weshalb man gewissermaßen abseitige, von der ‚philosophischen Zivilisation' noch nicht berührte Gebiete alltäglichen oder besser: normalsprachlichen Sprechens zur Untersuchung auswählen sollte. Austin erläutert das im „Plädoyer" anhand des Freiheitsproblems: Wer einen Beitrag zur Lösung dieses Problems leisten möchte, sollte nicht den Gebrauch der Substantive „Freiheit" und „Verantwortung" untersuchen, sondern den Gebrauch solcher Wörter wie „vorsätzlich", „absichtlich", „überlegt", „unwillkürlich" und „unfreiwillig"; oder vielmehr, da Wörter studiert werden müssen im Hinblick auf die Situationen, in denen sie vorkommen: Er sollte Situationen untersuchen, in denen jemand einen bewußten oder einen bedingten Vorsatz gesteht, sich rechtfertigt damit, daß er ‚höhere Gewalt' geltend macht, oder sich entschuldigt mit dem Hinweis auf seine Zerstreutheit. (Von hier aus wird verständlich, warum Austin so nachdrücklich für die Untersuchung von *Entschuldigungen* plädiert.) – Auf die anstehende sprachphilosophische Problematik müßte man das so übertragen: Wer die Struktur des Sprechens aufdecken möchte, sollte nicht oder jedenfalls nicht gleich zu Anfang Wörter wie „Sprachgebrauch" oder „sprachliche Kommunikation" untersuchen, sondern den Gebrauch von Wörtern wie „sinnlos", „unklar" und „nichtig" oder Dinge wie das oben rekonstruierte Versprechen: Er sollte fragen, was wir sagen würden, wenn jemand jemandem eine Uhr zu schenken verspräche, die er nicht mehr besitzt, usf. Kurz: Er sollte dasjenige Vokabular der „ordinary language" untersuchen, mit dessen Hilfe wir über das Sprechen reden und im besonderen über die Unglücksfälle, die sich beim Sprechen ereignen. – Der Ausdruck „ordinary language" schließt dabei einerseits die *philosophische* Sprache aus, deren Verwendung die „fresh examination of the facts" (Spiegelberg *1964*, 513, in Beziehung auf Austin) verstellt. „Ordinary" heißt in diesem Zusammenhang also soviel wie „nonphilosophical" (Urmson *1965*, 81 Anm.). Andererseits schließt der Ausdruck „ordinary language" nicht nur die *Alltagssprache* („every day language") ein, sondern auch die *Fachsprachen* z.B. der Psychologie und Jurisprudenz (s. Austin *1956*, 135f.): „Nichtigkeit (aus Mangel an Bezugsobjekten)" ist ja ein juristischer Ausdruck, der Austin offenbar gut geeignet zu sein scheint, für eine der möglichen Verunglückensweisen des Sprechens zu stehen. – Ich bemerke am Rande, daß nach dem oben Gesagten der Ausdruck „ordinary" in „ordinary language" ein typisches ‚excluder word' im Sinne Halls ist (vgl. *1959*, 69f.): Seine Bedeutung kovariiert mit dem Ausschluß anderer ‚Sprachen' (etwa der Umgangssprache, der metaphysisch-philosophischen Sprache, der Terminologie der formalen Logik, bestimmter Fachsprachen wie beispielsweise der Sprache der behavioristischen Psychologie, usf.).

Um Austins ‚Weg von unten' durch Kontrastierung zu konturieren, sei auf neuere deutsche Sprechakttheorien verwiesen, z.B. auf die von Habermas. Habermas ordnet Klassen von Sprechakten bestimmten „fundamentalen" philosophischen Unterscheidungen zu: die Konstativa der Unterscheidung von „Sein und Schein", die Repräsentativa der Unterscheidung von „Wesen und Erscheinung", usf. (Habermas/Luhmann *1971*, 113f.). Habermas gelangt so zwar zum Aufbau eines ‚Systems', aber um den Preis einer durch die ‚Hintergrund-Unterscheidungen' gefärbten und oft künstlich oder gequält wirkenden Beschreibung der Sprechaktklassen (zur Kritik an Habermas s. Beck *1980*, 134ff.). Im Hinblick auf Habermas' Sprechaktklassifikation zeigt sich, was Urmson im Sinne Austins so ausgedrückt hat: „Premature theorizing can blind us to the linguistic facts." (*1965*, 80) (Termini wie „Sein" und „Schein" müßten selbst erst einmal auf dem ‚Weg von unten' geklärt werden und dürften nicht sozusagen von vorneherein und wie selbstverständlich zur Unterscheidung von Sprechaktklassen gebraucht werden.)

Am Rande sei darauf hingewiesen, daß der Weg über die Unglücksfälle von sprachanalytischen Philosophen sehr häufig beschritten worden ist. Hier nur zwei Beispiele: a) Nach Strawson können *Sätze* – im Unterschied zu *Aussagen* – grammatisch fehlerhaft oder nicht richtig sein (*1949a*, 98), aber sie können nicht wahr oder falsch sein. Strawson verwendet dies Argument gegen Tarski, der von der Wahrheit von Sätzen geredet hatte. b) Nach Ryle können Leute einerseits ungrammatisch reden oder stilistisch schlecht; sie können andererseits aber auch Sätze formulieren, die einen Selbstwiderspruch enthalten und deshalb absurd sind. Diese unterschiedlichen Fehler führen auf den Unterschied von *Einzelsprache* („language") und *Sprache überhaupt* („speech"): „A mispronunciation or a wrong gender may be a bit of faulty French, but a selfcontradiction is not a fault-in-French.“ (*1961*, 410) Ryle gelangt demnach zu einer Unterscheidung, die für den ‚Universalitätsanspruch‘ der sprachanalytischen Philosophie von größter Wichtigkeit ist: Die sprachanalytische Philosophie expliziert nach Ryle die Regeln *der* Sprache („speech“) und nicht die Regeln von Einzelsprachen („languages“).

4. Die Einteilung der Unglücksfälle und die Fixierung ‚positiver‘ Unterschiede

Auf der letzten Etappe seines ‚sprachanalytisch-phänomenologischen Wegs‘ *verallgemeinert* Austin, was er im Hinblick auf einige ‚paradigmatische‘ Fälle verunglückten Sprechens erkannt hat: Äußerungen können falsch sein oder nichtig oder unehrlich usf. Er *teilt* diese Unglücksfälle *ein* (vgl. bes. *1972*, 38) und benutzt seine Einteilung dazu, eben diejenigen Unterschiede ausfindig zu machen, auf die es ihm sprachphilosophisch ankommt: die Unterschiede zwischen Äußerungstypen, -bedingungen und -dimensionen.

1) Auf dem Weg über unterschiedliche Unglücksfälle kommt Austin zur Unterscheidung von *Äußerungstypen: Konstatierende* Äußerungen sind – als Berichte z. B. über Handlungen – möglicherweise falsch oder unzutreffend. *Performative* Äußerungen hingegen können – als Handlungen – nicht falsch im Sinne von unzutreffend sein; sie glücken oder mißglücken.[10] „Ob ich mich erfolgreich

[10] Es ist bezeichnend, daß es Akte waren, „mit denen der Rechtswissenschaftler zu tun hat“ (*1972*, 39), die Austin zur Aufstellung seiner

entschuldige, hängt davon ab, ob meine performative Äußerung ‚Ich entschuldige mich' glückt. Auf diese Art können wir die Unterscheidung ‚performativ-konstativ' rechtfertigen – die Unterscheidung zwischen Tun und Sagen." (*1972*, 63) Als Austin später nicht mehr an so extremen Grenzfällen wie der Bitte um Entschuldigung und der bloßen Feststellung, die Katze sei auf der Matratze, orientiert ist (s. *1972*, 162), erkennt er: Etwas tun, indem man spricht, heißt meistens zugleich auch: über etwas sprechen. Austin ersetzt dementsprechend die Theorie der Äußerungstypen durch eine Theorie der Äußerungsdimensionen (vgl. Strube *1981 a*, 18ff.; Strube/Heyer *1983*, 5).

2) Auf dem Weg über unterschiedliche Unglücksfälle gelangt Austin auch zur Unterscheidung relevanter *Äußerungsbedingungen*. Ausgehend von der These, es gebe „more ways of outraging speech than contradiction merely" (*1962 a*, 48), ermittelt Austin die Bedingungen, die „erfüllt sein müssen, wenn die Äußerung glücken soll" (*1972*, 61). – Ich versuche, die unterschiedlichen Äußerungsbedingungen im Ausgang von Formen des miß-

---

Theorie der performativen Äußerung angestoßen haben (Strube/Heyer *1983*, 4f.). Sind bei bestimmten Rechtshandlungen – etwa bei der Übertragung von Eigentum oder bei der Eheschließung – bestimmte Konventionen nicht befolgt, liegt ein „Formfehler" vor; die Handlung ist nicht geglückt; sie ist z.B. null und nichtig. Und es ist bezeichnend, daß es der *Eid* war, auf den (nach Chisholm *1964*, 8) schon Peirce das Konzept der sprachlichen Handlung bezogen hat: „Taking an oath... is not merely saying, but is doing. The law, I believe, calls it an ‚act'." – Im vorliegenden Zusammenhang verdient auch die Tatsache einen Hinweis, daß schon Hume gesagt hat, Handlungen seien „nicht Abbilder, bei denen gefragt werden könnte, ob sie wahr oder falsch seien, d.h. mit ihren Originalen übereinstimmen oder nicht" (Traktat B. III, T. I, Abschn. 1, Hamburg 1973, 198).

glückten Versprechens herauszustellen: Wer etwas verspricht, verspricht möglicherweise ‚zu viel'. Zum geglückten Versprechen gehört demnach, daß der Sprecher begründet *voraussetzt*, er sei imstande, die versprochene Handlung auszuführen. – Wer etwas verspricht, gibt möglicherweise ein lügenhaftes Versprechen. Zum geglückten Versprechen gehört demnach die Aufrichtigkeit; der Sprecher *gibt zu verstehen*, daß er die Absicht zur Ausführung der betreffenden Handlung ‚tatsächlich' hat. – Wer etwas verspricht, hat möglicherweise durchaus die Absicht, die versprochene Handlung auszuführen, führt sie dann aber nicht aus, weil er z.B. inzwischen ‚umgedacht' hat; er ist „inkonsequent" (vgl. *1972*, 70). Zum geglückten Versprechen gehört also, daß man die versprochene Handlung tatsächlich ausführt. Wer etwas verspricht, legt sich darauf fest – oder auch: seine Äußerung *beinhaltet* oder *schließt ein* –, daß er sein Versprechen hält. (Im Originaltext sind diese Unterschiede unter den Titeln „Presupposes", „Implies" und „Entails" gefaßt, s. *1962 a*, 47ff.)

3) Auf dem Weg über die Unglücksfälle – und unter Voraussetzung der These, daß Äußerungen „in ganz verschiedenen Dimensionen in Unordnung sein können" (*1972*, 41) – gelangt Austin schließlich auch zu seiner wichtigsten sprachphilosophischen Unterscheidung, nämlich der Unterscheidung von *Äußerungsdimensionen oder -akten*: Einer, der spricht, formuliert möglicherweise einen sinnlosen Satz. Sinnlosigkeit ist ein typischer Fehler des *phatischen* Akts. – Oder er äußert sich so, daß man nicht genau weiß, auf welchen Gegenstand er sich bezieht und was er darüber sagt. Solche Unklarheit ist ein typischer Fehler des *rhetischen* Akts (vgl. *1972*, 113). – Oder ein Sprecher macht möglicherweise nicht deutlich, welche

‚Rolle' seine Äußerung spielen soll: ob die des Versprechens, der bloßen Absichtserklärung oder der Vorhersage. Diese ‚Rollen'-Mehrdeutigkeit ist ein typischer Fehler des illokutionären Akts (vgl. *1972*, 129 Anm.; vgl. auch Thau, der *1971* in seinem Aufsatz „Illocutionary Breakdowns" Austins Unterscheidungen – auf ganz konsequent beschrittenem Weg über die Unglücksfälle – verteidigt).

Ich möchte versuchen, auch diese letzte Etappe des Austinschen Wegs mit Hilfe von Austins Programm der „linguistic phenomenology" klarer zu machen.

5. „Ordinary language is not the last word"

Der Blick auf den Weg, den Austin in seiner Sprachphilosophie zurücklegt, zeigt, daß die Frage, was wir sagen würden, wenn, *am Anfang* steht. *Am Ende* steht die Frage, was wir sagen sollten – oder eher noch: was wir sagen müssen –, wenn wir die für das Sprechen signifikanten „Unterschiede und Zusammenhänge" (vgl. *1961*, 130) fixieren wollen. – Ich erläutere diesen Sachverhalt, indem ich einige Bemerkungen zu Austins These mache, daß die Alltagssprache nicht das letzte Wort habe (*1956*, 133: „Ordinary language is *not* the last word").

1) Um die Struktur des Sprechens – oder des Handelns oder welcher Dinge auch immer – ans Licht zu bringen, bedient sich Austin der sprachlichen Unterschiede als eines *heuristischen* Mittels: „Language... is studied for what it can reveal, indirectly, about reality, not for its own sake." (Gill *1973*, 540) Sprachliche Unterschiede repräsentieren sachliche Unterschiede; sie weisen in gewissem Sinne auf solche hin. – Genauer besehen, sind es *verbale* Unterschiede (Unterschiede zwischen Wörtern bzw.

Wendungen), von denen Austin ausgeht, und nicht z.B. syntaktische (Unterschiede etwa zwischen Satzbautypen). Urmson (*1965*, 78) redet von Austins „resources of language, both idiom and vocabulary“.

2) Es geht Austin letzten Endes nicht um Wörter und Wendungen, die man alltagssprachlich gebraucht, sondern um die verschiedenen „Dinge, die man mit Worten tun kann“. Vor allem infolge dieser Zielsetzung dürfte Austin den Ausdruck „linguistic phenomenology“ zur Bezeichnung seines Vorgehens gewählt haben: Er wollte deutlich anzeigen, daß der Vorwurf verfehlt sei, die sprachanalytische Philosophie habe es *nur mit Sprache* zu tun; sie sei kein ontologisches Unternehmen oder dergleichen, sondern ein philologisches oder linguistisches.

3) Daß die Alltagssprache nicht das letzte Wort habe, heißt auch: „Fact is richer than diction.“ (Austin *1956*, 143) – Weil die Menschen früherer Generationen die Wirklichkeit mangels entsprechender technischer Geräte nicht scharf genug gesehen und weil sie sie überdies nicht vorurteilsfrei und leidenschaftslos betrachtet haben (vgl. 151) –, zeigt die Alltagssprache auch Inadäquatheiten und Willkür („inadequacies and arbitrariness“: 130). Eben deshalb muß man im Bedarfsfall ‚neue‘ Unterscheidungen „arrangieren“ (vgl. 133). – Für Austin war im Hinblick auf die Struktur des Sprechens ein solcher Bedarfsfall offensichtlich gegeben: Austin hat neue Unterscheidungen eingeführt („Lokution“, „Illokution“, „Perlokution“) und schon durch die Art der Neologismen-Bildung neue Zusammenhänge gestiftet (wer spricht, tut vielerlei: Er sagt etwas; er tut etwas, *indem* er etwas sagt; und er bewirkt etwas *dadurch, daß* er etwas sagt).

Es ist deshalb falsch, davon zu reden, daß der „linguistische Phänomenalismus“ Austins nach „Begründungen für den sakrosankt gewordenen gewöhnlichen Sprachgebrauch“ suche (Lorenz *1971*, 19) – ganz abgesehen davon, daß die Übersetzung von „phenomenology“ durch „Phänomenalismus“ ein grober philosophischer Schnitzer ist. Für die sprachanalytischen Philosophen von der Art Austins ist der gewöhnliche Sprachgebrauch keineswegs sakrosankt. „We are not, as has been often suggested, uncritical worshippers of common speech“, heißt es bei Hare (*1959*, 50).

4) Daß die Alltagssprache nicht das letzte Wort habe, heißt schließlich auch, daß die Ergebnisse sprachanalytisch-phänomenologischen Philosophierens nicht einzelsprachlich relativ bzw. ethnozentrisch beschränkt sind. Da die Sprache als heuristisches Mittel zum Auffinden *sachlicher* Unterschiede fungieren kann, ist dem Analytiker *jede* Unterscheidung willkommen, die eine Sprache – welche auch immer – im fraglichen Falle anbietet: „Any set of fine discriminations may be of interest“, heißt es bei Urmson, der bei der Formulierung dieses Satzes vor allem alte griechische Unterscheidungen vor Augen hat; und nach Hare kann die Kenntnis anderer Sprachen wichtige Anreize zur Untersuchung bieten (vgl. *1959*, 52).

6. *Kritische Würdigung der Analyse Austins*

Zum Schluß möchte ich Austins sprachanalytisch-phänomenologische Analyse des Sprechens kurz auf die Sprachphilosophie der logischen Positivisten, Wittgensteins und Searles beziehen und sie damit zugleich einer bestimmten ‚Stufe‘ in der Entwicklung der analytischen Sprachphilosophie zuordnen:

1) Die *logischen Positivisten* hatten unter Anwendung des empiristischen Sinnkriteriums (s.o. Teil A, III, 5) zwei Arten von Sätzen unterschieden, nämlich deskriptive und emotive (oder normative) Sätze; erstere konnten für sie sinnvolle Sätze sein, letztere nicht. Von Austins Sprachphilosophie aus gesehen hat diese Konzeption zumindest die folgenden beiden Fehler: a) Im Lichte der These, daß man *vielerlei* tut, wenn man spricht, erscheint die ‚Deskriptiv-emotiv'-Unterscheidung als „Übersimplifizierung", die einer „deeply ingrained Worship of tidy-looking dichotomies" (Austin *1962 b*, 3) entsprungen ist. In Wirklichkeit gibt es eine Vielzahl von Äußerungen, die weder deskriptiv noch emotiv in dem von den logischen Positivisten bestimmten engen Sinne sind: Zum Beispiel besagen moralische Urteile nicht einfach, „daß etwas eine gewisse Eigenschaft besitzt oder nicht. Andererseits sind sie mehr als nur der Ausdruck von Emotionen, Wünschen, Entscheidungen oder Einstellungen. Sie enthalten Bewertungen, Anordnungen, Empfehlungen, Anleitungen, Ratschläge usw." (Frankena *1963*, 129) b) Im Lichte der These, daß viele von den logischen Positivisten als sinnlos qualifizierte Äußerungen in Wirklichkeit performative Äußerungen sind, ist den logischen Positivisten eine ‚descriptive fallacy' anzukreiden: Sie haben z.B. die Werturteile als Äußerungen betrachtet, die deskriptiv sein *wollen*, ohne es sein zu können (s.u. Kap. III.). – Nebenbei sei bemerkt, daß man bisher – und gerade auch im logischen Positivismus – Konfusionen besonders auf semantischer und syntaktischer Ebene entdeckt hatte (wie die durch Ryle berühmt gewordenen ‚Kategorienfehler': s.o. Teil A, V, 1 c) und daß man nun – mit Austin – Konfusionen ganz anderer Art dingfest machen kann wie die besagte (und mittlerweile nicht weniger berühmte) ‚descriptive fallacy'.

2) Schon *Wittgenstein* war in seiner späteren Philosophie über die ‚abstrakte' Trennung von deskriptiven und emotiven Sätzen hinausgegangen zu einer differenzierten Betrachtung des Sprachgebrauchs. Er hat deshalb solche Fehler wie die, derer die logischen Positivisten soeben bezichtigt wurden, nicht begangen. Mit dem Begriff „Gebrauch" hat er allerdings einen Begriff eingeführt, der nicht viel weniger mehrdeutig ist als der Begriff „Bedeutung", zu dessen Klärung er dienen soll (vgl. Austin *1972*, 114, 118, sowie Searle *1971 a*, 221: „Als Instrument der Analyse ist der Begriff des Gebrauchs zu vage"). Austin hat die Vagheit und Vieldeutigkeit der Wendung „Gebrauch der Sprache" deutlich gesehen; er hat gesehen, daß „die beiden Ausdrücke ‚Bedeutung' und ‚Gebrauch eines Satzes' den Unterschied von lokutionären und illokutionären Akten verwischen können" (*1972*, 118). Und er hat deshalb den Begriff „Gebrauch der Sprache" gesprengt: Wer spricht, tut vielerlei; unter anderem vollzieht er eben einen lokutionären und einen illokutionären Akt.[11] – Austin hat solche ‚Sprengungen' und Präzisierungen vollzogen, um „Kompliziertes einfach um seiner selbst willen zu entwirren und zu ordnen" (Strawson *1954*, 66, über die Oxford-Philosophie; ähnlich Warnock *1956*, 115); in zweiter Linie erst ging es Austin darum, die Philosophie von bestimmten Problemen zu befreien. – Signifikantestes ‚Symptom' ist in diesem Zusammenhang die Klassifika-

[11] Die ‚Vielfalt' des Sprechens war schon lange vor Austin bekannt. Schon Aristoteles hat (nach Bühler *1927*, 61) „genau gesehen, daß nicht jede ‚Rede' ein Urteil ist, nicht jeder Sprachsinn dem Kriterium von wahr und falsch untersteht" (vgl. bes. Aristoteles, De interpretatione, 17 a 1–8). – Der von Austin herausgearbeiteten Mehrdimensionalität des Sprechens entspricht Bühlers ‚Multifunktionalität' des Sprechens. Beck *(1980)* hat in einem Buch mit dem bezeichnenden Titel „Sprechakte und Sprachfunktionen" Austins und Bühlers Konzept aufeinander bezogen.

tion von Sprechaktverben, die Austin am Ende seiner Vorlesungsreihe „How to do things with Words" präsentiert und die ihn in Cerfs Augen als den „Linnaeus of speech acts" (*1969*, 352) erscheinen lassen.

Ich bemerke am Rande, daß man aus der Perspektive eines Wittgensteinianers Austins ‚Fortschritt auf eine ausgearbeitete Theorie der Sprache hin' geradezu für einen Nachteil halten muß. Wittgenstein hatte ja bewußt auf *jede* Theoretisierung verzichtet; für ihn stand fest, „daß Theoretisieren in der Philosophie Verfälschen heißt" (Pears *1971*, 39). Anders als für Austin und Searle (der meint, es gebe „nur sehr wenige grundlegende Sachen, die man mit Sprache machen kann": *1982*, 50), gibt es für Wittgenstein „unzählige verschiedene Arten der Verwendung alles dessen, was wir ‚Zeichen', ‚Worte', ‚Sätze' nennen" (*1953*, § 23) – Verwendungsweisen, die sich „in kein Einteilungssystem zwingen" lassen (Pears *1971*, 40). Im übrigen ist auch an anderen – weiter oben angesprochenen – Punkten die Differenz zwischen Austin und Wittgenstein deutlich: Während für Austin die Sprache gewissermaßen in der Wirklichkeit gründet (verbale Unterschiede repräsentieren sachliche Unterschiede mehr oder weniger genau) ist für Wittgenstein „die Grammatik keiner Wirklichkeit Rechenschaft schuldig" (*1930–1933*, 184). Und während für Austin die Sprache auch Inadäquatheit und Willkür zeigt – und deshalb „nicht das letzte Wort hat" –, gilt für Wittgenstein: „Die gewöhnliche Sprache ist völlig in Ordnung." (*1933/1934*, 52) Von Seiten der ‚Wittgensteinianer' ist denn auch scharfe Kritik an wichtigen Thesen Austins geübt worden (s. Arrington *1975*).

3) Sieht man Austin von *Searle* her, erkennt man, daß Searles an die Adresse der Philosophen vor allem der

fünfziger Jahre gerichteter Vorwurf, man habe nur ad-hoc-Methoden gehabt und keine ,richtige' Theorie aufgestellt (vgl. *1971 a*, 199), in gewissem Maße auch Austin trifft. Austins Beachtung und Untersuchung der Unglücksfälle führt zwar zu wichtigen sprachphilosophischen Unterscheidungen, aber sie ist bei weitem keine so systematisch und ,handfest' anwendbare Methode wie Searles Methode der Komponentenvariation (s.u. IV, 1). Und Austins Prinzip, Sprechen sei Handeln, wirkt ziemlich unbestimmt, wenn man es mißt an Searles Prinzip, daß Sprechen eine Form regelgeleiteten intentionalen Verhaltens sei. – Austins Sprachphilosophie ist, könnte man sagen, ambivalent: Einerseits wird in ihr die Struktur des Sprechens differenzierter gesehen, als das bis dahin der Fall war; andererseits wird sie aber nicht systematisch genug gefaßt. Im Hinblick auf Austins Klassifizierung der Sprechaktverben wird diese Ambivalenz meines Erachtens am deutlichsten: Einerseits muß man (mit Searle) hervorheben, daß *jeder* Versuch der Erstellung einer Taxonomie von Sprechakten „Austins Klassifikation... berücksichtigen" muß (Searle *1982*, 17); andererseits muß man aber (ebenfalls mit Searle) feststellen, daß in Austins Taxonomie ein „klares und durchgängiges Klassifikationsprinzip" fehlt (28).

III. Strawson und die performative Analyse des Wahrheitsbegriffs

Wer wissen will, was ein Wort bedeutet, muß – nach Wittgenstein – danach fragen, wie es gebraucht wird. Die Frage, wie ein Wort gebraucht werde, ist allerdings – wie wir spätestens seit Austin wissen (s.o. II, 6) – eine vieldeutige Frage und deshalb zu spezifizieren. *Eine* der Spezifizierungen dieser Frage war die Frage Sibleys: Wird das betreffende Wort aufgrund notwendiger und/oder hinreichender Bedingungen gebraucht oder aufgrund von Bedingungen, die ‚lockerer' sind? Eine *andere* Spezifizierung der Frage ist diese: Zu welchem Zweck, und das heißt zum Vollzug welcher performativen Äußerung wird das betreffende Wort gebraucht?

Auf die moralischen und ästhetischen Wertwörter bezogen ist diese zweite Frage in den Jahren um 1950 häufig gestellt worden. Warum das so ist, läßt sich historisch erklären: Die logischen Positivisten hatten zur „Überwindung der Metaphysik" das empiristische Sinnkriterium eingeführt und danach sagen müssen: Moralische und ästhetische Wertwörter sind nur dann sinnvoll, wenn sie deskriptiv bzw. durch empirische oder ‚natürliche' Kennzeichen definiert sind. Wenn sie nicht deskriptiv sind, sind sie sinnlos und, logisch gesehen, redundant; sie können dann nur der Ausdruck eines Gefühls sein. Carnap hat genau diese Alternative formuliert (*1931 a*, *237*f.); und unter den Titeln „Naturalismus" und „Emotivismus" sind die alternativen Deutungen der Wertwörter und Werturteile ausgearbeitet worden.

Austin hat sich gegen *beide* Positionen der Werturteilsdeutung gestellt. Er war, wie die erste Vorlesung seiner 1955 gehaltenen Vorlesungsreihe „How to do things with Words“ ausweist, zumal mit der emotivistischen ‚Eliminierung‘ der Werturteile nicht einverstanden (vgl. auch *1961*, 221; ähnlich Searle *1971 a*, 79). In performativen Äußerungen wie dem Empfehlen oder dem Einstufungsurteil hat Austin eine Art von Äußerungen entdeckt, die offensichtlich sinnvoll sind, *ohne* deskriptiv zu sein. Oder mit anderen Worten: Austin hat mit der Präsentation der performativen Äußerung deutlich gemacht, daß die auf der Basis des logischen Positivismus kreierte Alternative von Naturalismus und Emotivismus nicht erschöpfend ist. – Austin hat im übrigen selbst darauf hingewiesen, daß die Philosophen neuerdings untersuchten, wie und *wozu* wir das Wort ‚gut‘ gebrauchen (vgl. *1962 a*, 162).

Eine analoge Entwicklung kann auf das Wort „wahr“ bezogen rekonstruiert werden, wenn man – im Sinne Strawsons – voraussetzt, das Wort „wahr“ sei ein „kognitional bewertender Begriff“ (Glassen *1959*, 148) bzw. ein epistemisches Wertwort:[12] Die im logischen Positivismus hinsichtlich der moralischen und ästhetischen Wertwörter postulierte Alternative „deskriptiv *oder* sinnlos“ wäre danach auf die Analyse des Wortes „wahr“ so übertragbar: Entweder ist die Aussage „Das ist wahr“ eine sinnvolle Aussage; als solche ist sie dann deskriptiv, nämlich eine Aussage – eine Meta-Aussage – über eine Aussage oder einen Satz (s. die semantische Wahrheitstheorie Tarskis

---

[12] Am prägnantesten hat A. White in seinem Aufsatz „Truth as Appraisal“ *(1957)* die Auffassung vertreten, „wahr“ sei ein Wertungs- bzw. ein Einstufungsausdruck. (Je nachdem, ob man eine empirische Aussage, ein moralisches Urteil oder einen mathematischen Satz ‚wahr‘ nennt, ist der deskriptive Gehalt von „wahr“ – oder der Grund, aus dem ich etwas als hoch einstufe – ein anderer. Siehe *1957*, 318, 323.)

1933; *1944*). Oder die Aussage „Das ist wahr" ist nicht deskriptiv und deshalb sinnlos; sie ist nur der Ausdruck eines bestimmten Stilgefühls oder einer Emotion (s. die Redundanztheorie Ramseys *1927*, und Ayers *1936*). – Strawson stellt sich gegen *beide* Positionen der Deutung von „Das ist wahr". Er führt das epistemische Werturteil aus der leidigen Alternative ‚deskriptiv oder emotiv' heraus, indem er es als performative Äußerung klassifiziert. – Ebenso wie in den entsprechenden Analysen der Begriffe des Guten und Schönen dient in der Analyse des Wahrheitsbegriffs der Rückgang auf die *Äußerung* des betreffenden Satzes und deren Deutung als performativ dazu, die „descriptive fallacy" oder das „deskriptive Mißverständnis" zu vermeiden, d.h. zu verhindern, daß die Wertäußerung „Das ist wahr" über den Leisten der Eigenschaftszuschreibung geschlagen und dann entweder selbst als deskriptiv oder aber als sinnlos deklariert wird.

Strawson hat seine performative Theorie der Wahrheit erstmals 1949 – in einem Aufsatz mit dem Titel „Truth" *(1949 a)* – entwickelt. 1950 hat Strawson unter dem gleichen Titel einen zweiten Aufsatz veröffentlicht *(1950 a)*, in dem die performative These abgeschwächt ist. Strawson spricht jetzt von seiner früheren Neigung zur Überbetonung des performativen Charakters der Verwendung des Wortes „wahr" (s. *1950 a*, 48). Im folgenden wende ich mich dem Aufsatz *1949 a* zu, weil er für performative Analysen exemplarisch ist. – Drei Analyseschritte sind in diesem Aufsatz unterscheidbar:

1. *Strawsons Auseinandersetzung mit der Redundanztheorie und der semantischen Theorie der Wahrheit*

Der erste Schritt ist historisch orientiert: Strawson gewinnt seine ,wahrheitstheoretische These' in Auseinandersetzung mit der These der Redundanztheorie sowie der semantischen Theorie der Wahrheit. Strawsons Argumentation läßt sich folgendermaßen rekonstruieren:

Die These I oder die These der Redundanztheorie der Wahrheit lautet: Wenn man sagt, daß eine Aussage wahr sei, macht man über die Aussage, deren Wahrheit man prädiziert, keine neue Aussage. – Richtig an dieser These ist, daß man keine neue Aussage macht. Die These ist allerdings unangemessen: Sie unterschlägt, daß man etwas Zusätzliches tut (z.B. bestätigt).

Die These II oder die These der semantischen Wahrheitstheorie lautet: Wenn man sagt, daß ein Satz wahr sei, macht man eine neue (metasprachliche) Aussage über einen (objektsprachlichen) Satz. – Richtig an dieser These ist, daß man etwas Zusätzliches tut, wenn man einen Satz ,wahr' nennt. Falsch aber ist diese These insofern, als man in diesem Fall *keine* neue (metasprachliche) Aussage macht (vgl. *1949 a*, 97).[13]

[13] Strawson hält Tarskis Wahrheitstheorie für richtig, soweit sie den logischen oder ,technischen' Gebrauch des Wortes „wahr" präzisiert (s. *1949 a*, 96). Tarskis Wahrheitstheorie ist falsch, wenn sie beansprucht, auch den alltagssprachlichen Gebrauch von „wahr" zu ,treffen'. (Tarski hat diesen Anspruch erhoben, s. *1933*, *279*f., und *1944*, 167.) – Die ,Logik' des Wortes „wahr" ist viel komplizierter, als Tarski meint. Den Gewinn an Exaktheit bezahlt Tarski mit dem Preis der Inadäquatheit bzw. mit dem „price of divorce from the conceptual realities of common speech" (Strawson *1956*, 104). In einem Beitrag zu „Carnap's Views on Constructed Systems versus Natural Languages in Analytic Philosophy" stellt Strawson generell fest, „that the concepts used in non-scientific

Strawson begreift seine eigene These als Modifikation der These I und nennt sie dementsprechend ‚These IA‘:

Wenn man sagt, daß eine Aussage wahr sei, macht man keine neue (metasprachliche) Aussage über eine (objektsprachliche) Aussage, und sofern man überhaupt eine Aussage macht, macht man die gleiche (objektsprachliche) Aussage wie der, dessen Aussage man ‚wahr‘ nennt (vgl. *1949 a*, 104).

Wie man sieht, isoliert Strawson, was an den Thesen seiner Vorgänger falsch und was richtig an ihnen ist; er gewinnt seine eigene These IA durch Kombination der ‚richtigen Teile‘ der Vorgänger-Thesen. – In etwas anderer Charakterisierung: Strawson kritisiert historisch relevante Wahrheitstheorien und macht zugleich einen ersten Schritt in Richtung auf seine eigene performative Analyse: Wer „Das ist wahr“ sagt, *tut* etwas. – Was im besonderen er tut, ist in weiteren Analyseschritten zu klären.

2. *Die Bildung einer ‚neuen Analogie‘*

Strawson will die Struktur dessen, was man tut, wenn man „Das ist wahr“ sagt, im folgenden dadurch erhellen, daß er „Das ist wahr“ mit „Ja“ und „Dito“ vergleicht. – Seine Argumentation läßt sich so rekonstruieren:

a) Jemand, der „Ja“ sagt, braucht für seine Äußerung einen „sprachlichen Anlaß“ (105), nämlich das Stellen einer Entscheidungsfrage. Analog braucht, wer „Das ist wahr“ sagt, einen sprachlichen Anlaß, nämlich die Formulierung einer Aussage. b) Jemand, der „Ja“ sagt, stellt

---

kinds of discourse could not literally be replaced by scientific concepts serving just the same purposes“ (*1963*, 505).

keine ‚neue Behauptung' auf; sofern er überhaupt (implizit) etwas behauptet, gleicht der Inhalt seiner Behauptung dem Inhalt der Frage, die er mit „Ja" beantwortet. Analog stellt derjenige, der „Das ist wahr" sagt, keine neue Behauptung auf; sofern er überhaupt etwas behauptet, gleicht der Inhalt seiner Behauptung dem Inhalt der Aussage, die er ‚wahr' nennt. c) Jemand, der „Ja" sagt, redet nicht über die betreffende Frage, sondern beantwortet sie. (Über die Frage würde einer reden, der sagte „Die Frage ist unklar" oder „stilistisch nicht in Ordnung".) Analog redet derjenige, der „Das ist wahr" sagt, nicht über eine Aussage, sondern er pflichtet ihr bei, bestätigt sie und dergleichen (106). Er vollzieht *sprachliche* Tätigkeiten.

Für Strawsons Argumentation ist charakteristisch, daß er die Wendung „ist wahr" in eine Analogie hineinstellt, in der sie bis dahin noch keinmal gestanden hatte: in die Analogie mit „Ja" und „Dito". Er tut dies offensichtlich deshalb, weil mit „Ja" und „Dito" Fälle gegeben sind, die in den Hinsichten, auf die es ihm ankommt, eindeutig sind – etwa in dieser Hinsicht: Daß man mit der Äußerung von „Ja" eine Frage beantwortet und nicht über sie spricht, ist evident. Der problematische Fall („wahr") soll im Lichte des klaren und unproblematischen Falls („Ja") gesehen werden. – Die Vertreter der semantischen Wahrheitstheorie haben das Wort „wahr" als ‚semantisches Prädikat' aufgefaßt (s. Strawson *1949 a*, 99), weil sie dies Wort in Analogie zu Eigenschaftswörtern wie „rot" oder „braun" gesehen haben (vgl. Austin *1950*, 30; Franzen *1982*, 106). Dadurch, daß Strawson mit „Ja" und „Dito" Wörter verwendet, die für die Eigenschaft einer Aussage oder eines Satzes schlechterdings nicht stehen können, schließt er die Möglichkeit der „descriptive fallacy" aus: Für die Annahme, man spreche mit „Dito" über einen Satz, fehlt nach Strawson jedes Motiv; es fehlt vor allem deshalb,

„weil der Ausdruck ‚Dito' nicht aus einem grammatischen Subjekt und Prädikat besteht" (*1949 a*, 106). – Mit der Zerstörung der alten und der Bildung einer neuen Analogie wird, wie man aus der Perspektive der ‚therapeutischen Sprachanalyse' sagen könnte, folgende Aussage Waismanns bestätigt: „So wie Analogien philosophische Probleme entstehen lassen, so bringen Analogien philosophische Probleme wieder zum Verschwinden." (*1976*, 104)

In einer Randbemerkung möchte ich darauf hinweisen, daß die ‚neue Analogie' *jeweils* der These entspricht, die sie illustrieren und stützen soll: Die zur performativen Wahrheitstheorie bestens passende Analogie von „Das ist wahr" und „Ja" wird von Strawsons Gegenspieler Austin verworfen zugunsten der Analogie von „wahr" und „übertrieben", „hinreichend detailliert" oder „zu allgemein". Und eben *diese* neue Analogie paßt zu Austins modifizierter Korrespondenztheorie der Wahrheit und zu der These, „wahr" sei ein Wort, mit dessen Hilfe das Verhältnis zwischen Aussage und ‚historischem Sachverhalt' beurteilt werde (vgl. *1950*, 28).

3. Die performative Analyse

Bisher wurde dargetan, daß man mit Hilfe der Äußerung von „Das ist wahr" bestätigt, beipflichtet und ähnliches mehr. Welch eigentümlich ‚performative' Struktur solche Vollzüge haben, wird anhand des Beispiels einer Bestätigungs-Äußerung in einem dritten Analyseschritt aufgedeckt:

Die Aussage „Was der Schutzmann sagte, ist wahr" lautet nach ‚vollständiger Analyse': „Der Schutzmann machte eine Aussage. Ich bestätige sie." Derjenige, der

„Was der Schutzmann sagte, ist wahr" sagt, macht also implizit eine Meta-Aussage über die Existenz einer Aussage. Und zugleich bestätigt er diese Aussage. Indem er die Aussage bestätigt, beschreibt er nicht etwas, das er tut, sondern tut es (vgl. *1949 a*, 110f.).

Diese Analyse läßt die gleichen charakteristischen Züge heraustreten, die schon oben – im Vergleich von „Das ist wahr" mit „Ja" und „Dito" – skizziert wurden, spezifiziert aber zugleich auch einige dieser Züge:

1) Die Äußerung von „ist wahr" braucht einen ‚sprachlichen Anlaß'. Dieser Anlaß ist im Falle des Schutzmann-Beispiels mit der Aussage des Schutzmanns gegeben, deren ‚Existenz' in dem Satzteil „Was der Schutzmann sagte" präsupponiert ist (vgl. Strawson *1949 a*, 110: „implizite Meta-Aussage" oder „implizite Meta-Behauptung der Existenz").

2) Wer sagt, daß die Aussage des Schutzmanns wahr sei, informiert nicht über das, was der Schutzmann sagte. Sofern er überhaupt etwas behauptet, ist seine Behauptung mit der des Schutzmanns identisch. Denn: Anstatt zu sagen „Was der Schutzmann sagte, ist wahr", „hätte ich den Bericht des Schutzmanns *wiederholen* können. Dann würde man sagen, ich hätte *bestätigt*, was der Schutzmann behauptete." (109f.) – Man kann einen Bericht also auf zwei Weisen bestätigen: indem man ihn wiederholt oder indem man „Das ist wahr" sagt. „Das ist wahr" zu sagen ist gewissermaßen bloß die ökonomisch sinnvolle Form der Bestätigung, nämlich „ein Hilfsmittel zur Bestätigung des Berichts, ohne ihn wiederzuerzählen" (110).

3) Mit der Äußerung von „ist wahr" wird eine Handlung vollzogen, genauer: es wird eine Aussage bestätigt. Diese

Komponente ist in der „vollständigen Analyse" Strawsons isoliert und in einer Formulierung zum Ausdruck gebracht, die die ‚Normalform' (1. Person Singular Praesens Indikativ Aktiv) explizit performativer Äußerungen darstellt (vgl. Austin *1962 a*, 62f.). – Berücksichtigt man die Tatsache, daß man mit der Äußerung von „Das ist wahr" *unterschiedliche* performative Äußerungen vollziehen, beispielsweise jemandes Meinung beipflichten, aber auch eine Aussage bestätigen kann, bringt die explizit performative Formulierung eine Desambiguierung der ursprünglichen Äußerung hinsichtlich ihrer ‚illokutionären Kraft' oder ‚Rolle' mit sich und ist mithin eine Verbesserung („improvement"; Hare *1971 a*, 112) dieser Äußerung.

4. Strawsons Analyse im Vergleich mit der ‚klassischen logischen Analyse' Russells

Strawsons Analyse des Satzes „Was der Schutzmann sagte, ist wahr" steht teilweise in der Tradition der von Urmson (*1962*, 299) so genannten klassischen logischen Analyse, deren bekanntestes Paradigma Russells Theorie der bestimmten Kennzeichnungen ist (s.o. Teil A, II, 2 d).[14] Strawson hat in seinem Aufsatz „Analysis, Science, and Metaphysics" *(1962)* selbst davon gesprochen, es sei den Philosophen der normalen Sprache möglich, „to preserve something of what the analysts had originally

[14] Russell spricht von „Denoting" (s. *1905*) und von „definite descriptions"; im Deutschen hat sich der Ausdruck „definite Beschreibung" eingebürgert. Diese Ausdrucksweise ist irreführend, denn Ausdrücke wie „der Sowieso" dienen dem ‚Hinweisen auf etwas' bzw. der Referenz. Ausdrücke können, einen alltagssprachlichen Sinn von „beschreiben" vorausgesetzt, gar nicht beschreibend sein.

intended" (313), nämlich Sätze der normalen Sprache durch Paraphrasen zu ersetzen, die klärend sind in dem Sinne, „that their form and their content would meet our need for philosophical understanding" (ebd.). Ähnlichkeiten und Unterschiede zwischen Russells und Strawsons Analyse sollen im folgenden herausgestellt werden, wobei vor allem zur Erhellung der Unterschiede auch andere Analysen Strawsons als nur seine Analyse des Wahrheitsbegriffs heranzuziehen sind. – Zuerst zu den Ähnlichkeiten:

1) Strawson zerlegt den Beispiel-Satz derart, daß die wichtigen Komponenten des Satzes deutlich hervortreten. – Vergleichbares hatte Russell in seiner Analyse des Satzes „Der gegenwärtige König von Frankreich ist kahlköpfig" getan: Er hatte eine ‚Übersetzung' („translation") dieses Satzes präsentiert, die (nach Moore *1944*, 177) die Form einer Konjunktion von Existenzsätzen hat: „Es gibt mindestens eine Person, die gegenwärtig König von Frankreich ist; es gibt höchstens eine Person, die gegenwärtig König von Frankreich ist; und es gibt niemanden, der gegenwärtig König von Frankreich und nicht kahlköpfig ist."

2) Strawsons Paraphrase des Beispiel-Satzes hat eine positive und eine negative Funktion. Sie läßt die ‚logische Form' des ursprünglichen Satzes hervortreten: Wer „Das ist wahr" sagt, bestätigt eine Aussage. Und sie eliminiert die irreführende ‚grammatische Form' des ursprünglichen Satzes; sie macht deutlich: Wer „Das ist wahr" sagt, vollzieht keine Eigenschafts-Zuschreibung. Die Umschreibung – könnte man, an Worte aus Strawsons Aufsatz „Construction and Analysis" (*1956*, 99) anschließend, sagen – erfolgt mit dem Ziel, die Illusion zu

zerstören, der Satz, dessen Prädikat „ist wahr" ist, habe eine logische Affinität zu deskriptiven Sätzen. – Und tatsächlich sagt Strawson in seinem Aufsatz „Wahrheit" *(1949 a)* denn auch, die Wahl der Ausdrücke, die an die Stelle der Wendung „ist wahr" treten könnten, müsse von dem Interesse geleitet sein, „möglichst wenig Anlaß zu einer Verwechslung mit aussagenden Wendungen oder beschreibenden Worten zu bieten" (115).

Was Strawson tut, hatte Russell in seiner Theorie der bestimmten Kennzeichnungen lange vor ihm getan, nämlich gezeigt, daß bestimmte Sätze – Sätze wie „Der gegenwärtige König von Frankreich ist kahlköpfig" – eine irreführende Grammatik aufweisen. Der im zitierten Satz als grammatisches Subjekt fungierende und unter Verwendung des bestimmten Artikels formulierte Ausdruck „der gegenwärtige König von Frankreich" scheint ein bestimmtes Individuum zu bezeichnen – und eben deshalb hat er (oder haben ähnliche Sätze) Philosophen wie Meinong zur Annahme verführt, es gebe so etwas wie eine eigentümliche – etwa schattenhafte oder mentale – Existenz des betreffenden Bezugsgegenstands. ‚In Wahrheit' bezeichnet der Ausdruck „der gegenwärtige König von Frankreich" aber gar nichts. Um die irreführende Grammatik zu tilgen und die ‚wahre' oder logische Struktur des Beispiel-Satzes herauszustellen, formuliert Russell den Satz entsprechend um (s. o.). In dieser Formulierung, die insgesamt eine dem ursprünglichen Satz logisch gleichwertige Konjunktion von Sätzen ergibt, ist der Ausdruck „der gegenwärtige König von Frankreich" kein grammatisches Subjekt mehr – und mithin sind die Fallstricke beseitigt, über die bestimmte traditionelle Philosophen gestolpert waren.

3) Indem Strawson eine klärende Paraphrase des Satzes

„Was der Schutzmann sagte, ist wahr" liefert, bildet er keine ‚explizite Definiton' des Wortes „wahr": Er ersetzt „wahr" nicht durch einen äquivalenten oder annähernd gleichbedeutenden, beispielsweise etwas spezielleren Ausdruck wie „zutreffend". Bei einer Ersetzung von „wahr" durch „zutreffend" würde die irreführende grammatische Form des Satzes „Was der Schutzmann sagte, ist wahr" ja auch erhalten bleiben. Strawson transformiert vielmehr diesen Satz in einen äquivalenten oder annähernd gleichbedeutenden Satz, der weder das Wort „wahr" noch eines seiner Synonyme enthält. – In „Construction and Analysis" hat Strawson genau dies Transformationsverfahren, auf den Wahrheitsbegriff bezogen, erläutert: „If your problem was, say, the nature of *truth*..., you hoped to solve it by finding a formula for translating sentences in which the adjective ‚true'... occured, into sentences in which these expressions did not occur, and in which no straight-forward synonyms of them occurred either." (*1956*, 99f.)

Was Strawson in dieser Weise erläutert, ist genau dasjenige Verfahren, das manchmal, z.B. von Ayer, „definition in use" genannt und der „expliziten Definition" gegenübergestellt wird: „We define a symbol *in use*, not by saying that it is synonymous with some other symbol, but by showing how the sentences in which it significantly occurs can be translated into equivalent sentences, which contain neither the *definiendum* itself, nor any of its synonyms." (Ayer *1936*, 60; ähnlich Ryle *1932 a*, 100) Ayer führt gerade Russells Theorie der Kennzeichnungen als gute Illustration dieses Verfahrens an (ebd.). – Sieht man Russells Theorie unter diesem Gesichtspunkt, erkennt man: Es ging Russell bei seiner Ersetzung des Satzes „Der gegenwärtige König von Frankreich ist kahlköpfig" nicht um eine ‚*philologische* Transformation', deren Ziel eine Formulierung wie „Der jetzige französische Monarch hat eine Glatze“ hätte sein können; es ging ihm vielmehr um eine ‚*philosophische* Analyse‘, deren Ziel es war, die ‚wahre‘ logische Form eines Ausdrucks wie „Der gegenwärtige König von Frankreich“ aufzudecken, um so eine Quelle für die Annahme zu verschütten, es gebe etwas einem solchen Ausdruck ‚Zugrundeliegendes‘.

Nach dem Hinweis auf Ähnlichkeiten, die zwischen Strawsons Analyse und der klassischen logischen Analyse bestehen, nun der Hinweis auf *Unterschiede*:

1) Philosophen wie Russell glauben, es gebe für jeden Satz „a *final* analysis – a sentence in which *all* complexities of meaning would be made *completely* explicit, in terms of the ultimate logical elements“ (Strawson *1956*, 99). Sie erheben für ihre Analysen den Anspruch, „den *wahren* Sinn von Ausdrucksformen entdeckt zu haben“ (Stegmüller *1969*, 569) oder die Struktur der Tatsachen *genau* enthüllt zu haben (vgl. Hare *1957*, 272). Strawson hingegen glaubt nicht, er habe mit seiner Analyse des Satzes „Was der Schutzmann sagte, ist wahr“ so etwas wie eine exakte und endgültige Analyse offeriert. Strawson sagt ausdrücklich, daß seine Analyse so „lauten könnte“ (*1949 a*, 111), wie sie lautet. – Strawson steht hier in der Tradition des späten Wittgenstein, der von dem *Anschein* gesprochen hatte, „als gäbe es so etwas wie eine letzte Analyse unserer Sprachformen, also *eine* vollkommen zerlegte Form des Ausdrucks“ (*1953*, § 91).

Während die Philosophen der formalen Sprache von der „existence of exact quasi-definitional relations between classes of concepts“ ausgehen (Strawson *1956*, 104), macht Strawson mit Wittgenstein (z.B. *1953*, § 98) die Voraussetzung, daß „ordinary language has no exact logic“

(Strawson *1950 a*, 27). Weil sie eine solche nicht hat, kann der Gebrauch eines alltagssprachlichen Ausdrucks weder durch Aristotelische noch durch Russellsche Regeln angemessen beschrieben werden (s. ebd.).

2) Philosophen wie Russell gehen davon aus, daß die logische Form eines (komplexen) Satzes dadurch geklärt wird, daß dieser Satz zerlegt bzw. auf die in ihm enthaltenen einfachen Sätze ‚reduziert' wird. Strawson hingegen meint, daß man die Klärung von Sätzen auch mit anderen Mitteln herbeiführen kann. So kann die konzessiv gebrauchte Wendung „ist wahr" („Es ist wahr, daß…, aber…") sowohl durch eine explizit performative Formulierung („Ich gebe zu, daß…, aber…") *als auch* durch die Konjunktion „Obwohl" ersetzt werden (*1949 a*, 114). Auf *beiden* Wegen kommt man zu einer – in gewisser Hinsicht – unmißverständlichen Repräsentation einer Aussage, die ursprünglich eine irreführende grammatische Form hat: Man macht klar, daß mit dem Gebrauch der Wendung „ist wahr" keine Zuschreibung einer Eigenschaft vollzogen wird.

3) Philosophen wie Russell sehen Sätze im Zusammenhang mit den ‚bezeichneten' nichtsprachlichen Tatsachen: „The connexion of language with non-linguistic facts… gives meaning to words and significance to sentences." (Russell *1935*, 381) Sie beurteilen Sätze daher allein gemäß dem „Wahr-falsch"-Kriterium. So ist für Russell der Satz „Der gegenwärtige König von Frankreich ist kahlköpfig" ein falscher Satz, weil er aus einer Konjunktion von Sätzen besteht, von denen zumindest einer – nämlich der Satz, es gebe gegenwärtig einen König von Frankreich – falsch ist. Strawson hingegen geht sozusagen über die *logische Analyse* des Satzes hinaus. Er bezieht *‚pragmatische Momente'*

– oder das, was ein Sprecher tut, wenn er etwas sagt – in seine Interpretation der Äußerung ein: Wer „Der gegenwärtige König von Frankreich ist kahlköpfig" sagt, behauptet nicht, daß es gegenwärtig einen König von Frankreich gebe, sondern er ‚präsupponiert' es (vgl. *1950 a*, 12ff.). Dementsprechend ist die Aussage „Der gegenwärtige König von Frankreich ist kahlköpfig" nicht falsch (in ihr ist ja keine falsche Behauptung logisch impliziert), sondern nichtig und sinnlos. – Russells Analyse enthält demnach einen Fehler, den Strawson der Analysemethode der Formalsprachenphilosophie allgemein ankreidet: Diese Methode ist zu eng, „because it neglects altogether very many quite different features of the functioning of language, which it is of the first importance accurately to note and describe, if our philosophical problems are to be solved" (*1956*, 104).

5. Performative Analysen auf dem Gebiet der Ethik und Ästhetik

Strawson hat seine performative Analyse des Wahrheitsbegriffs 1949 durchgeführt. Im gleichen Jahr und wenig später sind performative Analysen von Wertwörtern auch auf dem Gebiet der Ethik und Ästhetik durchgeführt worden. Die performative Analyse hatte – kurz nach ‚Entdeckung' der performativen Äußerung durch Austin – Konjunktur. (Die performative Analyse bzw. die Beantwortung der Frage, *wozu* ein Wort gebraucht werde, ist im Hinblick auf Wertwörter ja auch naheliegend: Wer „Das ist gut" oder „Das ist schön" sagt, tut etwas; z. B. empfiehlt er ein bestimmtes Objekt. Es gibt andere philosophisch wichtige Wörter – Wörter wie „Kunstwerk" oder „Demokratie" –, die in der Regel in Behauptungen vorkommen und bei denen eine performative Analyse wenig fruchtbar wäre.)

Auf *ästhetischem* Gebiet hat M. Macdonald *1949* das Urteil des Kunstkritikers performativ analysiert. Ihre Analyse läßt sich ohne allen Zwang parallel zu Strawsons ‚Bestätigungsanalyse' des Wahrheitsbegriffs rekonstruieren: a) Der Kunstkritiker spricht mit der Aussage „Das ist (ästhetisch) gut" ein Urteil aus, das – wie der Richterspruch „Er ist schuldig" – in einem relativ festen institutionellen Rahmen steht: Der Urteilsspruch des Kunstkritikers kommt durch ein speziell geregeltes Verfahren (eine „definite procedure", *1949*, 121) zustande. b) Mit der Äußerung von „Das ist (ästhetisch) gut" beschreibt der Kunstkritiker weder das, was er tut, noch beschreibt er das betreffende Kunstwerk oder die Gefühle, die er diesem Kunstwerk gegenüber hat – so wie der Richter, der „Er ist schuldig" ausspricht, weder das, was er tut, noch den Angeklagten oder die Gefühle, die er selber hat, beschreibt. (Weil dies so ist, kann man sagen, Raffael sei ein guter Maler; dennoch möge man seine Bilder nicht.) c) Indem der Kunstkritiker „Das ist (ästhetisch) gut" sagt, *tut* er etwas, und zwar spricht er ein Lob aus – ähnlich wie der Richter, der mit der Äußerung von „Er ist schuldig" etwas *tut*, nämlich jemanden schuldig spricht. – Bei Macdonald ist, nebenbei bemerkt, die Nähe zu Austin insofern noch größer als bei Strawson, als sie einen weiteren „Austin-Gesichtspunkt" berücksichtigt: Das kunstkritische Urteil glückt oder mißglückt in einer eigenartigen Art und Weise und jedenfalls in einer anderen Weise als der des Wahr- und Falschseins: Das geglückte Urteil beansprucht, „correct" (115) zu sein; das mißglückte Urteil verrät die Inkompetenz des Kunstkritikers, z.B. seinen Mangel an Feingefühl. (Eine ausführliche Darstellung von Macdonalds Analyse in: Strube *1985 b.*)

Auf dem Gebiet der *Ethik* hat Urmson *1950* eine performative Analyse des Wortes „gut“ durchgeführt, die sich ebenfalls ohne Zwang parallel zu Strawsons performativer Analyse des Wahrheitsbegriffs rekonstruieren läßt: a) Wer „Dieser Apfel ist gut“ oder „Dieser Aufsatz ist gut“ sagt, spricht ein Urteil aus, das in einem relativ festen institutionellen Rahmen steht: Er setzt Einstufungskriterien voraus, die so definiert sind, daß man im gegebenen Fall objektiv entscheiden kann – und nicht ‚nach Gefühl‘ entscheiden muß –, ob das einzustufende Objekt unter sie fällt oder nicht. b) Wer „Das ist gut“ sagt, vollzieht keine Beschreibung. Zwar ist die Äußerung von „Das ist gut“ in der komplexen deskriptiven Aussage „Das hat die Eigenschaften A, B, C, D“ begründet, aber sie folgt nicht analytisch aus ihr; zu den Prämissen des Einstufungsurteils gehören ja nicht nur behauptende Aussagen, sondern auch Einstufungskriterien bzw. Qualitätsdefinitionen. c) Wer „Das ist gut“ sagt, *tut* etwas: Er stuft den betreffenden Gegenstand ein, d. h. er weist ihm einen bestimmten Rang auf einer Rangskala zu. Er *tut* etwas – ähnlich wie derjenige, der, indem er „I approve“ äußert, etwas billigt, gutheißt oder akzeptiert. Urmson sagt ausdrücklich, er halte „die Analogie zwischen Gutheißen etc. einerseits und Einstufen andererseits für erhellend“ (*1950*, 158). Die Analogie besteht in folgendem Punkt: „Wenn ich ‚I approve‘ sage oder hinschreibe, beschreibe ich überhaupt nichts“ (ebd.), sondern ich handle. (So, wie Strawson die Äußerung von „Das ist wahr“ in die neue Analogie mit dem Beantworten einer Entscheidungsfrage gestellt hatte und Macdonald das kunstkritische Urteil in die neue Analogie mit dem Schuldig-Sprechen, so stellt Urmson das Einstufungsurteil in die neue Analogie mit dem Billigen, um seinen performativen Charakter augenfällig zu machen.) – Bei Strawson, Macdonald und Urmson ist die performative Analyse des betreffenden Wertwortes so etwas wie ‚der dritte Weg', auf dem man der Alternative von Naturalismus und Emotivismus entkommen kann.

6. *Kritische Würdigung von Strawsons Analyse*

Im folgenden möchte ich ein paar kritische Einwände gegen Strawsons performative Analyse des Wahrheitsbegriffs formulieren. Mehrfach werde ich dabei an kritische Beiträge anknüpfen, die in der Diskussion der performativen Wahrheitstheorie präsentiert worden sind – und die im übrigen in exemplarischer Weise sichtbar werden lassen, wie ‚*professionell*' oder, wenn man will, akademisch in der sprachanalytischen Philosophie diskutiert wird.

1) Strawson ist einseitig an Beispielen ‚performativen' (und nicht ‚konstatierenden') Gebrauchs der Wendung „ist wahr" orientiert. Zwar hat er die ‚Bestätigungsanalyse' ausgeweitet: Die Ergebnisse, die er anhand des klaren und ziemlich formellen Beispiels der Bestätigung gewonnen hat, gelten mutatis mutandis auch für andere unter Verwendung des Wortes „wahr" vollziehbare Äußerungen: für das Beipflichten, Einräumen, Zugestehen u. a.; auch diese Äußerungen sind performativ. Aber Strawson ist, jedenfalls in *1949 a*, für die das Wort „wahr" enthaltenden konstatierenden Äußerungen blind. Oder mit einer anderen – von Wittgenstein (*1953*, § 593) entlehnten – Metapher: Er nährt sein Denken nur mit der „einseitigen Diät" performativer Äußerungen.

Daß es auch konstatierende Äußerungen gebe, die das Wort „wahr" enthalten, ist von den Kritikern Strawsons immer wieder vermerkt worden: Nach L. J. Cohen (*1950*,

137) muß selbst die von Strawson analysierte Aussage „Was der Schutzmann sagte, ist wahr" nicht in allen Fällen eine performative Äußerung sein. Sie könnte – etwa in einem Gerichtsverfahren aus dem Mund eines Anwalts gesprochen – vom Richter als eine Behauptung genommen werden, die verifiziert oder falsifiziert werden kann „by evidence about the policeman's character". Nicht eine Bestätigungsanalyse oder dergleichen ist in diesem Falle am Platz, sondern eine „description-analysis" (140). – Oder ein anderes sehr ähnliches Beispiel: Nach Ezorsky (*1963*, 117) ist die sogenannte „blind truth declaration" eine konstatierende Äußerung. Wenn ich Harry sehr gut kenne, könnte ich sagen „Harrys Behauptung ist wahr" – und ich könnte das auch dann sagen, wenn ich gar nicht wüßte, was Harry behauptet hat. Während der, der sagt „Es ist wahr, daß Caesar ermordet wurde", gewissermaßen die Aussage „Caesar wurde ermordet" wiederholt, wiederholt der, der im blinden Vertrauen auf Harry „Harrys Behauptung ist wahr" sagt, Harrys Behauptung gerade nicht.[15] – Vom Gesichtspunkt des späteren (auf das „Ordnen der Phänomene" ausgehenden) Austin aus müßte der kritische Einwand so formuliert werden: Strawson hat *keine Taxonomie* der betreffenden sprachlichen Handlungen erstellt. Er hat keine auch nur annähernd vollständige und keine auch nur irgendwie geordnete Liste derjenigen sprachlichen Handlungen, einschließlich der konstatierenden, herausgearbeitet, die man vollzieht, wenn man „ist wahr" sagt (vgl. Austin über „gut" in *1972*, 180).

[15] Eine andere Art von Gegenbeispielen haben Chisholm und Stegmüller gegen Strawson ins Feld geführt: Chisholm führt den Satz „Every statement is either true or false" an (*1964*, 18), Stegmüller den Satz „Die These Kants ‚Kategorien ohne Anschauung sind leer' ist wahr" (*1957*, 229). Der Hinweis auf solche Gegenbeispiele trifft Strawson nicht, da es

2) Strawson hat die von ihm präsentierten Beispiele einseitig performativ analysiert: Er hat die Frage gestellt, *wie* oder *wozu* das Wort „wahr" gebraucht wird, nicht, *wann* und *warum* es gebraucht wird. Wie Strawsons Kritiker richtig herausstellen, bleiben wichtige ‚logische Züge' („logical features") der Wendung „ist wahr" deshalb unberücksichtigt.

Zunächst: Strawson fragt, *wie* oder *wozu* wir das Wort „wahr" gebrauchen. Er fragt nicht, *warum* bzw. unter welchen Voraussetzungen wir dies Wort gebrauchen. – Nach Walsh *(1952)* wird mit dem Bestätigen zugleich zu verstehen gegeben, daß es *Gründe* für die Behauptung gebe, von der man sagt, sie sei wahr. Eine Wahrheitstheorie, die diesen Aspekt übergeht, läßt nach Walsh die (äußerst wichtige) Implikation außer Betracht, dasjenige, das wahr ist, gelte nicht nur für einen, sondern für alle Menschen (vgl. 73). – Ähnlich wie Walsh vermißt Kincade *(1958)* bei Strawson die Berücksichtigung der ‚Gründe'. Auf die aus eigennützigen Motiven formulierte Behauptung eines Politikers „Es geht unserem Land unter einer konservativen Regierung wirtschaftlich besser" kann ein auf Seiten des Politikers stehender Laie ebenso mit „Das ist wahr" reagieren wie ein Ökonom, der Einblick in wirtschaftliche Statistiken hat. Die Unterschiede, die es zwischen beiden „Das-ist-wahr"-Äußerungen gibt, können auf der Basis von Strawsons performativer Analyse des Wahrheitsbegriffs nicht erkannt werden, weil Strawson die Gründe solcher „Das-ist-wahr"-Äußerungen unberücksichtigt läßt (vgl. 397). – Ähnlich Scheer, der in seinem Aufsatz „Verification and the Performatory Theo-

---

ihm ausdrücklich nur um die Wahrheit „empirischer Aussagen" geht (*1949 a*, 96).

ry of Truth" *(1960)* das Beispiel Kincades aufgreift und sagt, der Ökonom könne mit Hilfe der „ist-wahr"-Äußerung die Aussage des Politikers „ratifizieren", wenn er diese Aussage *zuvor* verifiziert habe, d.h. festgestellt habe, daß sie mit der Wirklichkeit übereinstimme (s. 568). – Auch Ezorsky *(1963)* lenkt die Aufmerksamkeit auf die Begründung von „Das-ist-wahr"-Äußerungen. Sie bedient sich der Methode des Kombinationstests: Man kann auf eine Aussage mit „Ja, ich stimme zu" reagieren und, ohne in einen Widerspruch zu geraten, hinzufügen: „aber ich habe die Dinge nicht überprüft, also verlaßt euch nicht auf meine Meinung". Hingegen wäre es völlig unverständlich, wenn jemand denselben Zusatz an die Äußerung von „Das ist wahr" anhängte. Daraus folgt: „A truth declaration does not belong with a confessed ignorance of relevant evidence." (126) – Zusammenfassend und vom Standpunkt der Sprechakttheorie Searles aus könnte man sagen: Mit seiner Bestimmung, „Das-ist-wahr"-Äußerungen brauchten einen ‚sprachlichen Anlaß', hat Strawson zwar eine wichtige generelle ‚Einleitungsregel' eben dieser Äußerungen herausgestellt; er hat aber nicht die spezielleren ‚Einleitungsregeln' herausgearbeitet, die in der Bestätigung andere als etwa im Beipflichten oder im Zugeständnis sind – und denen (vor allem unter dem Titel „Verifikation") das Interesse der traditionellen Wahrheitstheoretiker galt.

Ferner: Strawson fragt, *wie* oder *wozu* wir das Wort „wahr" gebrauchen. Er fragt nicht, *wann* bzw. unter welchen Umständen wir dies Wort gebrauchen. (Die Frage, wann das Wort „wahr" gebraucht werde, ist die Fragestellung Austins; s. *1950*, 21.) – Nach Warnock *(1964)* hat die Wendung „ist wahr" nicht nur eine performative, sondern auch eine prädikative Funktion. Die Wendung „ist wahr" wird dann gebraucht, wenn die als

‚wahr‘ ausgezeichnete Aussage den Tatsachen entspricht oder – genauer und mit den Worten Austins (*1950*, 22) – wenn der partikuläre „historic state of affairs“, der durch eine bestimmte Aussage kraft ‚demonstrativer Konventionen‘ selegiert wird, zu demjenigen *Typ* von Situationen, Ereignissen u. ä. gehört, den man mit dieser Aussage kraft bestimmter ‚deskriptiver Konventionen‘ intendiert (ebd.). Warnock nimmt – mit Recht – Austins modifizierte Korrespondenztheorie der Wahrheit vor den Angriffen in Schutz, die Strawson *1950 b* gegen Austin richtet (32 ff.), und hebt hervor, daß Austins Korrespondenztheorie und Strawsons performative Theorie der Wahrheit einander nicht ausschlössen; vielmehr sei Austins Theorie die logische Grundlage der Theorie Strawsons (s. *1964*, 63), weil sie auf zwei voneinander deutlich unterschiedene Fragen antworte: „first, what the words ‚That's true‘ actually mean, and second, what speechact is standardly performed in uttering those words“ (61).[16] – Ich möchte die Schwäche, die Strawsons performative Analyse auch an diesem Punkt zeigt, wiederum aus der Perspektive der Sprechakttheorie beleuchten: So wie Strawsons Blickfeld hinsichtlich der *Wahl der Ausgangsbeispiele* durch die Orientierung an der performativen Äußerung eingeschränkt ist, ist es auch eingeschränkt, was die *Durchführung der Analyse* angeht. Strawsons performative Theorie der Wahrheit reproduziert die ‚entscheidende‘ Schwäche von Austins *früher* Theorie der performativen Äußerung, nämlich, daß die performative Äußerung eine Handlung

[16] Strawson selbst hat in seiner Replik „A Problem about Truth – a Reply to Mr. Warnock“ (*1964*, bes. 69) seine eigene Position mit der von Austin für vereinbar gehalten. – Die Diskussion zwischen Austin, Warnock und Strawson soll nicht weiterverfolgt werden; hier nur der Hinweis auf Jones *(1968)*, der darlegt, daß Strawson an Warnock und Austin vorbeiargumentierte (vgl. bes. *1968*, 119).

sei, mit der eben „überhaupt nichts“ behauptet werde (Austin *1972*, 26). Strawson hat die ‚Regel des propositionalen Gehalts‘ von Bestätigungen, Zugeständnissen und dergleichen nicht erfaßt; er hat nicht gesehen, daß derjenige, der eine Aussage beispielsweise bestätigt, damit bestätigt, daß diese Aussage mit den Tatsachen übereinstimmt.

3) Die angeführten kritischen Einwände stellen den ‚Teilwert‘ von Strawsons performativer Analyse des Wahrheitsbegriffs nicht in Frage: Strawson hat einen wichtigen ‚logischen Zug‘ des Wahrheitsbegriffs herausgearbeitet, dessen Berücksichtigung aus der leidigen Alternative von semantischer Wahrheitstheorie und Redundanztheorie der Wahrheit herausführt. – Andererseits ist die Einseitigkeit der Wahrheitsbestimmung Strawsons unübersehbar. Um über diese Einseitigkeit hinauszukommen, müßte man zweierlei tun: a) Man müßte eine Taxonomie derjenigen ‚performativen Äußerungen‘ machen, die man mit Hilfe der Wendung „ist wahr“ vollzieht. b) Man müßte die Sprechakttheorie Searles auf den Wahrheitsbegriff anwenden, d.h. sowohl den illokutionären Akt, der mit der Äußerung von „Das ist wahr“ vollzogen wird, zum Gegenstand der Analyse machen als auch die bei Strawson ignorierten Sprechaktelemente: den propositionalen Gehalt und die Einleitungsbedingungen derjenigen illokutionären Akte, die Strawson unter den Namen ‚Bestätigen‘, ‚Beipflichten‘, ‚Zugestehen‘ identifiziert hat. Die Frage Strawsons, *wie* oder *wozu* das Wort „wahr“ gebraucht werde (vgl. Strawson *1950 b*, 44), müßte dann zur Frage nach dem *illokutionären Akt*, der mit der Äußerung von „Das ist wahr“ vollzogen wird, umformuliert werden. Die Frage Austins, *wann* das Wort „wahr“ gebraucht werde, müßte ersetzt werden durch die Frage nach dem *propositionalen Gehalt* des bestreffenden illokutionären Akts.

Die Frage mancher Kritiker Strawsons, *warum* das Wort „wahr“ gebraucht werde (vgl. O'Connor *1975*, 127), müßte als Frage nach den *Einleitungsbedingungen* des betreffenden illokutionären Akts gestellt werden. Die (hier nicht behandelte) Frage schließlich, *wovon* gesagt werde, daß es wahr sei, wäre in die Frage nach der *Referenz* umzuformulieren bzw. nach dem Bezugsgegenstand, auf den z.B. mit dem Demonstrationspronomen „Das“ der „Das-ist-wahr“-Äußerung verwiesen ist. (Zu einem solchen sprechakttheoretischen Ansatz s. Strube *1982*, 64ff.)

Vom Standpunkt einer sprechakttheoretisch begründeten Wahrheitstheorie aus wären dann auch die Kritiker Strawsons zu kritisieren: Strawsons Kritiker hatten keine Theorie, mit deren Hilfe sie die an den Gebrauch von „wahr“ gestellten Fragen bzw. die Aspekte dieses Gebrauchs systematisch einander zuordnen konnten. Sie mußten, Austins ‚spezieller Theorie‘ der performativen und konstatierenden Äußerung verhaftet, davon reden, daß das Wort „wahr“ eine performative und gleichzeitig eine behauptende Funktion habe: Warnock sagte, das Wort „wahr“ werde gebraucht, „to express agreement by making a statement“ (*1964*, 65); und nach Kincade ist für eine richtige Gebrauchsweise der Wendung „ist wahr“, nämlich für den qualifizierenden Gebrauch oder „Prizetag“ (*1958*, 395), charakteristisch, daß man zugleich indirekt darüber *informiert*, daß die Wirklichkeit mit dem übereinstimmt, was mit der Äußerung behauptet wird, die man ‚wahr‘ nennt (397). Strawson selbst hatte im übrigen schon in *1950 b* gesehen, daß Bestätigungen und andere performative Äußerungen einen propositionalen Gehalt haben. Nur hatte er nicht die entsprechenden begrifflichen Mittel, um dies angemessen erfassen zu können. Auf der Basis von Austins ‚spezieller Theorie‘ der Performative kam er zu folgender Lösung des Problems: „Das ist wahr“ ist ein Abkürzungsschema, mit dessen Hilfe das Bestehen eines bestimmten Sachverhaltes behauptet wird; diese Behauptung kann in Form einer Bestätigung, Bekräftigung usf. geschehen: „we may also (!) be granting, denying, confirming, etc.“ (*1950 b*, 46). – Lösungen wie diese waren schon bei Austin selbst vorbereitet, der gesagt hatte, eine Äußerung könne gleichzeitig performativ und behauptend sein (s. *1950*, 31).

Fazit: So, wie die ‚spezielle Theorie‘ der performativen Äußerung durch die ‚allgemeine Theorie‘ des Sprechakts ersetzt werden mußte, weil man der Komplexität des Sprechens gerecht werden wollte (s. o. S. 243), so muß die performative Analyse des Wahrheitsbegriffs durch die sprechakttheoretische Analyse dieses Begriffs ersetzt werden, wenn man seine ‚komplexe Logik‘ erfassen will.

7. Zu Searles Kritik an Strawsons Wahrheitstheorie

Searle hat Strawsons Wahrheitstheorie in einer ganz anderen als der hier vorgetragenen Weise kritisiert,[17] die, methodologisch gesehen, von großem Interesse ist: Strawsons Analyse erfüllt eine „Adäquatheitsbedingung“ nicht, „die jede Analyse der Bedeutung eines Wortes erfüllen muß“ (*1971 a*, 208); sie kann nicht erklären, wieso das Wort „wahr“ in grammatisch unterschiedlichen Sätzen (Indikativsatz, Fragesatz usf.) dasselbe bedeuten kann.

[17] Searle nennt Strawsons Analyse „Sprechaktanalyse“ eines Wortes (*1971 a*, 208); es sollte besser von „performativer Analyse eines Wortes“ die Rede sein, weil es sich um eine Analyse handelt, die auf dem Boden von Austins spezieller Theorie der performativen Äußerung steht und nicht auf dem Boden einer generellen Sprechakttheorie.

Fragt jemand „Ist diese Aussage wahr?", bestätigt er keine Aussage; und seine Äußerung ist auch nicht mit Hilfe von Äußerungen, die eine Bestätigung darstellen, erklärbar (209).

Die Kritik, die Searle an Strawson übt, trifft diesen nicht:

1) Die Frage, ob eine bestimmte Aussage wahr sei, kann durchaus als Aufforderung zur Bestätigung der betreffenden Aussage aufgefaßt werden, und sie *ist* auch entsprechend ersetzbar: „Ist diese Aussage derart, daß du sie bestätigen kannst?" – Analog hat Hare, auf das Wort „gut" als Wort des Empfehlens bezogen, gegen Searle argumentiert: „The question ‚Is that a good movie?' seems to resolve itself quite naturally into an invitation to say either ‚That is a good movie' (which is a commendation) or ‚That is not a good movie' (which is the negation of a commendation)." (*1971 a*, 85; vgl. hierzu Hare über „neustic" und „tropic" ebd. 89ff., sowie Hoche *1984*, 775f., und o. Teil A, II, 1 c)

2) Daß „wahr" in „grammatisch verschiedenen Arten von Sätzen" (Searle *1971 a*, 208) dasselbe bedeuten kann, würde Strawson überhaupt nicht bestreiten. Er würde allerdings darauf hinweisen, daß das Wort „wahr" in grammatisch gleichartigen Sätzen, etwa in Indikativsätzen, unterschiedlich und jedenfalls *nicht nur* bestätigend gebraucht wird. Strawson sagt ausdrücklich, „daß die Wendung ‚ist wahr' an bestimmten Stellen [!] ohne schwerwiegende Sinnveränderung durch einen Ausdruck wie ‚Ich bestätige es' ersetzt werden kann" (*1949 a*, 114).

3) Searle setzt einen anderen Begriff von „Bedeutung" voraus als Strawson. Die Bedeutung eines Wortes ist für

Searle etwas vom Satz sowie vom Sprechakt Unabhängiges. Wäre Searle aufgefordert, die Bedeutung des Wortes „wahr“ zu bestimmen, würde er fragen: Welches sind die logisch notwendigen und hinreichenden Bedingungen der Verwendung des Wortes „wahr“, gleichgültig, wozu – zum Vollzug welcher sprachlichen Handlung – dies Wort gebraucht wird (vgl. *1975 b*, 56)? – Strawson hingegen geht davon aus, daß die Bedeutung eines Wortes unabhängig von seinem Gebrauch in einer Äußerung gar nicht angemessen bestimmt werden kann: Das Wort „wahr“ bedeutet eben Verschiedenes, je nachdem, ob es zum Zweck des Bestätigens, Zugestehens oder Beipflichtens gebraucht wird. Die Bedeutung einer Äußerung zu kennen, heißt auch und vor allem, zu wissen, *wie* gemeint war, was gesagt wurde (vgl. Strawson *1973*, 48f.), bzw. die ‚illokutionäre Rolle‘ kennen, die der betreffende Satz im gegebenen Kontext spielt. Es ist diese ‚illokutionäre Bedeutung‘ der mit Hilfe der Wendung „ist wahr“ vollzogenen Äußerung, um die es Strawson – anders als Searle – zu tun ist. Historisch gesehen stehen Strawson und Searle in unterschiedlichen (auf Alston und Austin zurückführbaren) Traditionen der Deutung des Verhältnisses zwischen Bedeutung und performativem Vollzug bzw. illokutionärem Akt. Während (nach Cooper *1972*, 69) Alston – und mit ihm Strawson – der Meinung ist: „There are illocutionary acts, and meaning can be explained by reference to them“, vertritt Austin – wie später Searle – die Ansicht: „There are illocutionary acts, but these are quite different from meanings, and so presumably cannot be used in explaining meanings.“

4) Es sind nicht nur unterschiedliche Bedeutungsbegriffe, die den Unterschied zwischen Strawsons und Searles Analyse des Wahrheitsbegriffs erklären. Auch *unter-*

schiedliche in gewissem Sinne sachfremde *Interessen* sind im Spiel: Für eine sprechakttheoretisch fundierte Analyse der Wendung „ist wahr" ist in Searles Analyse von Sprechakten schon deshalb kein Platz, weil Searle die Strategie verfolgt, einfache und idealisierte und das heißt: explizit performativ formulierte Äußerungen zu untersuchen (s. u. IV, 3). Strawson hingegen will die Schwächen der semantischen Wahrheitstheorie und der Redundanztheorie der Wahrheit aufdecken, und er kann das am besten, wenn er die Frage, wie und wozu die Wendung „ist wahr" gebraucht werde, zum Ausgangspunkt seiner Analyse macht. So gesehen lautet seine Frage nicht: „Was können wir über die Bedeutung des Wortes ‚wahr' sagen?", sondern: „Was müssen wir über die Bedeutung des Wortes ‚wahr' sagen, wenn wir uns die Überwindung der Alternative von semantischer Wahrheitstheorie und Redundanztheorie der Wahrheit zum Ziel setzen?"

IV. Searle und die philosophisch-sprachwissenschaftliche Sprechaktanalyse

Wie Austin stellt auch Searle eine Theorie der Struktur des Sprechens auf. Aber er tut dies ‚planmäßiger' als Austin und im übrigen auf eine Art und Weise, die man durchaus *auch ‚sprachwissenschaftlich'* nennen darf. Searle hat selbst – nach einer entsprechenden Ausweitung des Begriffs ‚Sprachwissenschaft'[18] – davon gesprochen, „daß die Sprechakttheorie heute eine Art blühender Zweig der Sprachwissenschaft ist" (*1984*, 25).

Im folgenden sollen zwei wichtige Teilstücke der Theorie betrachtet werden, die Searle *1969* in seinem Buch „Speech Acts" vorgelegt hat: die im 2. Kapitel erfolgende Analyse des Sprechakts und die Analyse speziell des illokutionären Akts, die im 3. Kapitel von „Speech Acts" durchgeführt wird.

1. Die Variation der Sprechaktkomponenten

Searle schließt in seiner Analyse des Sprechakts an Austin an. Austins Unterscheidung von Dimensionen oder (Teil-) Akten des Sprechens (s.o. II, 4.: phatischer, rhetischer und illokutionärer Akt), sind in den Unterscheidungen Searles deutlich wiedererkennbar: Wer spricht, vollzieht

[18] In „Speech Acts" hatte Searle noch einen deutlichen Trennungsstrich zwischen Sprachphilosophie und Sprachwissenschaft gezogen (s. *1969*, 4).

einen *Äußerungsakt*: Er formuliert einen aus Wörtern (etwa) der deutschen Sprache gebildeten Satz. Er vollzieht *propositionale Akte*: Er verweist auf ein bestimmtes Objekt (Referenz) und sagt etwas über dies aus (Prädikation).[19] Und er vollzieht einen *illokutionären Akt*, d.h. er tut Dinge wie Behaupten, Fragen und Befehlen (*1971 a*, 40). Aber Searle verdeutlicht und rechtfertigt diese Unterscheidungen anders als Austin, nämlich nicht auf dem ‚Weg über die Unglücksfälle', sondern mit Hilfe eines Verfahrens, das man ‚Variation der Sprechaktkomponenten' nennen könnte. – Ich übernehme Searles Beispiel größtenteils wörtlich (s. *1971 a*, 38 f.):

Stellen wir uns einen Sprecher und einen Adressaten vor, und nehmen wir an, daß der Sprecher unter geeigneten Umständen einen der folgenden Sätze äußert:

1. Sam raucht gewohnheitsmäßig.
2. Raucht Sam gewohnheitsmäßig?
3. Sam, rauch gewohnheitsmäßig!
4. Würde Sam doch gewohnheitsmäßig rauchen!

Jede dieser Äußerungen stellt einen Äußerungsakt dar. In jeder dieser Äußerungen bleiben Referenz und Prädikation *unverändert*: Der Sprecher verweist jeweils auf eine bestimmte Person namens „Sam" und bringt deren gewohnheitsmäßiges Rauchen zur Sprache. Zugleich formuliert der Sprecher mit der Äußerung von Satz 1 eine Behauptung, mit der Äußerung von Satz 2 eine Frage, usf.; die Äußerungen stellen also den Vollzug *unterschiedlicher* illokutionärer Akte dar. Läßt man – zunächst – die

---

[19] Genauer muß es heißen: „Der Sprecher *bringt* etwas über dies Objekt *zur Sprache*." (Vgl. *1971 a*, 195) Searle verwendet den Terminus „Prädikation" nämlich nicht nur unter Beziehung auf ‚Aussagesätze', sondern auch unter Beziehung z.B. auf Aufforderungen und Fragen.

Äußerungsakte beiseite, so zeigt sich: Die propositionalen Akte sind von den illokutionären deutlich verschieden.

Folgendes erscheint mir im Hinblick auf das Vorgehen Searles wichtig:

1) In seinem ersten (oben nachvollzogenen) Schritt variiert Searle auf gewissermaßen experimentelle Art und Weise die Illokution, während er die propositionalen Akte ‚identisch-hält'. Ergebnis dieses ‚Experiments' ist die Isolierung der beiden fraglichen Komponenten. – Searle verwendet dieses Verfahren ausdrücklich zum Zwecke der Rechtfertigung seiner Unterscheidungen: „Wir unterscheiden Referenz und Prädikation von vollständigen Sprechakten wie Behaupten, Fragen, Befehlen usw. Die Rechtfertigung für diese Unterscheidung bildet die Tatsache, daß die gleiche Referenz und die gleiche Prädikation beim Vollzug verschiedener vollständiger Sprechakte vorkommen können." (*1971 a*, 39)

In weiteren (oben nicht nachvollzogenen) Schritten variiert Searle unter anderem den Äußerungsakt, während er Illokution sowie Proposition identisch-hält: Ein Sprecher kann sich mit den *unterschiedlichen* Äußerungsakten „Sam raucht gewohnheitsmäßig" und „Sam ist Raucher" auf *dieselbe* Person beziehen, von dieser *dasselbe* prädizieren und in beiden Fällen *denselben* illokutionären Akt, nämlich den Akt einer Behauptung, vollziehen. Im Hinblick auf dieses ‚Experiment' wird deutlich, daß die Identitätskriterien des Äußerungsakts von denen der Proposition und der Illokution verschieden sind. – Da nur wenige Komponenten im Spiel sind, kann man die möglichen Kombinationen systematisch durchprobieren und erkennen, daß immer die gleichen Unterschiede ‚herausspringen'.

2) An anderer Stelle und sozusagen im ‚context of invention' spricht Searle von Unterscheidungen, „die sich uns von selbst aufdrängen, sobald wir über einfache Sprechsituationen nachdenken" (*1971 a*, 38). Unter Rückgriff auf diese Ausdrucksweise könnte man sagen: In der Präsentation solcher *Sätze* wie „Sam raucht gewohnheitsmäßig" sind die „Sprechsituationen" derart ‚vereinfacht', daß sich weitere Unterscheidungen – z. B. die Fixierung der Artikulation als eines ‚konkreten' Akts, in dem sich ein psychischer Zustand manifestiert – gar nicht erst „aufdrängen" können. Mit „Äußerungsakt" kann angesichts *dieser* Ausgangsbeispiele nur die „Äußerung einer Wortreihe" (41) gemeint sein bzw. das Formulieren eines Satzes und eben nicht das „Äußern gewisser Geräusche", das bei Austin „phonetischer Akt" heißt (s. *1972*, 111). – Die intuitive Zusammenstellung der Ausgangsbeispiele bestimmt eben, *welche* Faktoren als gemeinsame ‚herausspringen' und mithin Sprechaktkomponenten bilden – und welche *nicht*.

3) In methodenhistorischer Hinsicht erscheint es mir wichtig, auf die formale Analogie hinzuweisen, die zwischen dem Vorgehen Searles und dem Vorgehen strukturalistisch orientierter Linguisten besteht: Searles Verfahren hat seine Entsprechung in „komponentiellen Untersuchungen in der Semantik" (Lyons *1968*, 483), wie sie „in der traditionellen Definitionsmethode, eine Gattung in Arten und weiter in Unterarten zu zerlegen", vorbereitet sind (ebd.). In der semantischen Komponentialanalyse wird z. B. die semantische Komponente ‚männlich' des Wortes „Stier" dadurch ermittelt, daß man fragt, was die Wörter „Mann", „Frau" und „Kind" einerseits und „Stier", „Kuh" und „Kalb" andererseits gemeinsam haben. Man stellt fest, daß „‚Stier' und ‚Mann' etwas

gemeinsam haben, was weder ‚Kuh' und ‚Frau' noch ‚Kalb' und ‚Kind' eignet; daß ‚Kuh' und ‚Frau' etwas gemeinsam haben, was weder ‚Stier' und ‚Mann' noch ‚Kalb' und ‚Kind' zukommt" usf. (Lyons *1968*, 481). – Man könnte geradezu sagen: Ebenso wie der strukturalistisch orientierte Linguist die ‚definierenden Merkmale' des Begriffs „Stier" auf dem Weg über die Komponentialanalyse gewinnt, so gewinnt Searle die definierenden Merkmale des Begriffs „Sprechakt" auf komponentialanalytischem Weg.

4) Philosophiehistorisch gesehen ist die Methode der Variation ‚sprachlicher Komponenten' eine der wichtigsten Methoden der analytischen Sprachphilosophie. – Um diese These zu belegen, gehe ich von der Bemerkung Searles aus, seine Unterscheidung sei die Variation einer „alten Unterscheidung..., die von so verschiedenen Autoren wie Frege, Sheffer, Lewis, Reichenbach und Hare, um nur ein paar zu nennen, bezeichnet worden ist" (*1971 a*, 49). Ich weise nur ganz kurz auf die betreffenden Aussagen von Frege, Hare – und Wittgenstein – hin: *Frege* hat den „Inhalt" des Satzes einerseits und Behauptung („behauptende Kraft"), Frage, Befehl andererseits unterschieden (s. dazu Hoche *1976 a*, 99; dort auch über das Anknüpfen Searles an Frege). Und *Hare* macht die Unterscheidung zwischen bestimmten „Teilen des Satzes": dem Phrastikon (als demjenigen, wovon der Satz handelt) und dem Neustikon (als demjenigen, was der Sprecher darüber sagt; s. *1952*, 2.1). Hare führt diese Unterscheidung mit Hilfe eines Beispiels ein: Er sagt, daß die beiden Sätze ‚Du wirst die Tür schließen' und ‚Schließe die Tür' von *derselben* Sache handeln, nämlich dem zukünftigen Schließen der Tür durch den Adressaten; daß man aber die beiden Sätze gebrauche, um *Verschiedenes* über diese

Sache zu sagen. Beide Sätze haben also dasselbe Phrastikon (das bei Hare die Form einer Gerundial-Konstruktion hat) und unterschiedliche Neustika (angezeigt durch verschiedene hinzugefügte Wörter; s. ebd.):

„Your shutting the door in the immediate future, yes",
„Your shutting the door in the immediate future, please".

Bezogen auf *Wittgensteins* „Tractatus" *(1921)* und unter Berufung auf Hares Unterscheidung von „Phrastikon" und „Neustikon" fordert *Stenius* zur Betrachtung der folgenden Sätze auf:

„Du arbeitest jetzt hier."
„Arbeite jetzt hier!"
„Arbeitest du jetzt hier?" (*1960*, 206)

Stenius stellt fest, daß der deskriptive Inhalt der Sätze der gleiche sei. Was verschieden ist, sind die Modi, in denen die Sachlage, um die es geht, dargestellt ist, nämlich die Modi Indikativ, Imperativ und Interrogativ. Ergebnis der Komponentenvariation ist die Unterscheidung von Satzradikal und Modus: „Das Satzradikal gibt ... den deskriptiven Inhalt an, die funktionale oder ... modale Komponente den Modus." (*1960*, 211; vgl. Wunderlich *1976*, 56) Searles Vorgehen scheint mir in Stenius' und Hares Vorgehensweise deutlich erkennbar vorweggenommen. Selbst der Umstand, daß es bei Stenius und Hare um *Satz*komponenten geht, spiegelt sich in Searles Analyse wider: Searles Sprechaktkomponenten sind ja Satzkomponenten (Wortreihe, Subjekt und Prädikat, grammatischer Modus), die pragmatisch interpretiert, d.h. in eine „einfache Sprechsituation" hineingestellt bzw. auf einen Sprecher bezogen werden.

2. *Die Analyse des illokutionären Akts*

Hatte Searle in seiner Analyse des Sprechakts an Austins Unterscheidung von Sprechaktdimensionen angeknüpft, so knüpft er in seiner Analyse speziell des illokutionären Akts an Austins Unterscheidung von Äußerungsbedingungen an, im besonderen an das ‚Voraussetzen' und ‚Zu-verstehen-Geben'.[20] Aber auch diesmal verfährt Searle ‚planmäßiger' als Austin. Vor allem: a) Austin hatte – auf dem Weg über *einige* prägnante Unglücksfälle – *einige* Bedingungen ermittelt, die „erfüllt sein müssen, wenn die Äußerung glücken soll" (*1972*, 61). Searle hingegen versucht, diejenigen notwendigen Bedingungen zu ermitteln, die in ihrer *Gesamtheit* hinreichen, eine ‚gegebene' Äußerung als illokutionären Akt dieser oder jener Art zu qualifizieren. b) Anders als Austin leitet Searle aus den ‚Illokutions-Bedingungen' semantische *Regeln* für den Gebrauch des betreffenden „illocutionary force indicators" ab, die „geordnet sind" (s. *1971 a*, 97, vgl. 149).

a. Die pragmatische Analyse

Um die Struktur des illokutionären Akts aufzudecken, geht Searle vom Beispiel des Versprechens aus (s. unten unter IV, 3) und von folgender Frage: „Welche Bedingungen sind notwendig und hinreichend, damit der Akt des Versprechens mittels der Äußerung eines Satzes erfolg-

---

[20] Auf Searles Ausgangsbeispiel ‚Versprechen' bezogen: Wer etwas verspricht, *setzt* bestimmte Dinge *voraus*, z.B. passende Umstände; und er *gibt zu verstehen*, daß er die Absicht hat, die in seinem Versprechen zur Sprache gebrachte Handlung auszuführen. Diese Äußerungsbedingungen kann man in den Bedingungen wiedererkennen, die Searle „Einleitungsbedingungen" und „Aufrichtigkeitsbedingung" genannt hat (vgl. *1971 a*, 89ff.).

reich und vollständig vollzogen wird?" (*1971 a*, 84) In seiner Antwort auf diese Frage führt Searle die folgenden – versprechens-spezifischen[21] – Bedingungen an: a) Die *Bedingung des propositionalen Gehalts*: Die Äußerung eines Satzes ist nur dann ein Versprechen, wenn der Sprecher eine von ihm selbst zu vollziehende zukünftige Handlung prädiziert. b) Die *Einleitungsbedingungen*: Die Äußerung eines Satzes ist nur dann ein Versprechen, wenn der Adressat die Ausführung dieser Handlung lieber sieht als ihre Unterlassung und wenn der Sprecher glaubt, daß dies so ist. Außerdem darf sowohl für den Adressaten als auch für den Sprecher nicht offensichtlich sein, daß der Sprecher die prädizierte Handlung bei normalem Verlauf der Ereignisse ohnehin ausführen wird. c) Die *Aufrichtigkeitsbedingung*: Die Äußerung eines Satzes ist nur dann ein Versprechen,[22] wenn der Sprecher die Absicht hat, die prädizierte Handlung ‚tatsächlich' auszuführen. d) Die *wesentliche Bedingung*: Die Äußerung eines Satzes ist nur dann ein Versprechen, wenn der Sprecher die Verpflich-

---

[21] Neben den versprechens-spezifischen Bedingungen müssen beim Versprechen bestimmte andere Bedingungen – z.B. normale Eingabe- und Ausgabebedingungen – erfüllt sein, die hinsichtlicher *aller* illokutionären Akte gelten und die hier einfachheitshalber unberücksichtigt bleiben.

[22] Genau genommen gehört die Aufrichtigkeit nur zum ‚geglückten' Versprechen, von dem Searle aus „forschungsstrategischen" Gründen ausgeht (s. u.). – Der von Searle selbst (*1971 a*, 95) bemerkte Sachverhalt, daß unaufrichtige Versprechen ebenfalls Versprechen sind, veranlaßt Searle zu einer Modifikation der Aufrichtigkeitsbedingung (s.96) – und Fraser zu der These, daß die Aufrichtigkeitsbedingung nicht zu den notwendigen Bedingungen illokutionärer Akte gehöre (s. *1973*, 61 f.). – Meines Erachtens hat Searle die Fälle, von denen er ausgeht, so „idealisiert" (s. u.), daß er ein Regelsystem rekonstruieren kann, das eine übersichtliche Klassifikation illokutionärer Akte ermöglicht. Und mit der Aufrichtigkeitsbedingung ist eben ein wichtiges Klassifikationsprinzip gewonnen: Wer etwas verspricht, gibt zu verstehen, daß er die *Absicht* hat, etwas zu tun; wer etwas behauptet, gibt zu verstehen, daß er *glaubt*, daß dies und dies der Fall ist, usf.

tung zur Ausführung der prädizierten Handlung übernimmt (vgl. *1971 a*, 88ff.). – Dann und nur dann, wenn die Äußerung eines bestimmten Satzes die angeführten Bedingungen erfüllt, ist sie ein Versprechen.

Searle verdeutlicht und rechtfertigt die Aussagen seiner Bedingungsanalyse des Versprechens auf verschiedene Weisen:

1) Daß die Prädizierung einer zukünftigen Handlung des Sprechers eine notwendige Bedingung des (geglückten) Versprechens sei, ist eine Verallgemeinerung („generalization"), die auf linguistischen Charakterisierungen („linguistic characterizations": *1969*, 5) folgender Art beruht: „Mit der Äußerung von ‚Ich verspreche, morgen mit dir zur Burg Hohenzollern zu wandern' wird ein Versprechen gegeben." (Vgl. *1971 a*, 13) Die linguistischen Charakterisierungen ihrerseits beruhen auf ‚Introspektion' und intuitiver Einsicht; sie beruhen nicht auf der Observation des Sprachverhaltens der Mitglieder einer Sprachgemeinschaft und auf induktiven Prozeduren (vgl. *1971 a*, 23ff.).

2) Gewisse Aussagen Searles sind durch ein Verfahren begründet, das Hoche „Kombinationstest" (s.o. Teil A, V, 4) genannt hat. Nach Searle kann ein Sprecher nicht, „ohne daß es absurd klänge, folgenden Satz sagen ...: ‚Ich verspreche, A zu tun, aber ich habe nicht die Absicht, es zu tun.' Zu sagen ‚Ich verspreche, A zu tun', heißt, die Intention zur Ausführung von A anzuerkennen." (*1971 a*, 96) Der Versuch, die Aussagen „Ich verspreche, A zu tun" und „Ich habe nicht die Absicht, A zu tun" zu kombinieren, mißlingt, das heißt: er führt zu einer Aussagenkonjunktion, die zwar, aussagenlogisch gesehen, nicht in sich widersprüchlich („self-contradictory"), wohl aber

sprachlich nicht akzeptabel ist (vgl. Searle *1975 a*, 4). Die sich ergebende Aussagenkonjunktion ist, wie man sagen könnte, ein schlechter Witz. Jedenfalls erfüllt der negative Kombinationstest – auch bei Searle – die Funktion, eine gewisse sprachliche Implikation zu enthüllen, nämlich daß derjenige, der „Ich verspreche“ sagt, zu verstehen gibt, daß er die Absicht hat, die prädizierte Handlung auszuführen.

3) Die Aussage, daß zum Versprechen notwendig die Prädizierung einer *zukünftigen* Handlung gehöre, wird durch die Auflösung der Mehrdeutigkeit ‚gesichert‘, mit der die alltagssprachlich gebrauchte Formel „Ich verspreche“ behaftet ist: Zwar bezieht man sich mit Hilfe dieser Formel in „Ich verspreche, es getan zu haben“ auf eine vergangene Handlung, aber der mit der Äußerung dieses Satzes vollzogene Illokutionsakt ist auch ein anderer Akt als der des Versprechens: Er ist der Akt einer nachdrücklichen Versicherung (vgl. *1971 a*, 91). – Searle entlarvt also das Beispiel, das ihm als Gegenbeispiel offeriert werden könnte, als ein bloß scheinbares Gegenbeispiel („apparent counter-example“: *1969*, 58), das nicht imstande ist, seine Bestimmung des propositionalen Gehaltes des Versprechens zu falsifizieren.

Auf die einzelnen Vorgehensweisen Searles will ich nicht näher eingehen, zumal über einige von ihnen – so über den Kombinationstest – oben gehandelt wurde. Ich will aber auf zwei für Searles Theorie des illokutionären Akts charakteristische Punkte aufmerksam machen:

1) Searle steht mit seiner Analyse des Versprechens in der Tradition der Logik und speziell der Definitionstheorie. So wie man nach traditioneller Auffassung die Bedeutung

eines Wortes (etwa des Wortes „Fohlen") durch die Angabe der notwendigen und hinreichenden Verwendungsbedingungen (also „jung" und „Pferd") erklären kann, kann man auch „durch die Angabe einer Gruppe von Bedingungen für den Vollzug eines einzelnen illokutionären Aktes... zu einer Erklärung dieses Vollzuges [gelangen]" (*1971 a*, 85).

2) Es geht in Searles Analyse zunächst nicht um das „Illokutionsverb" ‚versprechen', sondern um die „Illokution" oder den „illokutionären Akt", der im Deutschen den Namen ‚Versprechen' hat (vgl. Searle *1975 a*, 2). Es geht, wie man auch sagen könnte, um *das* Versprechen als universale Institution: Überall, wo es überhaupt die Institution gibt, die im Deutschen ‚Versprechen' heißt, gehört zu eben dieser Institution, daß man mit der Äußerung einer entsprechenden Formel (etwa der Formel „I promise") die Verpflichtung übernimmt, eine zukünftige Handlung auszuführen, die im Interesse des Adressaten ist, usf. (Weil in dieser Analyse der illokutionäre *Akt* Gegenstand der Untersuchung ist, nenne ich die Analyse ‚pragmatisch' – im Unterschied zur ‚semantischen' Analyse, deren Gegenstand das Illokutions*verb* ist.)

b. Die semantische Analyse

Searle leitet aus der Gruppe der Bedingungen des Versprechens „eine Gruppe von Regeln für den Gebrauch des Indikators der illokutionären Rolle" ab (*1971 a*, 96). Aus der Bedingung „Die Äußerung eines Satzes ist nur dann ein Versprechen, wenn der Sprecher eine von ihm selbst zu vollziehende zukünftige Handlung prädiziert" folgert Searle die den Gebrauch des „illocutionary force indicators" determinierende Regel „‚Ich verspreche' darf nur im

Zusammenhang eines Satzes geäußert werden, dessen Äußerung einen zukünftigen Akt des Sprechers prädiziert" (vgl. 97); oder in imperativischer Fassung (vgl. 98): „Äußere ‚Ich verspreche' nur im Zusammenhang eines Satzes, dessen Äußerung (usf.)." Searle illustriert sein Vorgehen mit Hilfe eines Vergleichs: So wie man dann, wenn man die Schachregeln auffinden will, nach den Bedingungen fragen muß, „die notwendig und hinreichend sind, damit man sagen kann, jemand habe einen Springer richtig gesetzt oder habe richtig rochiert oder richtig schachmatt gesetzt usw." (*1971 a*, 85), so muß man, wenn man die semantischen Regeln des Gebrauchs der Formel „Ich verspreche" aufdecken will, nach den Bedingungen fragen, die für die korrekte Verwendung dieser Formel notwendig und insgesamt hinreichend sind. (Man kennt die semantischen Regeln so, wie man die Schachregeln kennt, wenn man Schach spielen kann. Es geht also darum, dasjenige ‚ins Bewußtsein zu heben', was man ‚immer schon weiß'.)

Searle macht in seiner Ableitung der einschlägigen semantischen Regeln zwei wichtige Voraussetzungen:

1) Er setzt die unter dem Titel *„Frege-Prinzip"* bekannte These voraus, daß die Bedeutung eines Satzes – des ‚ganzen' Satzes – durch die Bedeutung der ‚einzelnen' Komponenten des Satzes determiniert ist. Diese These schließt ein, daß die Bedeutung der korrekt gebrauchten explizit performativen Formel (etwa der Formel „Ich verspreche") determiniert, welche illokutionäre Rolle der betreffende Satz spielt.

2) Searle setzt das *Prinzip der Ausdrückbarkeit* („principle of expressibility") voraus, das besagt, „daß man alles, was man meinen, auch sagen kann" (*1971 a*, 34). Im Zusam-

menhang der gegenwärtigen Argumentation ist der folgende spezielle Fall wichtig: Man kann jede implizit performative Äußerung (eine Äußerung wie „Ich komme morgen") in eine eindeutige explizit performative Äußerung überführen und mithin spezifizieren bzw. desambiguieren („Ich verspreche, morgen zu kommen").

Wenn man Sätze explizit performativ formuliert, so hat man – dem „Frege-Prinzip" gemäß – die Erlaubnis, die Regeln für den Gebrauch des Satzes, der den ‚illocutionary force indicator' „Ich verspreche" enthält, mit den Bedingungen des Versprechensaktes gleichzusetzen: Man vollzieht ein Versprechen nur dann *beziehungsweise* man gebraucht den Satz „Ich verspreche, daß..." nur dann korrekt, wenn man eine zukünftige Handlung prädiziert, usf. Oder in etwas anderer Darstellungsweise: Die Untersuchung der Bedeutung eines Satzes und die Untersuchung der illokutionären Rolle, die dieser Satz spielt, sind „one and the same study from two different points of view" (*1968*, 154). – Searles These läßt sich in Abhebung von der entsprechenden Ansicht Austins folgendermaßen erläutern: Austin war – anders als Searle – auf die Sprechsituation und die in ihr vollzogene sprachliche Handlung konzentriert (vgl. Searle *1971 a*, 33f.). Er ging nicht von Sätzen wie „Ich komme morgen" aus, das heißt: von Sätzen, deren Bedeutung offenläßt, welche illokutionäre Rolle der Satz spielen soll (ob die des Versprechens oder der bloßen Absichtserklärung oder der Androhung eines Tuns). Austin ging vielmehr von Sprechsituationen aus, die ‚detailliert' genug waren, die illokutionäre Rolle des Satzes zu spezifizieren. Bei diesem Ausgangspunkt kam Austin – was nahelag – dazu, die Satzbedeutung (das, wovon gesprochen wird, und das, was darüber gesagt wird) strikt vom illokutionären Akt zu unterscheiden. Searle hingegen gelangt, von explizit performativen Sätzen ausgehend und unter Voraussetzung des „Frege-Prinzips“, zur folgenden, ausdrücklich gegen Austin gerichteten These: Die Beschreibung eines glücklich vollzogenen lokutionären (genauer: rhetischen und also die ‚gesamte‘ Satzbedeutung enthaltenden) Akts ist auch schon die Beschreibung des entsprechenden illokutionären Akts (vgl. *1968*, 143).

Um es zusammenzufassen und noch einen Sachverhalt aufzuklären, der auf den ersten Blick paradox wirkt: Searles im 3. Kapitel durchgeführte Analyse steht sowohl unter einem pragmatischen als auch unter einem semantischen Gesichtspunkt (vgl. *1971 a*, 33). Aus jenem wird der illokutionäre *Akt* untersucht, aus diesem die Satzbedeutung und im besonderen die Bedeutung des Illokutions*verbs*. – Aus dieser doppelten Perspektive wird erklärbar, warum Searle einerseits sagen kann, es gehe ihm nicht um einzelne Sprachen, sondern um *die* Sprache (13), also etwa um *das* Versprechen, und daß er andererseits sagen kann, „daß es sich bei der adäquaten Untersuchung von Sprechakten um eine Untersuchung der *langue* handelt“ (32), also – wie Searle es versteht – um die Untersuchung (etwa) des Satzes „I promise that I will come“ als eines ‚Ausschnitts‘ aus der *englischen* Sprache. Beide Aussagen Searles schließen einander nicht aus: Was Searle über „I promise“ sagt, muß, wenn es richtig ist, für *jede* Sprache gelten, in der es Versprechungen gibt, bzw. für jede Sprache, in die „I promise“ übersetzbar ist. (Den *Ausgangspunkt* bildet der ‚einzelsprachliche‘ explzit performativ formulierte Satz: „Um Sprechakte wie Versprechen oder Entschuldigungen zu untersuchen, brauchen wir nur Sätze zu untersuchen, deren aufrichtige und richtige Äußerung ein Versprechen oder eine Entschuldigung bedeutet.“ [*1971 a*, 36])

c. Die Ausweitung der Analyse

Aus den Bedingungen, die erfüllt sein müssen, wenn die Äußerung eines gegebenen Satzes als Akt des Versprechens soll gelten können, leitet Searle (wie gesagt) die semantischen Regeln für den Gebrauch der Formel „Ich verspreche“ ab. Die Ergebnisse der anhand des Versprechens durchgeführten Analyse weitet Searle im Folgenden auf das Befehlen, Begrüßen usf. aus (*1969*, 3.4: „Extending the analysis“): *Allen* illokutionären Akten liegen dieselben Regeln (Regeltypen) zugrunde, nämlich die Regel des propositionalen Gehalts, die Einleitungsregeln sowie Aufrichtigkeits- und wesentliche Regel. – Es entspricht ganz dem ‚intuitionistischen‘ Ansatz Searles, daß diese Regeln nicht durch Generalisierung gewonnen werden, das heißt durch Ermittlung dessen, was dem Versprechen, Befehlen, Begrüßen usf. gemeinsam ist, sondern im Hinblick auf einen – prägnanten und unzweideutigen – Einzelfall.

Im übrigen hat Searle später gesagt, daß „the linguist's paradigm has normally been to get a set of structural rules that will generate the phenomena to be explained“ (*1975 b*, 56). Nach Maßgabe dieser These kann die von Searle durchgeführte Aufstellung von Regeln etwa des Versprechens und Befehlens durchaus als *sprachwissenschaftliche* Tätigkeit gelten; und es wird verständlich, daß Searle die Sprechakttheorie schließlich als einen „Zweig der Sprachwissenschaft“ ansehen kann (*1984*, 25). Austin hatte eine solche Entwicklung, wenn auch für eine spätere Zeit, vorhergesehen: „Is it not possible that the next century may see the birth, through the joint labours of philosophers, grammarians, and numerous other students of language, of a true and comprehensive science of language? Then we shall have rid ourselves of one more part of philosophy (there will still be plenty left) in the only way we ever can get rid of philosophy, by kicking it upstairs." (*1961*, 180)

3. *Die Konstruktion des einfachen und idealisierten Falles*

Sowohl in Searles Analyse des Sprechakts als auch in seiner Analyse speziell des illokutionären Akts ist ein Verfahren vorausgesetzt, das Searle Konstruktion eines „einfachen und idealisierten Falles" (*1971 a*, 87) oder „Methode der Konstruktion idealisierter Modelle" nennt (ebd.; *1969*, 56: „method of constructing idealized models") und das er folgendermaßen erläutert und begründet: „Diese Methode der Konstruktion idealisierter Modelle entspricht dem Verfahren der Theorienbildung in den meisten Wissenschaften – z. B. der Konstruktion ökonomischer Modelle oder der Darstellung des Sonnensystems, in der die Planeten als Punkte aufgefaßt werden. Ohne Abstraktion und Idealisierung wären systematische Darstellungen unmöglich." (*1971 a*, 87) – Ich werde mich im folgenden allein auf den einfachen und idealisierten Fall des Versprechens beziehen, von dem Searle in seiner Analyse des illokutionären Aktes ausgeht.

Die Wendung „Abstraktion und Idealisierung" hat auf das von Searle ‚konstruierte' Versprechen bezogen mehrere Bedeutungen:

1) Searle sieht von der *konkreten Sprechsituation* ab; er analysiert keine Versprechens-Äußerung, die zu bestimmter Zeit an bestimmtem Ort vollzogen und auf einem Tonträger dokumentiert wäre. – In positiver Darstellungsweise: Searle analysiert den *reinen Fall* des Ver-

sprechens oder, wie ein Linguist sagen würde, das Versprechen, das in einem ‚neutralen Kontext' steht, der nur die Referenten der indexikalischen Ausdrücke des Satzes enthält (Sprecher, Adressat, Minimalbestimmungen der raum-zeitlichen Umstände). Da bei der so konstruierten Versprechens-Äußerung Dinge wie geistige Absenz oder unbewußte Komplexe des Sprechers keine Rolle spielen, könnte man den von Searle berufenen „Sprecher S" mit Chomsky, der (in: *1965*, 4) genau diese Art von Abstraktion thematisiert hat, einen „idealen Sprecher" nennen; Searles Sprecher S ist sozusagen manifestierte Kompetenz oder ‚Sprachbeherrschung'.

2) Searle sieht von illokutionären Akten ab, die sozusagen *keine klare Kontur* erkennen lassen. Er analysiert beispielsweise nicht das Bitten oder das Kritisieren. – In positiver Darstellungsweise: Searle analysiert den *prägnanten Fall* eines illokutionären Akts, d.h. einen Fall, anhand dessen die Struktur *des* illokutionären Akts bzw. das Zusammenspiel der Komponenten des illokutionären Akts (Einleitungsregeln usf.) ‚einsichtig' vor Augen treten kann. Das Versprechen gibt, wie Searle selbst es ausdrückt, „den Charakter illokutionärer Akte besonders gut wieder, es ist wie eine Gebirgslandschaft, die die geographischen Züge besonders deutlich zeigt" (*1971 a*, 84).

3) Searle sieht von *Rand- und Grenzfällen* des Versprechens ab, etwa von hypothetischen Versprechen (s. *1971 a*, 86) oder von Fällen wie diesem: Jemand sagt „Ich verspreche, A zu tun", obwohl ihm nicht klar ist, daß die prädizierte Handlung A zum Nutzen oder zum Schaden des Adressaten ist. In positiver Darstellungsweise: Searle geht von *paradigmatischen Fällen* des Versprechens aus, also von Fällen wie diesem: „Ich verspreche, dir morgen

zu helfen", wobei vorausgesetzt ist, daß der Adressat dieser Hilfe bedarf und bereit ist, sie anzunehmen. – Searle könnte sein Ausgehen von paradigmatischen Fällen etwa mit Wittgenstein (*1953*, § 142) folgendermaßen begründen: „Nur in normalen Fällen ist der Gebrauch der Worte uns klar vorgezeichnet; wir wissen, haben keinen Zweifel, was wir in diesem oder jenem Fall zu sagen haben. Je abnormaler der Fall, desto zweifelhafter wird es, was wir nun hier sagen sollen."

4) Indem Searle vom paradigmatischen Fall des Versprechens ausgeht, sieht er vom *alltagssprachlichen* Gebrauch der Formel „Ich verspreche" bzw. vom ‚landläufigen' Versprechens-Begriff ab. Im Hinblick auf die Alltagssprache könnte man die Sache so darstellen: Das Versprechen ist ein Sprechakt, der durch Regeln von „verschiedenem Grade der Wichtigkeit" (vgl. Searle *1971 a*, 56) konstituiert wird. Am wichtigsten ist die wesentliche Regel: Wenn einer Äußerung die wesentliche Regel des Versprechens nicht zugrundeliegt – wenn also keine Verpflichtung übernommen wird –, liegt kein Versprechen vor. Weniger wichtig sind die Einleitungsregeln: Wenn nicht klar ist, ob die Handlung, die der Versprechende prädiziert, im Interesse oder zum Schaden des Adressaten ist, wird die Formel „Ich verspreche" durchaus gelegentlich gebraucht. Der betreffende Sprechakt mag in den Augen des einen ein Versprechen sein, in den Augen des anderen nicht. – Von diesem ‚unexakten' alltagssprachlichen Gebrauch der „Ich-verspreche"-Formel sieht Searle also ab. – In positiver Darstellungsweise: Searle geht vom *idealisierten Fall* des Versprechens aus bzw. davon, daß es „absolut notwendige und hinreichende Bedingungen" (vgl. *1971 a*, 85f.) des Versprechens gibt: eine abgeschlossene oder vollständige Liste gleichwertiger Bedingungen bzw. Re-

geln, aufgrund derer eine gegebene Äußerung eindeutig unter ‚Ein-Versprechen-Geben' subsumiert werden kann oder nicht.

In einer Randbemerkung möchte ich darauf hinweisen, daß das (paradigmatische) Versprechen einer „Idealisierung" sozusagen entgegenkommt, da es einen „ausgesprochen formellen Charakter" hat (*1971 a*, 84). Es steht ja in der Nähe von ‚legal doings', hinsichtlich derer die Juristen bestimmte „starre Forderungen" aufgestellt haben, die es „im Alltag", etwa auf Bitten oder Kritisieren bezogen, nicht gibt (vgl. Austin *1972*, 51). (In der Jurisprudenz müssen Akte wie Jemandem-etwas-Vermachen ja genau definiert sein.)

Da das Verfahren der „Idealisierung" von großer methodologischer Wichtigkeit ist, möchte ich die im Hinblick auf Searles Ausgangsbeispiel ‚Versprechen' gemachten Aussagen ausweiten und Searles Ansatz allgemeiner charakterisieren: Searle geht von einer *idealisierten Sprache* aus, d. h. einer Sprache, die eine ‚exakte Logik' hat. Tatsächlich vergleicht Searle den Gebrauch eines Wortes mit dem Ziehen einer Schachfigur, das ja nach strengen formalen Regeln erfolgt (vgl. *1971 a*, 85). Searle distanziert sich damit von der ‚Ordinary language philosophy': Die Vertreter dieser Philosophie hatten solche schwierigen Begriffe wie den des Versprechens etwa als Begriffe mit komplexer Logik aufgefaßt oder als ‚open concepts' und das Modell der notwendigen und hinreichenden Bedingungen abgewandelt (s. o. Kap. I). Searle hingegen wandelt sozusagen den Gebrauch der schwierigen Begriffe ab, indem er einen ‚idealen' Gebrauch derselben konstruiert, und das heißt: einen Gebrauch, der eben durch die Angabe notwendiger und hinreichender Bedingungen bestimmt ist.

Indem Searle sich von der ‚Ordinary language philosophy‘ distanziert, nähert er sich der ‚ideal language philosophy‘: Seine Aussagen über das Versprechen könnte man als *Explikation* des Begriffs ‚Versprechen‘ ansehen bzw. als Festlegung und Präzisierung der Bedingungen des Gebrauchs der Formel „Ich verspreche“. Daß Searles Weg aber kein Weg zurück zur Idealsprachenphilosophie ist, zeigt sich dann, wenn man fragt, *warum* der Weg der Konstruktion idealisierter Fälle beschritten wird. Für die Idealsprachenphilosophen ist die Konstruktion einer idealen Sprache – eines Kalküls mit strengen formalen Regeln – das Ziel philosophischen Arbeitens; die ideale Sprache soll besser oder vollkommener als die Alltagssprache sein (vgl. Wittgenstein *1953*, § 81). Searle hingegen scheint mit Wittgenstein der Meinung zu sein, daß wir „nicht sagen können, wer die Sprache gebraucht, *müsse* ein solches Spiel spielen“ (ebd.). Für Searle ist die Konstruktion ‚idealisierter Fälle‘ bloß ein forschungsstrategisches Mittel – „a matter of research strategy“, wie er (*1977*, 205), gegen Derrida gerichtet, sagt –, um überhaupt ‚definitive‘ Aussagen über die Alltagssprache machen zu können. Würde man von Grenzfällen des Versprechens ausgehen oder von unvollständigen Fällen, käme man nie zu definitiven Aussagen über das Versprechen und in weiterer Folge auch nicht dazu, den Grenzfall als Grenzfall identifizieren zu können.

4. Kritische Würdigung der Sprechakttheorie Searles

Für die Sprechakttheorie Searles sind folgende ‚Beschränkungen‘ charakteristisch: a) Searle präsentiert ein handlungstheoretisch orientiertes Modell des Sprechens: Sprechen ist regelgeleitetes intentionales Verhalten. b) Searle geht von einfach und unzweideutig formulierten Sätzen aus. c) Searle konzentriert seine Aufmerksamkeit auf den Sprechakt als die kleinste Einheit der sprachlichen Kommunikation (vgl. *1971 a*, 30). – Indem Searle sich derart beschränkt, sieht er von Aspekten des Sprechens ab, die unter dem Gesichtspunkt etwa der Hermeneutik von Wichtigkeit sind. – Im folgenden sollen die Grenzen der Sprechakttheorie durch den Hinweis auf diese Aspekte markiert werden.

1) Indem Searle das Sprechen als *regelgeleitetes intentionales Verhalten* auffaßt, blendet er Komponenten des Sprechens aus, die eben keine „regelgeleiteten intentionalen (Teil-)Vollzüge" sind. Ausgeblendet sind Dinge wie Tonfall und Tempo des Sprechens, in denen der psychische Zustand des Sprechers sich ausdrückt oder verrät, also nicht-intentional zum Ausdruck gebracht wird.[23] Und ausgeblendet ist auch die – gelegentlich vorzufindende – Dimension des ‚tieferen Sinns' eines Satzes. Dieser ‚tiefere Sinn' zeichnet sich ja gerade dadurch aus, daß er sich nicht im ‚gemeinten' Sinn, in der „mens auctoris", erschöpft: Wenn man gewisse philosophische Sätze verstehen will,

[23] Searle redet zwar gelegentlich vom „psychischen Zustand" des Sprechers (s. *1971 a*, 111), aber er meint mit dieser Wendung nicht *mehr* als die propositionale Einstellung, die in gewissen illokutionären Akten ausgedrückt ist oder scheint: wer etwas verspricht, gibt zu verstehen, daß er die Absicht hat, die prädizierte Handlung auszuführen. (Nicht, daß sich diese Absicht in seiner Äußerung *verriete*.) – Im übrigen ist der Ausdruck „Absicht" („intention") im Zusammenhang der Sprechakttheorie systematisch mehrdeutig. Er meint, a) auf den *Sprechakt als ganzen* bezogen, die „reflexive Intention" (Searle *1971 a*, 75): Wer „Ich komme morgen" sagt, weiß, was er tut; er weiß, daß er (z.B.) ein Versprechen gibt. Der Ausdruck „Absicht" meint, b) auf *gewisse illokutionäre Akte* bezogen, die propositionale Einstellung des Sprechers (s.o.); und er meint, c) auf die *Perlokution* bezogen, das Verfolgen eines perlokutionären Ziels: Jemand gibt ein Versprechen, um (oder: in der Absicht) den Adressaten zu beruhigen.

muß man (auch) auf die Ideen zurückgehen, die „über allen Interessen... oder persönlichen Absichten der einzelnen" stehen (Droysen *1857*, 165) und also jenseits dessen, was jemand sagen *will*. – Searle sieht also, könnte man sagen, von solchen Aspekten des Sprechens ab, die für eine psychologisch oder ideengeschichtlich orientierte Hermeneutik von Wichtigkeit sind.

2) Weil zu Searles Forschungsstrategie das Ausgehen von *einfachen und idealisierten Fällen* gehört – von Sätzen, in denen alles, was gemeint ist, ‚ausdrücklich' gesagt ist –, bleiben bestimmte sprachpsychologisch-semantisch relevante Sachverhalte unbeachtet; etwa dieser: Die ‚aktuelle' Bedeutung eines Wortes ist – zumindest manchmal – durch den ‚aktuellen' Kontext dieses Wortes mitbestimmt. So werden von denen, die den Satz „The man lifted the piano" hören, bestimmte semantische Merkmale des Wortes „piano" ‚aktualisiert', die für diejenigen, die den Satz „The man tuned the piano" hören, unwichtig sind (vgl. Hörmann *1983*, 20f.).

3) Indem Searle den *einzelnen Sprechakt* zum Gegenstand seiner Analyse macht, sieht er sowohl vom interaktionstheoretischen als auch vom diskursanalytischen Aspekt des Sprechens ab: von der ‚konkreten' Gesprächssituation wie von dem „Sequenzschema" (vgl. Wunderlich *1976*, 357 u.ö.), in dessen Zusammenhang der einzelne Sprechakt zu stehen pflegt. – Man hat vor allem diese ‚Abstraktion' in kritischem Lichte gesehen: Vertreter der ‚Berliner Linguistik' haben moniert, daß Searle die Sprechakte als isolierte, nicht in eine komplexe Interaktion eingebettete sprachliche Einheiten gefaßt habe (vgl. Strube/Heyer *1983*, 8f.). Und nach Kemmerling hat Searle versäumt, die konventionalen Konsequenzen illokutionärer Akte in sei-

ne Liste der Unterscheidungsprinzipien von Illokutionstypen aufzunehmen (*1979*, 68 u. 112 Anm. 4).

4) Indem Searle seine Untersuchung auf den *einzelnen Sprechakt* beschränkt und diesen als *intentionalen* Vollzug faßt, klammert er sozialpsychologische und gesellschaftliche Faktoren aus, mit deren Hilfe die Art zu reden zum Teil erklärt werden kann: Er legt das Schema der bloßen Sprecher-Hörer-Beziehung, das „Adam-und-Eva-Modell" der Kommunikation (s. Kästle *1972*, 127), zugrunde und setzt seine Sprachphilosophie damit den Einwänden etwa marxistisch orientierter Linguisten aus, die darauf bestehen, „Kommunikationsvorgänge nicht aus ihren kleinsten Einheiten, den Äußerungen bzw. Sprechhandlungen, zu erklären, sondern aus der materiellen Basis der Gesellschaft und der entsprechenden Form des Verkehrs der Menschen untereinander" (ebd.).

Searle sieht von allen diesen Aspekten ab und stellt mithin eine Theorie auf, die sich sozusagen auf ein beschränktes Blickfeld bezieht. – Andererseits ist aber zweierlei hervorzuheben:

1) Searle weiß sehr wohl, daß er das *Sprechen* auf den Vollzug von Sprechakten ‚*reduziert*' hat. Er weiß, daß in dieser Charakterisierung des Sprechens bestimmte Dinge ‚weggelassen' oder vernachlässigt sind, die unter anderen Gesichtspunkten Aufmerksamkeit verdienen. So weiß er, „that in general the notion of literal meaning of a sentence only has application relative to a set of contextual or background assumptions" (*1979*, 117). Und er hat gesehen, daß zu den Prinzipien der Unterscheidung von Typen illokutionärer Akte „die verschiedenen Arten, in denen sich eine Äußerung auf den übrigen Teil des

Gesprächs bezieht" (*1971 a*, 111f.), gehören. Überdies erhebt Searle auch nicht den Anspruch, so etwas wie eine vollständige Analyse des *Sprechakts* durchgeführt zu haben. Er ist nicht der Ansicht, daß es sich bei seiner Unterscheidung von Äußerungsakt, propositionalen Akten und Illokution „um die einzig mögliche Art der Unterscheidung handelt" (*1971 a*, 42). Searle weist darauf hin, daß es für bestimmte Zwecke wünschenswert sein könnte, z.B. den Äußerungsakt in einen phonetischen, einen phonematischen Akt und andere Akte zu unterteilen (s. ebd.).

2) Searle hat einen wichtigen Aspekt des Sprechens herausgestellt, und er hat ihn klarer und übersichtlicher herausgestellt, als dies Austin getan hatte. – Er hat der Sprechakttheorie damit eine Gestalt gegeben, die sie zu einem gut geeigneten Instrument philosophischer Analyse macht: Man kann die *unterschiedlichen* Dinge, die man kraft Äußerung etwa von „Das ist wahr" tun kann (Bestätigen, Beipflichten usf.) oder kraft Äußerung von „Das ist gut" (Empfehlen, Gutheißen usf.), mit Hilfe von Searles ‚Regelkanon' theoretisch erklären; man kann – um es im Bilde zu sagen – die interne Maschinerie dieser Akte bis in Details hinein ansichtig werden lassen. Die Sprechakttheorie ist demnach eine Theorie, wie sie sich Wellman *1961* – für die analytische Ethik – gewünscht hatte: „a theory which is both systematic and sensitive to the various meanings of ethical sentences" (155f.).

Literaturverzeichnis

Seitenzahlen im Text beziehen sich in Zweifelsfällen stets auf die jeweils *letzte* nicht in Klammern gesetzte Auflage oder Ausgabe, die im Literaturverzeichnis genannt wird. Ausnahme: Wo sich der Hinweis auf die „Orig.-Pag." im Literaturverzeichnis findet, folgen wir bei den Stellenangaben im Text der *ursprünglichen* Seitenzählung, die dann aus den jeweils genannten neueren Ausgaben immer ersichtlich ist. – Gelegentlich herangezogene Klassiker der griechischen und römischen Antike werden in diesem Literaturverzeichnis nicht genannt; in solchen Fällen geben wir die Quellen im Text selbst in der allgemein üblichen Weise an.

Albert, H. *1961* Ethik und Meta-Ethik, in: Archiv für Philosophie 11 (1961) 28–63.

Aldridge, V. C. *1963* Philosophy of Art, Englewood Cliffs, N. J.

Anscombe, G. E. M. *1957* Intention, Oxford. (Dt.: Absicht, Freiburg/München 1986.)

– *1965* The Intentionality of Sensation: A Grammatical Feature, in: Butler *1965*, 158–180.

Arrington, R. L. *1975* Can there be a Linguistic Phenomenology?, in: Philosophical Quarterly 25 (1975) 289–304.

Austin, J. L. *1940* The Meaning of a Word, wieder abgedruckt in: Austin *1961*, 23–43.

– *1950* Truth, wieder abgedruckt in: Pitcher *1964 b*, 18–31.

– *1956* A Plea for Excuses, wieder

		abgedruckt in: Austin *1961*, 123–152. (Dt. in: Grewendorf/Meggle *1974 a*.)
–	*1958*	Performatif-Constatif, engl. Fassung wieder abgedruckt in: Searle *1971 b*, 13–22. (Dt. in: Bubner *1968*.)
–	*1961*	Philosophical Papers, hrsg. von J. O. Urmson und G. J. Warnock, Oxford.
–	*1962 a*	How to do things with Words. The William James Lectures delivered at Harvard University in 1955, hrsg. von J. O. Urmson, Oxford.
–	*1962 b*	Sense and Sensibilia, Oxford; dt.: Sinn und Sinneserfahrung, übersetzt von E. Cassirer, Stuttgart 1975.
–	*1972*	Zur Theorie der Sprechakte. Deutsche Bearbeitung (von Austin *1962 a*) von E. v. Savigny, Stuttgart.
–	*1975*	Wort und Bedeutung, München (dt. Übers. von Austin *1961*).
Ayer, A. J.	*1936*	Language, Truth, and Logic, London; dt.: Sprache, Wahrheit und Logik, übersetzt von H. Herring, Stuttgart 1970.
–	*1940*	The Foundations of Empirical Knowledge, London.
–	*1963*	Philosophy and Language, in: The Concept of a Person and other essays, London 1963, 1–35. (Auch in: Lewis *1963*, 401–428.)
Ayer, A. J. u. a.	*1956*	The Revolution in Philosophy, London-New York.
Baier, K.	*1952*	The Ordinary Use of Words, in: Proceedings of the Aristo-

telian Society, N. S. 52 (1952) 47–70.

Baker, G. P./ Hacker, P. M. S. *1984* Scepticism, Rules and Language, Oxford.

Bar-Hillel, Y. *1946* Analysis of ‚Correct‘ Language, in: Mind 55 (1946) 328–340.

Beardsley, M. C. *1973* What is an Aesthetic Quality?, in: Theoria 34 (1973) 50–70.

Beck, G. *1980* Sprechakte und Sprachfunktionen, Tübingen.

Becker, W./ Hübner, K. (Hrsg.) *1976* Objektivität in den Natur- und Geisteswissenschaften, Hamburg.

Bergmann, G. *1953* Logical Positivism, Language, and the Reconstruction of Metaphysics, wieder abgedruckt in: Rorty *1967*, 63–71.

Berkeley, G. *1710* A Treatise Concerning the Principles of Human Knowledge (z. B. in: A. A. Luce und T. E. Jessop [Hrsg.]: The Works of George Berkeley, Vol. II, London 1949).

Berlin, I. u. a. *1973* Essays on J. L. Austin, Oxford.

Bieri, P. (Hrsg.) *1981* Analytische Philosophie des Geistes, Königstein, Ts.

Birnbacher, D. *1974* Die Logik der Kriterien. Analysen zur Spätphilosophie Wittgensteins, Hamburg.

Bittner, R./Pfaff, P. (Hrsg.) *1977* Das ästhetische Urteil, Köln.

Blau, U. *1977* Die dreiwertige Logik der Sprache. Ihre Syntax, Semantik und Anwendung in der Sprachanalyse, Berlin-New York.

Braithwaite, R. B. *1955* An Empiricist's View of the Nature of Religious Belief, wieder abgedruckt in: Mitchell *1971*, 72–91.

Broad, C. D. *1925* The Mind and its Place in Nature, London.

Bubner, R. (Hrsg.) *1968* Sprache und Analysis. Texte zur englischen Philosophie der Gegenwart, übersetzt und eingeleitet von R. Bubner, Göttingen.

Buck, R. C. *1962* Non-Other Minds, in: Butler *1962*, 187–210.

Bühler, K. *1927* Die Krise der Psychologie, Neudruck Frankfurt a. M.-Berlin-Wien 1978.

Burge, T. *1984* Frege on Extensions of Concepts, from 1884 to 1903, in: Philosophical Review 93 (1984) 3–34.

Butler, R. J. (Hrsg.) *1962* Analytical Philosophy, First Series, Oxford.

– (Hrsg.) *1965* Analytical Philosophy, Second Series, Oxford.

Carnap, R. *1931 a* Überwindung der Metaphysik durch logische Analyse der Sprache, in: Erkenntnis 2 (1931) 219–241. (Auch in: Schleichert *1975*, mit Orig.-Pag.)

– *1931 b* Die physikalische Sprache als Universalsprache der Wissenschaft, in: Erkenntnis 2 (1931) 432–465.

– *1932/1933* Psychologie in physikalischer Sprache, in: Erkenntnis 3 (1932/1933) 107–142.

– *1934* Logische Syntax der Sprache, Wien-New York, [2]1968.

– *1947* Meaning and Necessity. A Study in Semantics and Modal Logic, Chicago-London, 2.

		Aufl. (mit „Supplement") 1956.
–	*1963*	The Philosophy of Rudolf Carnap, hrsg. von P. A. Schilpp, La Salle, Ill.
Caton, C. E. (Hrsg.)	*1963*	Philosophy and Ordinary Language, University of Illinois.
–	*1976*	„The idea of Sameness challenges reflection", in: Schirn *1976* II, 167–180.
Cavell, S.	*1958*	Must We Mean What We Say?, in: Inquiry (1958); dt.: Müssen wir meinen, was wir sagen?, in: Grewendorf/Meggle *1974 a*, 168–219.
–	*1962*	The Availability of Wittgenstein's Later Philosophy, wieder abgedruckt in: Pitcher *1966*, 151–185. (Dt.: Der Zugang zu Wittgensteins Spätphilosophie, in: Malcolm u.a. *1968*, 119–153.)
–	*1965*	Austin at Criticism, wieder abgedruckt in: Rorty *1967*, 250–260.
Cerf, W.	*1969*	Critical Review of ‚How to do things with Words', wieder abgedruckt in: Fann *1969 b*, 351–379.
Chisholm, R. M.	*1964*	J. L. Austins Philosophical Papers, in: Mind 83 (1964) 1–26.
Chomsky, N.	*1965*	Aspects of the Theory of Syntax, Cambridge, Mass.
Cohen, L. J.	*1950*	Mr. Strawson's Analysis of Truth, in: Analysis 10 (1950) 136–140.
Cohen, T.	*1973*	Aesthetic/Non-aesthetic and the Concept of Taste: A Cri-

		tique of Sibley's Position, in: Theoria 39 (1973) 113–152.
Coleman, F. J. (Hrsg.)	*1968*	Contemporary Studies in Aesthetics, New York.
Cook, J. W.	*1965*	Wittgenstein on Privacy, wieder abgedruckt in: Pitcher *1966*, 286–323.
Cooper, D. E.	*1972*	Meaning and Illocutions, in: American Philosophical Quarterly 9 (1972) 69–77.
Copleston, F.	*1976*	Sprache und Realität. Gedanken zur analytischen Philosophie, in: Becker/Hübner *1976*, 109–122.
Corrado, M.	*1975*	The Analytic Tradition in Philosophy. Background and Issues, Chicago (131–142: Bibliography of Analytic Philosophy).
Danto, A. C.	*1973*	Analytical Philosophy of Action, Cambridge. (Dt.: Analytische Handlungsphilosophie, Königstein, Ts. 1979.)
Davidson, D.	*1974*	On the Very Idea of a Conceptual Scheme, wieder abgedruckt in: Davidson *1984*, 183–198.
–	*1980*	Essays on Actions and Events, Oxford.
–	*1983*	Analytische Philosophie ohne empiristische Dogmen. Gespräch zwischen D. Koppelberg und D. Davidson, in: Information Philosophie 11 (Basel 1983) I: Heft 1, 18–21; II: Heft 2, 18–25.
–	*1984*	Inquiries into Truth and Interpretation, Oxford.
Davidson, D./Harman, G. (Hrsg.)	*1972*	Semantics of Natural Language, Dordrecht.

Davidson, D./Hintikka, J. (Hrsg.)	*1969*	Words and Objections. Essays on the Work of W. V. Quine, Dordrecht, revid. Ausgabe 1975.
Delius, H.	*1963*	Untersuchungen zur Problematik der sogenannten synthetischen Sätze apriori, Göttingen.
Dilthey, W.	*1900*	Die Entstehung der Hermeneutik, wieder abgedruckt in: Dilthey, Gesammelte Schriften, Bd. V, hrsg. von G. Misch, Stuttgart-Göttingen [5]1968, 317–338.
Donagan, A.	*1966*	Wittgenstein on Sensation, in: Pitcher *1966*, 324–351.
Droysen, J. G.	*1857*	Historik, hrsg. von P. Leyh, Bd. I, Stuttgart–Bad Cannstatt 1977.
Dummett, M.	*1973*	Frege: Philosophy of Language, London.
–	*1975*	What is a Theory of Meaning?, in: Guttenplan *1975*, 97–138.
–	*1978*	Truth and Other Enigmas, London.
–	*1981*	The Interpretation of Frege's Philosophy, London.
Edwards, P. (Hrsg.)	*1967*	The Encyclopedia of Philosophy, Vol. I–VIII, New York-London, Reprint Edition 1972.
Elton, W. (Hrsg.)	*1954*	Aesthetics and Language, London [2]1970.
Ezorsky, G.	*1963*	Truth in Context, in: Journal of Philosophy 60 (1963) 113–135.
Fann, K. T.	*1969 a*	Wittgenstein's Conception of Philosophy, Oxford; dt.: Die Philosophie Ludwig Wittgensteins, übersetzt von G. Shaw, München 1971.

– (Hrsg.) *1969 b* Symposium on J. L. Austin, London.

Feigl, H. *1958* The „Mental“ and the „Physical“. The Essay and a Postscript, Ausgabe Minneapolis 1967.

Feigl, H./Sellars, W. (Hrsg.) *1949* Readings in Philosophical Analysis, New York.

Findlay, J. N. *1941* Time: A Treatment of Some Puzzles, in: Australasian Journal of Psychology and Philosophy (1941); dt.: Die Zeit. Zur Behandlung einer Gruppe von Rätseln, in: Savigny *1969 b*, 63–84.

– *1961* Use, Usage and Meaning, in: Lewis *1963*, 429–441.

Flew, A. G. N. (Hrsg.) *1951* Essays on Logic and Language, First Series, Oxford.

– (Hrsg.) *1953* Essays on Logic and Language, Second Series, Oxford.

Fodor, J./Katz, J. J. *1963* The Availability of What We Say, in: Philosophical Review 72 (1963) 57–71; dt.: Der Zugang zu dem, was wir sagen, in: Grewendorf/Meggle *1974 a*, 220–238.

Foot, Ph. (Hrsg.) *1967* Theories of Ethics, Oxford.

Forguson, L. W. *1969* Austin's Philosophy of Action, in: Fann *1969 b*, 127 bis 147; dt.: Austins Handlungstheorie, in: Meggle/Bekkermann *1977* I, 43–68.

– *1973* Locutionary and Illocutionary Acts, in: Berlin u.a. *1973*, 160–185.

Frankena, W. K. *1939* The Naturalistic Fallacy, wieder abgedruckt in: Foot *1967*, 50–63; dt. in: Grewendorf/Meggle *1974 b*, 83–99.

– *1963* Ethics, Englewood Cliffs, N.

		J.; dt.: Analytische Ethik, übersetzt von N. Hoerster, München 1972.
Franzen, W.	*1982*	Die Bedeutung von ‚wahr' und ‚Wahrheit', Freiburg/München.
Fraser, B.	*1973*	On Accounting for Illocutionary Forces, in: Anderson und Kiparski (Hrsg.): A Festschrift for Morris Halle, New York 1973; dt.: Wie läßt sich die Illokutionskraft von Sätzen erklären?, in: Kußmaul *1980*, 53–81.
Freedman, M. P.	*1968*	The Myth of the Aesthetic Predicate, in: Journal of Aesthetics and Art Criticism 27 (1968) 49–55.
Frege, G.	*1879*	Begriffsschrift, eine der arithmetischen nachgebildete Formelsprache des reinen Denkens, nachgedruckt in: Frege *1964* (Orig.-Pag.).
–	*1882*	Über die wissenschaftliche Berechtigung einer Begriffsschrift, nachgedruckt in: Frege *1962* und *1964* (Orig.-Pag.).
–	*1884*	Die Grundlagen der Arithmetik. Eine logisch-mathematische Untersuchung über den Begriff der Zahl, Nachdruck Darmstadt 1961 (Orig.-Pag.).
–	*1891*	Funktion und Begriff, wieder abgedruckt in: Frege *1962* und *1967* (Orig.-Pag.).
–	*1892 a*	Über Sinn und Bedeutung, wieder abgedruckt in: Frege *1962* und *1967* (Orig.-Pag.).
–	*1892 b*	Über Begriff und Gegenstand,

wieder abgedruckt in: Frege *1962* und *1967* (Orig.-Pag.).
– *1893* Grundgesetze der Arithmetik, begriffsschriftlich abgeleitet, Bd. I, Nachdruck Darmstadt 1962 (Orig.-Pag.).
– *1894* Rezension von: E. G. Husserl: Philosophie der Arithmetik I, wieder abgedruckt in: Frege *1967* (Orig.-Pag.).
– *1903* Grundgesetze der Arithmetik, begriffsschriftlich abgeleitet, Bd. II, Nachdruck Darmstadt 1962 (Orig.-Pag.).
– *1918* Logische Untersuchungen, Erster Teil: Der Gedanke, wieder abgedruckt in: Frege *1966* und *1967* (Orig.-Pag.).
– *1919* Logische Untersuchungen, Zweiter Teil: Die Verneinung, wieder abgedruckt in: Frege *1966* und *1967* (Orig.-Pag.).
– *1962* Funktion, Begriff, Bedeutung. Fünf logische Studien, hrsg. und eingeleitet von G. Patzig, Göttingen.
– *1964* Begriffsschrift und andere Aufsätze, hrsg. von I. Angelelli, Darmstadt.
– *1966* Logische Untersuchungen, hrsg. und eingeleitet von G. Patzig, Göttingen.
– *1967* Kleine Schriften, hrsg. von I. Angelelli, Darmstadt.
– *1969* Nachgelassene Schriften, hrsg. von H. Hermes, F. Kambartel, F. Kaulbach, Hamburg.
– *1976* Wissenschaftlicher Briefwechsel, hrsg. von G. Gabriel, H.

Hermes, F. Kambartel, Ch. Thiel, A. Veraart, Hamburg.

Frey, G./Zelger, J. (Hrsg.) *1983* Der Mensch und die Wissenschaften vom Menschen, Bd. I und II, Innsbruck.

Gadamer, H.-G. (Hrsg.) *1967* Das Problem der Sprache, München.

Gallie, W. B. *1956* Essentially Contested Concepts, in: Proceedings of the Aristotelian Society, N. S. 56 (1955/1956) 167–198.

Garver, N. *1982* Wittgenstein's Legacy to Epistemology, in: W. Leinfellner u.a. (Hrsg.): Language and Ontology (Sprache und Ontologie), Akten des 6. Internationalen Wittgenstein-Symposiums 1981 in Kirchberg, Wien 1982, 230–234.

Geiger, M. *1913* Beiträge zur Phänomenologie des ästhetischen Genusses, Halle.

Giegel, H. J. *1969* Die Logik der seelischen Ereignisse. Zu Theorien von L. Wittgenstein und W. Sellars, Frankfurt a.M.

Gier, N. F. *1981* Wittgenstein and Phenomenology. A Comparative Study of the Later Wittgenstein, Husserl, Heidegger, and Merleau-Ponty, Albany, N.Y.

Gill, J. H. *1973* Linguistic Phenomenology, in: International Philosophical Quarterly 13 (1973) 535–550.

Glassen, P. *1959* The Cognitivity of Moral Judgements, in: Mind (1959); dt.: Die Kognitivität moralischer Urteile, in: Savigny *1969 b*, 139–156.

Goodman, N. *1947* The Problem of Counterfac-

		tual Conditionals, wieder abgedruckt in: Linsky *1952*, 229–246.
–	*1949*	On Likeness of Meaning, wieder abgedruckt in: Linsky *1952*, 65–74.
–	*1955*	Fact, Fiction, and Forecast, Cambridge, Mass. [2]1965. ([3]1973; dt.: Tatsache, Fiktion, Voraussage, Frankfurt a. M. 1975.)
Grant, C. K.	*1958*	Pragmatic Implication, in: Philosophy 33 (1958) 303–324.
Grewendorf, G. (Hrsg.)	*1979*	Sprechakttheorie und Semantik, Frankfurt a. M.
Grewendorf, G./ Meggle, G. (Hrsg.)	*1974 a*	Linguistik und Philosophie, Frankfurt a. M.
–/– (Hrsg.)	*1974 b*	Seminar: Sprache und Ethik. Zur Entwicklung der Metaethik, Frankfurt a. M.
Grice, H. P./ Strawson, P. F.	*1956*	In Defense of a Dogma, in: Philosophical Review 65 (1956) 141–158.
Guttenplan, S. (Hrsg.)	*1975*	Mind and Language. Wolfson College Lectures 1974, Oxford.
Habermas, J./ Luhmann, N.	*1971*	Theorie der Gesellschaft oder Sozialtechnologie – Was leistet die Systemforschung?, Frankfurt a. M.
Hacker, P. M. S.	*1972*	Insight and Illusion. Wittgenstein on Philosophy and the Metaphysics of Experience, Oxford. (Dt.: Einsicht und Täuschung, Frankfurt a. M. 1978.)
Hacking, I.	*1975*	Why Does Language Matter to Philosophy?, Cambridge.
Hahn, H.	*1930*	Überflüssige Wesenheiten (Occams Rasiermesser), nach-

gedruckt in: Schleichert *1975* (Orig.-Pag.).

Hall, R. | *1959* | Excluders, wieder abgedruckt in: Caton *1963*, 67–73.

Haller, R. | *1965* | Die linguistische Methode in der Philosophie, in: Wissenschaft und Weltbild 18 (1965) 132–142.

Hancock, R. | *1960* | The Refutation of Naturalism in Moore and Hare, wieder abgedruckt in: Klemke *1969*, 44–52.

Hare, R. M. | *1952* | The Language of Morals, Oxford.

– | *1957* | Analytik und Metaphysik in Oxford, in: Philosophische Rundschau 5 (1957) 269–280.

– | *1959* | A School for Philosophers, wieder abgedruckt in: Hare *1971 b*, 38–53. (Dt.: Das Philosophiestudium in Oxford, in: Ratio II [1959] 1–12.)

– | *1960* | Philosophical Discoveries, wieder abgedruckt in: Hare *1971 b*, 19–37. (Dt. in: Grewendorf/Meggle *1974 a*, 131 bis 153.)

– | *1963* | Freedom and Reason, Oxford.

– | *1966* | Some Sub-Atomic Particles of Logic (unveröffentlichtes Vortrags-Ms., Fassung Canberra 1966 und Neufassung Leeds 1971).

– | *1970* | Meaning and Speech Acts, wieder abgedruckt in: Hare *1971 a*, 74–99.

– | *1971 a* | Practical Inferences, London-Basingstoke.

– | *1971 b* | Essays on Philosophical

		Method, London-Basingstoke.
–	*1971 c*	Austin's Distinction between Locutionary and Illocutionary Acts, in: Hare *1971 a*, 100 bis 114.
–	*1972*	Die Sprache der Moral. Deutsche Übersetzung (von Hare *1952*) von P. v. Morstein, Frankfurt a.M.
–	*1973 a*	Critical Study: Rawls' Theory of Justice, I–II, in: Philosophical Quarterly 23 (1973) 144–155, 241–252.
–	*1973 b*	Freiheit und Vernunft. Deutsche Übersetzung (von Hare *1963*) von G. Meggle, Düsseldorf.
–	*1981*	Moral Thinking. Its Levels, Method, and Point, Oxford.
–	*1982*	Plato, Oxford-New York.
Hart, H. L. A.	*1948/1949*	The Ascription of Responsibility and Rights, wieder abgedruckt in: Flew *1951*, 145–166.
–	*1961*	The Concept of Law, Oxford; dt.: Der Begriff des Rechts, übersetzt von A. v. Baeyer, Frankfurt a.M. 1973.
Heath, P. L.	*1952*	The Appeal to Ordinary Language, wieder abgedruckt in: Lewis *1963*, 185–200.
Hegel, G. W. F.	*1812*	Die Wissenschaft der Logik, hrsg. von G. Lasson, Hamburg 1963 (Orig.-Pag.).
Heidegger, M.	*1927*	Sein und Zeit, Tübingen [7]1953.
–	*1929*	Was ist Metaphysik?, Frankfurt a.M. [6]1951.
Hempel, C. G.	*1935*	The Logical Analysis of Psychology, wieder abgedruckt

		in: Feigl/Sellars *1949*, 373–384.
Henckmann, W. (Hrsg.)	*1979*	Ästhetik (Wege der Forschung, Bd. XXXI), Darmstadt.
Henrich, D./ Iser, W. (Hrsg.)	*1982*	Theorien der Kunst, Frankfurt a. M.
Heyer, G.	*1984*	Historisch-systematische Anmerkungen zum Dispositionsbegriff. (Demnächst in den Akten des XIII. Deutschen Kongresses für Philosophie in Bonn 1984, „Tradition und Innovation".)
Hintikka, J.	*1962*	Knowledge and Belief. An Introduction to the Logic of the Two Notions, Ithaca–London.
Hoche, H. U.	*1964*	Nichtempirische Erkenntnis. Analytische und synthetische Urteile a priori bei Kant und bei Husserl, Meisenheim am Glan.
–	*1972*	Gegenwart und Handlung. Eine sprachanalytisch-phänomenologische Untersuchung, in: U. Claesges und K. Held (Hrsg.): Perspektiven transzendental-phänomenologischer Forschung (Landgrebe-Festschrift) (Phaenomenologica, Bd. 49), Den Haag 1972, 189–224.
–	*1973 a*	Kritische Bemerkungen zu Freges Bedeutungslehre, in: Zeitschrift für philosophische Forschung 27 (1973) 205–221.
–	*1973 b*	Handlung, Bewußtsein und Leib. Vorstudien zu einer rein noematischen Phänomenologie, Freiburg/München.

– *1976 a* Vom ‚Inhaltsstrich' zum ‚Waagerechten'. Ein Beitrag zur Entwicklung der Fregeschen Urteilslehre, in: Schirn *1976* II, 87–102.

– *1976 b* Elemente einer Anatomie der Verpflichtung. (Xerokopiertes Buch-Ms.; voraussichtlich Freiburg/München 1987.)

– *1977 a* Kausalgefüge, irreale Bedingungssätze und das Problem der Definierbarkeit von Dispositionsprädikaten, in: Zeitschrift für allgemeine Wissenschaftstheorie 8 (1977) 257 bis 291.

– *1977 b* Sollen und Wollen, in: G. Patzig u. a. (Hrsg.): Logik, Ethik, Theorie der Geisteswissenschaften, Hamburg 1977, 378 bis 386.

– *1978 a* Die Goldene Regel. Neue Aspekte eines alten Moralprinzips, in: Zeitschrift für philosophische Forschung 32 (1978) 355–375. (Engl. Übersetzung in: D. E. Christensen u. a. [Hrsg.]: Contemporary German Philosophy, Vol. 1, University Park - London 1982, 69–90.)

– *1978 b* Verifikation und Falsifikation in der Normenbegründung, in: 16. Weltkongreß für Philosophie, Düsseldorf 1978, Sektionsvorträge, 319–322.

– *1979* Husserls Phänomenbegriff im Lichte sprachanalytischen Philosophierens, in: Studien zur Sprachphänomenologie (Phänomenologische Forschungen, Bd. VIII), Freiburg/München 1979, 65–90.

– *1981 a* Analytische Ethik. Hares Theorie des moralischen Argumentierens, in: Philosophie. Anregungen für die Unterrichtspraxis, hrsg. von J. Hengelbrock, Heft 5 („Ethik II"), Frankfurt a.M. 1981, 10–38.

– *1981 b* Zur Methodologie von Kombinationstests in der analytischen Philosophie, in: Zeitschrift für allgemeine Wissenschaftstheorie 12 (1981) 28 bis 54.

– *1982* Beziehungen zwischen der Semantik Freges und der Noematik Husserls, in: Archiv für Geschichte der Philosophie 64 (1982) 166–197.

– *1983 a* Zur logischen Struktur von „Goldene-Regel"-Argumenten im Sinne Hares, in: Kant-Studien 74 (1983) 453–478.

– *1983 b* Philosophisches Staunen und phänomenologische Variation, in: Archiv für Geschichte der Philosophie 65 (1983) 283–305.

– *1983 c* Über sprachanalytische und phänomenologische Methoden in der Handlungstheorie (demnächst in: Zeitschrift für allgemeine Wissenschaftstheorie).

– *1983 d* Sein und Heißen. Modalprobleme der Identität, in: Zeitschrift für allgemeine Wissenschaftstheorie 16 (1985).

– *1984* Neustik/Phrastik II, in: Rit-

		ter/Gründer *1971ff.* VI, Sp. 775–777.
–	*1986*	Quine und die Quantenlogik. Kritik an einem Dogma der ‚post-linguistischen analytischen Philosophie' (vorgesehen für: Zeitschrift für allgemeine Wissenschaftstheorie 17 [1986]).
Hörmann, H.	*1976 a*	The Concept of Sense Constancy, in: Lingua 39 (1976) 269–280.
–	*1976 b*	Meinen und Verstehen. Grundzüge einer psychologischen Semantik, Frankfurt a.M.
–	*1983*	Was tun die Wörter miteinander im Satz? *oder* Wie viele sind einige, mehrere und ein paar?, Göttingen-Toronto-Zürich.
Hoerster, N.	*1969*	Zum Problem der Ableitung eines Sollens aus einem Sein in der analytischen Moralphilosophie, in: Archiv für Rechts- und Sozialphilosophie 55 (1969) 11–39.
Holborow, L. C.	*1967*	Wittgenstein's Kind of Behaviourism?, wieder abgedruckt in: Jones *1971*, 117–131.
Hook, S. (Hrsg.)	*1958*	Determinism and Freedom in the Age of Modern Science, New York.
Horwich, P.	*1984*	Critical Notice: Saul Kripke: Wittgenstein on Rules and Private Language, in: Philosophy of Science 51 (1984) 163–171.
Hospers, J.	*1958*	What Means this Freedom?, in: Hook *1958*, 113–130; dt.: Die Reichweite menschlicher

		Freiheit, in: Pothast *1978*, 93–114.
Howard, R. J.	*1963*	Ryle's Idea of Philosophy, in: The New Scholasticism 37 (1963) 141–163.
Hrachovec, H.	*1981*	Die sprachanalytische Philosophie auf dem Rückweg zur Metaphysik, beobachtet in neueren Untersuchungen zur Logik der Modalitäten, in: Philosophische Rundschau 28 (1981) 67–83.
Hudson, W. D.	*1970*	Modern Moral Philosophy, London-Basingstoke.
Hume, D.	*1739/ 1740*	A Treatise of Human Nature; dt. Übersetzung von Th. Lipps, Nachdruck Hamburg 1973.
–	*1748*	An Enquiry Concerning Human Understanding (z.B. Ausgabe von Selby-Bigge, Oxford ³1975).
Hungerland, I. C.	*1960*	Contextual Implication, in: Inquiry 3 (1960) 211–258.
–	*1963*	The Logic of Aesthetic Concepts, in: Proceedings and Addresses of the American Philosophical Association 1963; dt.: Die Logik ästhetischer Begriffe, in: Bittner/Pfaff *1977*, 111–133.
–	*1967/ 1968*	Once Again, Aesthetic and Non-Aesthetic, in: Journal of Aesthetics and Art Criticism (1967/1968); dt.: Noch einmal ästhetisch und nicht-ästhetisch, in: Bittner/Pfaff *1977*, 156–170.
Husserl, E.	*1891*	Philosophie der Arithmetik, mit ergänzenden Texten (1890–1901) hrsg. von L. Eley

		(Husserliana, Bd. XII), Den Haag 1970.
–	*1900/1901*	Logische Untersuchungen, Bd. I–II.1, Halle [4]1928.
–	*1913*	Ideen zu einer reinen Phänomenologie und phänomenologischen Philosophie, 1. Buch, hrsg. von W. Biemel (Husserliana, Bd. III), Den Haag 1950.
–	*1929*	Formale und transzendentale Logik. Versuch einer Kritik der logischen Vernunft, mit ergänzenden Texten hrsg. von P. Janssen (Husserliana, Bd. XVII), Den Haag 1974.
–	*1934–1937*	Die Krisis der europäischen Wissenschaften und die transzendentale Phänomenologie. Eine Einleitung in die phänomenologische Philosophie, hrsg. von W. Biemel (Husserliana, Bd. VI), Den Haag 1954.
Ilting, K. H.	*1972*	Anerkennung. Zur Rechtfertigung praktischer Sätze, in: G. G. Grau (Hrsg.): Probleme der Ethik zur Diskussion gestellt, Freiburg/München 1972, 83–107.
Jones, O. R.	*1968*	In Disputation of an Undisputed Thesis, in: Analysis 28 (1967/1968) 113–122.
– (Hrsg.)	*1971*	The Private Language Argument, London-Basingstoke.
Kästle, O.	*1972*	Sprache und Herrschaft, in: Wunderlich *1972*, 127–143.
Kainz, F.	*1972*	Über die Sprachverführung des Denkens, Berlin.
Kant, I.	*1781*	Kritik der reinen Vernunft, in:

		Werke, Bd. III–IV, Darmstadt 1975.
–	*1784*	Beantwortung der Frage: Was ist Aufklärung?, in: Werke, Bd. IX, Darmstadt 1975.
–	*1788*	Kritik der praktischen Vernunft, in: Werke, Bd. VI, Darmstadt 1975.
Kemmerling, A.	*1976*	Bedeutung und Sprachverhalten, in: Savigny *1976*, 73–100.
–	*1979*	Was Grice mit „Meinen" meint, in: Grewendorf *1979*, 67–118.
Kenny, A.	*1971*	The Verification Principle and the Private Language Argument, in: Jones *1971*, 204–228.
–	*1972*	Wittgenstein, London; dt.: Wittgenstein, Frankfurt a.M. 1974.
Kincade, J.	*1958*	On the Performatory Theory of Truth, in: Mind 67 (1958) 394–398.
Klemke, E. D. (Hrsg.)	*1969*	Studies in the Philosophy of G. E. Moore, Chicago.
Kripke, S. A.	*1971*	Identity and Necessity, in: M. Munitz *1971*, 135–164.
–	*1972*	Naming and Necessity, in: Davidson/Harman *1972*, 253 bis 355, 763–769.
–	*1981*	Name und Notwendigkeit, Frankfurt a.M. (Dt. Übersetzung der erweiterten und revidierten Buchausgabe von Kripke *1972*, Oxford 1980.)
–	*1982*	Wittgenstein on Rules and Private Language, Oxford.
Kußmaul, P. (Hrsg.)	*1980*	Sprechakttheorie. Ein Reader, Wiesbaden.
Kutschera, F. v.	*1971*	Sprachphilosophie, München (o.J.).

–	*1973*	Einführung in die Logik der Normen, Werte und Entscheidungen, Freiburg/München.
Langford, C. H.	*1942*	The Notion of Analysis in Moore's Philosophy, in: Moore *1942*, 321–342.
Lenk, H.	*1967*	Der ‚Ordinary Language Approach' und die Neutralitätsthese der Metaethik, in: Gadamer *1967*, 183–206.
Lewis, H. D. (Hrsg.)	*1963*	Clarity is not Enough. Essays in Criticism of Linguistic Philosophy, London–New York.
Linsky, L. (Hrsg.)	*1952*	Semantics and the Philosophy of Language, Urbana-Chicago-London.
Locke, J.	*1690*	An Essay concerning Human Understanding (z. B. Ausgabe von P. H. Nidditch, Oxford 1975).
Lorenz, Kuno	*1971*	Elemente der Sprachkritik, Frankfurt a. M.
–	*1976*	Identität II, in: Ritter/Gründer *1971ff.* IV, Sp. 144–148.
Lyons, J.	*1968*	Introduction to Theoretical Linguistics, Cambridge; dt.: Einführung in die moderne Linguistik, übersetzt von W. und G. Abraham, München [3]1973.
Macdonald, M.	*1949*	Some Distinctive Features of Arguments Used in Criticism of the Arts, wieder abgedruckt in: Elton *1954*, 114–130.
Mackie, J. L.	*1956*	Contemporary Linguistic Philosophy – Its Strength and its Weakness, Otago, Neuseeland.
Magee, B.	*1971*	Modern British Philosophy. Dialogues with A. J. Ayer et al., London.

Malcolm, N.	*1951*	Philosophy for Philosophers, in: Philosophical Review 60 (1951) 329–340.
–	*1954*	Wittgenstein's *Philosophical Investigations*, wieder abgedruckt in: Pitcher *1966*, 65–103. (Auch in Malcolm *1963*; Jones *1971*; dt. in: Malcolm u.a. *1968*.)
–	*1956*	Dreaming and Skepticism, in: Philosophical Review 65 (1956) 14–37.
–	*1959*	Dreaming, London.
–	*1963*	Knowledge and Certainty. Essays and Lectures, Englewood Cliffs.
Malcolm, N. u.a.	*1968*	Über Ludwig Wittgenstein, Frankfurt a.M.: edition suhrkamp.
Marcuse, H.	*1964*	The One-Dimensional Man, Boston, Mass.; dt.: Der eindimensionale Mensch, übersetzt von A. Schmidt, Neuwied und Berlin ^{8}1976.
Mates, B.	*1958*	On the Verification of Statements about Ordinary Language, in: Inquiry (1958); dt.: Zur Verifikation von Feststellungen über die normale Sprache, in: Grewendorf/Meggle *1974 a*, 154–167.
Maxwell, G./ Feigl, H.	*1961*	Why Ordinary Language Needs Reforming, wieder abgedruckt in: Rorty *1967*, 193–200.
McGinn, M.	*1984*	Kripke und Wittgensteins skeptisches Problem, in: Ratio 26 (1984) 16–27.
Meager, R.	*1970*	Aesthetic Concepts, in: British Journal of Aesthetics 10 (1970) 303–322.

Meggle, G./Beckermann, A. (Hrsg.)	*1977*	Analytische Handlungstheorie, Bd. I und II, Frankfurt a.M.
Mitchell, B. (Hrsg.)	*1971*	The Philosophy of Religion, Oxford.
Montague, R.	*1974*	Formal Philosophy. Selected Papers, hrsg. von R. H. Thomason, New Haven-London.
Moore, G. E.	*1903*	Principia Ethica, Cambridge.
–	*1912*	Ethics, Oxford ²1966: Oxford Paperbacks University Series. (Dt.: Grundprobleme der Ethik, München 1975.)
–	*1925*	A Defence of Common Sense, wieder abgedruckt in: Moore *1959*, 32–59. (Dt. in: Moore *1969*, 113–151.)
–	*1942*	The Philosophy of G. E. Moore, hrsg. von P. A. Schilpp, La Salle, Ill. – London ³1968.
–	*1944*	Russell's ‚Theory of Descriptions', in: Russell *1944*; wieder abgedruckt in: Moore *1959*, 151–195.
–	*1954/1955*	Wittgenstein's Lectures in 1930–33, wieder abgedruckt in: Moore *1959*, 252–324.
–	*1959*	Philosophical Papers, London–New York.
–	*1966*	Lectures on Philosophy, hrsg. von C. Lewy, London.
–	*1969*	Eine Verteidigung des Common Sense. Fünf Aufsätze aus den Jahren 1903–1941, hrsg. von H. Delius, Frankfurt a.M.
–	*1970*	Principia Ethica (dt. Übers. von Moore *1903*), Stuttgart.
Mundle, C. W. K.	*1966*	‚Private Language' and Wittgenstein's Kind of Behaviour-

ism, wieder abgedruckt in: Jones *1971*, 103–117.

Munitz, M. (Hrsg.) *1971* Identity and Individuation, New York.

Nagel, Th. *1974* What is it like to be a bat?, wieder abgedruckt in: Th. Nagel: Mortal Questions, Cambridge 1979, 165–180; dt.: Wie ist es, eine Fledermaus zu sein?, in: Bieri *1981*, 261 bis 275.

Nakhnikian, G. *1963* On the Naturalistic Fallacy, wieder abgedruckt in: Klemke *1969*, 64–75.

Neumaier, O. *1983* Sprachregeln, in: Frey/Zelger *1983* II, 989–1003.

New, C. G. *1966* A Plea for Linguistics, in: Mind 75 (1966) 368–384; dt.: Ein Plädoyer für die Linguistik, in: Grewendorf/Meggle *1974 a*, 65–85.

Nowell-Smith, P. H. *1954* Ethics, Harmondsworth: Penguin Books.

O'Connor, D. J. *1975* The Correspondence Theory of Truth, London.

Otto, R. *1917* Das Heilige. Über das Irrationale in der Idee des Göttlichen und sein Verhältnis zum Rationalen, München [31–35]1963.

Patzig, G. *1966* Einleitung zu: Frege *1966*.

– *1970* Gottlob Frege und die logische Analyse der Sprache, in: G. Patzig: Sprache und Logik, Göttingen 1970, 77–100.

Pears, D. F. *1966* Wittgenstein and Austin, in: Williams/Montefiore *1966*, 17–39.

– *1971* Ludwig Wittgenstein, London; dt.: Ludwig Wittgenstein, übersetzt von U. v. Savigny, München 1971.

Pitcher, G.	*1964 a*	The Philosophy of Wittgenstein, Englewood Cliffs; dt.: Die Philosophie Wittgensteins. Eine kritische Einführung in den Tractatus und die Spätschriften, übersetzt von E. v. Savigny, Freiburg/München 1967.
– (Hrsg.)	*1964 b*	Truth, Englewood Cliffs.
– (Hrsg.)	*1966*	Wittgenstein. The *Philosophical Investigations*, London-Basingstoke.
Plantinga, A.	*1974*	The Nature of Necessity, Oxford.
Popper, K. R.	*1934*	Logik der Forschung, 2., erw. Aufl. Tübingen 1966.
–	*1957*	Das Elend des Historizismus, Tübingen [3]1971.
–	*1963*	Conjectures and Refutations. The Growth of Scientific Knowledge, London [4]1972.
Pothast, U. (Hrsg.)	*1978*	Seminar: Freies Handeln und Determinismus, Frankfurt a. M.
Prauss, G.	*1971*	Erscheinung bei Kant. Ein Problem der „Kritik der reinen Vernunft", Berlin.
–	*1980*	Einführung in die Erkenntnistheorie, Darmstadt.
Puster, R. W.	*1983*	Zur Argumentationsstruktur Platonischer Dialoge, Freiburg/München.
Putnam, H.	*1962*	Dreaming and ‚Depth Grammar', in: Butler *1962*, 211–235; wieder abgedruckt in: Putnam *1975 a*, 304–324.
–	*1975 a*	Mind, Language and Reality. Philosophical Papers, Vol. 2, Cambridge.
–	*1975 b*	The Meaning of ‚Meaning', abgedruckt in Putnam *1975 a*,

		215–271. (Dt.: Die Bedeutung von „Bedeutung", Frankfurt a.M. 1979.)
Quine, W. V. O.	*1943*	Notes on Existence and Necessity, wieder abgedruckt in: Linsky *1952*, 75–91.
–	*1950*	Methods of Logic, New York.
–	*1951*	Two Dogmas of Empiricism, wieder abgedruckt in: Quine *1953 a*, 20–46.
–	*1953 a*	From a Logical Point of View. Logico-philosophical Essays, Cambridge, Mass. ²1961. (Dt.: Von einem logischen Standpunkt, Frankfurt a. M.-Berlin-Wien 1979.)
–	*1953 b*	Reference and Modality, in: Quine *1953 a*, 139–159.
–	*1960*	Word and Object, Cambridge, Mass. (Dt.: Wort und Gegenstand, Stuttgart 1980.)
–	*1969 a*	Ontological Relativity and Other Essays, New York. (Dt.: Ontologische Relativität, Stuttgart 1975.)
–	*1969 b*	Replies, in: Davidson/Hintikka *1969*, 292–352.
–	*1970*	Philosophy of Logic, Englewood Cliffs; dt.: Philosophie der Logik, Stuttgart–Berlin–Köln–Mainz 1973.
–	*1974*	The Roots of Reference, La Salle, Ill.
–	*1975*	On Empirically Equivalent Systems of the World, in: Erkenntnis 9 (1975) 313–328.
–	*1977*	Facts of the Matter, wieder abgedruckt in: Shahan/Swoyer *1979*, 155–169.
–	*1981*	Theories and Things, Cambridge, Mass.-London.

Rager, G.	*1982*	Das Leib-Seele-Problem. Begegnung von Hirnforschung und Philosophie, in: Freiburger Zeitschrift für Philosophie und Theologie 3 (1982) 443 bis 464.
Ramsey, F. P.	*1927*	Facts and Propositions, in: Ramsey *1931*, 138–155.
–	*1931*	The Foundations of Mathematics and other Logical Essays, hrsg. von R. B. Braithwaite, London.
Ritter, J./Gründer, K. (Hrsg.)	*1971 ff.*	Historisches Wörterbuch der Philosophie, Basel–Stuttgart (bisher Bd. I–VI).
Rorty, R. (Hrsg.)	*1967*	The Linguistic Turn. Recent Essays in Philosophical Method, with an introduction by R. Rorty, Chicago-London: Phoenix Books 1970.
Ross, W. D.	*1930*	The Right and the Good, Oxford.
Rundle, B.	*1965*	Modality and Quantification, in: Butler *1965*, 27–39.
Russell, B.	*1905*	On Denoting, wieder abgedruckt in: Russell *1956*, 41–56. (Dt. in: Russell *1971*.)
–	*1908*	Mathematical Logic as Based on The Theory of Types, wieder abgedruckt in: Russell *1956*, 59–102. (Dt. in: Russell *1979*.)
–	*1914*	On the Nature of Acquaintance, wieder abgedruckt in: Russell *1956*, 127–174. (Dt. in: Russell *1979*.)
–	*1918*	The Philosophy of Logical Atomism, wieder abgedruckt in: Russell *1956*, 177–281. (Dt. in: Russell *1979*.)

– *1935* Sceptical Essays, London [7]1960.
– *1940* An Inquiry into Meaning and Truth, London.
– *1944* The Philosophy of Bertrand Russell, hrsg. von P. A. Schilpp, Evanston-Chicago, [4]1971.
– *1956* Logic and Knowledge, Essays 1901–1950, hrsg. von R. C. Marsh, London-New York.
– *1971* Philosophische und politische Aufsätze, hrsg. von U. Steinvorth, Stuttgart.
– *1979* Die Philosophie des Logischen Atomismus. Aufsätze zur Logik und Erkenntnistheorie 1908–1918, ausgewählt, übersetzt und eingeleitet von J. Sinnreich, München.
Ryle, G. *1932 a* Systematically Misleading Expressions, wieder abgedruckt in: Rorty *1967*, 85–100. (Auch in Ryle *1971* II, 39–62; dt. in: Bubner *1968*.)
– *1932 b* Phenomenology, wieder abgedruckt in: Ryle *1971* I, 167–178.
– *1938* Categories, wieder abgedruckt in: Ryle *1971* II, 170–184.
– *1945* Philosophical Arguments, wieder abgedruckt in: Ryle *1971* II, 194–211.
– *1949 a* The Concept of Mind, Harmondsworth: Peregrine Book 1963.
– *1949 b* Discussion of Rudolf Carnap: ‚Meaning and Necessity', wieder abgedruckt in: Ryle *1971* I, 225–235.

–	*1950*	Logic and Professor Anderson, wieder abgedruckt in: Ryle *1971* I, 236–248.
–	*1951*	Ludwig Wittgenstein, wieder abgedruckt in: Ryle *1971* I, 249–257.
–	*1953*	Ordinary Language, wieder abgedruckt in: Ryle *1971* II, 301–318.
–	*1954 a*	Proofs in Philosophy, wieder abgedruckt in: Ryle *1971* II, 319–325.
–	*1954 b*	Dilemmas, Cambridge 1960. (Dt.: Begriffskonflikte, Göttingen 1970.)
–	*1956*	Introduction, in: Ayer u.a. *1956*, 1–11.
–	*1957*	Review of Ludwig Wittgenstein: ‚Remarks on the Foundations of Mathematics', wieder abgedruckt in: Ryle *1971* I, 258–267.
–	*1961*	Use, Usage and Meaning, in: Ryle *1971* II, 407–414.
–	*1962*	Phenomenology versus ‚The Concept of Mind' (Original: La phénoménologie contre *The Concept of Mind*), engl. Fassung in: Ryle *1971* I, 179–196.
–	*1966*	Plato's Progress, Cambridge.
–	*1969*	Der Begriff des Geistes, Stuttgart (dt. Übersetzung von Ryle *1949 a*).
–	*1970*	Autobiographical, in: Wood/Pitcher *1970*, 1–15.
–	*1971*	Collected Papers. Vol. I: Critical Essays; Vol. II: Collected Essays 1929–1968, London.
Sartre, J. P.	*1943*	L'être et le néant, Paris.
Savigny, E. v.	*1967*	Die Überprüfbarkeit der

		Strafrechtssätze. Eine Untersuchung wissenschaftlichen Argumentierens, Freiburg/München.
–	*1969 a*	Die Philosophie der normalen Sprache. Eine kritische Einführung in die „ordinary language philosophy“, Frankfurt a. M. (Völlig neu bearbeitete Ausgabe: Frankfurt a. M. 1974.)
– (Hrsg.)	*1969 b*	Philosophie und normale Sprache. Texte der Ordinary-Language-Philosophie, Freiburg/München.
–	*1970*	Analytische Philosophie, Freiburg/München.
– (Hrsg.)	*1976*	Probleme der sprachlichen Bedeutung, Kronberg, Ts.
–	*1981*	Das sogenannte „Paradigm Case Argument“: Eine Familie von antiskeptischen Argumentationsstrategien, in: Grazer Philosophische Studien 14 (1981) 37–72.
Scheer, R. K.	*1960*	Verification and the Performatory Theory of Truth, in: Mind 69 (1960) 568.
Schirn, M. (Hrsg.)	*1974*	Sprachhandlung – Existenz – Wahrheit. Hauptthemen der sprachanalytischen Philosophie, Stuttgart (mit Bibliographie).
– (Hrsg.)	*1976*	Studien zu Frege/Studies on Frege, Bd. I–III, Stuttgart.
Schleichert, H. (Hrsg.)	*1975*	Logischer Empirismus – der Wiener Kreis. Ausgewählte Texte mit einer Einleitung, München.
Schlick, M.	*1936*	Meaning and Verification, wieder abgedruckt in: Feigl/

		Sellars *1949*, 146–170. (Auch in: Schlick *1938*; Schleichert *1975*.)
–	*1938*	Gesammelte Aufsätze, Wien.
Scholz, F.	*1969*	Untersuchungen zum Problem der Empfindungswörter bei Wittgenstein (Dissertation), München.
Schwartz, S. P. (Hrsg.)	*1977*	Naming, Necessity, and Natural Kinds, Ithaca–London.
–	*1978*	Putnam on Artifacts, in: Philosophical Review 87 (1978) 566–574.
–	*1980*	Natural Kinds and Nominal Kinds, in: Mind 89 (1980) 182–195.
Scruton, R.	*1984*	Critical Notice: Wittgenstein on Rules and Private Language. By Saul A. Kripke, in: Mind 93 (1984) 592–602.
Searle, J. R.	*1968*	Austin on Locutionary and Illocutionary Acts, wieder abgedruckt in: Berlin u. a. *1973*, 141–159.
–	*1969*	Speech Acts. An Essay in the Philosophy of Language, Cambridge.
–	*1971 a*	Sprechakte. Ein sprachphilosophischer Essay, Frankfurt a. M. (dt. Übersetzung von Searle *1969*).
– (Hrsg.)	*1971 b*	The Philosophy of Language, Oxford.
–	*1975 a*	A Taxonomy of Illocutionary Acts, wieder abgedruckt in: Searle *1979*, 1–29.
–	*1975 b*	Indirect Speech Acts, wieder abgedruckt in: Searle *1979*, 30–57.
–	*1977*	Reiterating the Differences: A

		Reply to Derrida, in: Glyph 1 (Baltimore 1977) 198–208.
–	*1978*	Prima Facie Obligations, in: J. Raz (Hrsg.): Practical Reasoning, Oxford 1978, 81–90.
–	*1979*	Expression and Meaning. Studies in the Theory of Speech Acts, Cambridge.
–	*1982*	Ausdruck und Bedeutung, Frankfurt a. M. (dt. Übersetzung von Searle *1979*).
–	*1983*	Intentionality. An Essay in the Philosophy of Mind, Cambridge.
–	*1984*	Von der Sprechakttheorie zur Intentionalität. Gespräch zwischen G. Heyer u. J. R. Searle, in: Information Philosophie 12 (Basel 1984) I: Heft 1, 24–30; II: Heft 2, 20–24.
Shahan, R. W./ Swoyer, Ch. (Hrsg.)	*1979*	Essays on the Philosophy of W. V. Quine, Norman, Oklahoma–Hassocks.
Shanker, S. G.	*1984*	Sceptical Confusions About Rule-Following, in: Mind 93 (1984) 423–429.
Sibley, F.	*1959*	Aesthetic Concepts, in: Philosophical Review 68 (1959) 421–450; dt.: Ästhetische Begriffe, in: Bittner/Pfaff *1977*, 87–110.
–	*1965*	Aesthetic and Nonaesthetic, in: Philosophical Review 4 (1965) 135–159; dt.: Ästhetisch und Nichtästhetisch, in: Bittner/Pfaff *1977*, 134–155.
Singer, M. G.	*1961*	Generalization in Ethics, New York 1961; dt.: Verallgemeinerung in der Ethik. Zur Logik moralischen Argumentierens, Frankfurt a. M. 1975.

Sinnreich, J. (Hrsg.)	*1972*	Zur Philosophie der idealen Sprache. Texte von Quine, Tarski, Martin, Hempel und Carnap, München.
Skirbekk, G. (Hrsg.)	*1977*	Wahrheitstheorien, Frankfurt a.M.
Snare, F.	*1975*	Die „offene Frage" als Sprachtest, in: Ratio 17 (1975) 117–123.
Specht, E. K.	*1963*	Die sprachphilosophischen und ontologischen Grundlagen im Spätwerk Ludwig Wittgensteins (Kant-Studien, Erg.-Heft 84), Köln.
Spiegelberg, H.	*1964*	„Linguistic Phenomenology". John L. Austin and Alexander Pfänder, in: Memorias del XIII Congreso Internacional de Filosofia 9 (1964) 509–517.
Spilsbury, R. J.	*1953*	Dispositions and Phenomenalism, in: Mind 62 (1953) 339–354.
Stegmüller, W.	*1956*	Glauben, Wissen und Erkennen, in: Zeitschrift für philosophische Forschung 10 (1956) 509–549; Sonderausgabe: Darmstadt 1965.
–	*1957*	Das Wahrheitsproblem und die Idee der Semantik, Wien.
–	*1969*	Hauptströmungen der Gegenwartsphilosophie, 4. erw. Aufl. Stuttgart 1969.
–	*1969 ff.*	Probleme und Resultate der Wissenschaftstheorie und Analytischen Philosophie, Bd. I–IV.
Steinvorth, U.	*1980*	Analytische Philosophie und Schule, in: Zeitschrift für Didaktik der Philosophie 2 (1980) 131–136.
Stenius, E.	*1960*	Wittgenstein's Tractatus, Ox-

ford; dt.: Wittgensteins Traktat. Eine kritische Darlegung seiner Hauptgedanken, Frankfurt a.M. 1969.

Stevenson, C. L. | *1942* | Moore's Arguments Against Certain Forms of Ethical Naturalism, in: Moore *1942*, 71–90. (Auch in: Foot *1967*, 16–32.)

– | *1944* | Ethics and Language, New Haven-London.

Strawson, P. F: | *1949 a* | Truth, in: Analysis (1949); dt.: Wahrheit, in: Bubner *1968*, 96–116.

– | *1949 b* | Ethical Intuitionism, in: Philosophy (1949); dt.: Der ethische Intuitionismus, in: Grewendorf/Meggle *1974 b*, 100 bis 115.

– | *1950 a* | On Referring, wieder abgedruckt in: Strawson *1971*, 1–27. (Dt. in: Bubner *1968*.)

– | *1950 b* | Truth, wieder abgedruckt in: Pitcher *1964 b*, 32–53.

– | *1954* | Critical Notice: ‚Philosophical Investigations', in: Mind (1954); dt.: Kritische Notiz zu einigen Begriffen in Wittgensteins Philosophie, in: Malcolm u.a. *1968*, 52–105.

– | *1956* | Construction and Analysis, in: Ayer u.a. *1956*, 97–110.

– | *1957* | Propositions, Concepts, and Logical Truths, wieder abgedruckt in: Strawson *1971*, 116–129.

– | *1959* | Individuals. An Essay in Descriptive Metaphysics, London.

– | *1962* | Analysis, Science, and Metaphysics, wieder abgedruckt in: Rorty *1967*, 312–320.

– *1963* Carnap's View on Constructed Systems versus Natural Languages in Analytic Philosophy, in: Carnap *1963*, 503–518.

– *1964* A Problem about Truth – A Reply to Mr. Warnock, in: Pitcher *1964 b*, 68–84.

– *1971* Logico-Linguistic Papers, London-New York: University Paperback 1974.

– *1973* Austin and ‚Locutionary Meaning', in: Berlin u.a. *1973*, 46–68.

– *1974* Subject and Predicate in Logic and Grammar, London.

Strube, W. *1980 a* Philosophische Analyse der Sprache sprachanalytischer Philosophen, in: Zeitschrift für allgemeine Wissenschaftstheorie 11 (1980) 69–79.

– *1980 b* Zur Struktur ästhetischer Wertäußerungen, in: Grazer philosophische Studien 10 (1980) 167–180.

– *1981 a* Analytische Sprachphilosophie im Unterricht, in: Philosophie. Anregungen für die Unterrichtspraxis, hrsg. von J. Hengelbrock, Heft 4 („Sprachphilosophie"), Frankfurt a.M. 1981, 3–28.

– *1981 b* Ist die sprachanalytische Philosophie einzelsprachlich relativ?, in: Zeitschrift für allgemeine Wissenschaftstheorie 12 (1981) 303–321.

– *1981 c* Sprachanalytische Ästhetik, München.

– *1982* Zur Austin-Strawson-Kontroverse über Wahrheit, in: Archiv für Geschichte der Philosophie 64 (1982) 64–69.

– *1985 a* Phänomenologie, linguistische, in: Ritter/Gründer *1971 ff.* VII.

– *1985 b* Über drei Methoden der sprachanalytischen Ästhetik, in: Conceptus 14 (1985).

Strube, W./Heyer, G. *1983* Die Entwicklung der Sprechakttheorie, in: Information Philosophie 11 (Basel 1983) Heft 5, 4–15.

Stuhlmann-Laeisz, R. *1975* Freges Auseinandersetzung mit der Auffassung von „Existenz" als einem Prädikat der ersten Stufe und Kants Argumentation gegen den ontologischen Gottesbeweis, in: Thiel *1975*, 119–133.

Tarski, A. *1933* Der Wahrheitsbegriff in den formalisierten Sprachen. Dt. Originalausgabe (nach einer älteren polnischen Fassung) in: Studia Philosophica. Commentarii Societatis Philosophicae Polonorum 1 (1935/1936) 261–405.

– *1944* The Semantic Conception of Truth and the Foundations of Semantics, in: Philosophy and Phenomenological Research (1944); dt.: Die semantische Konzeption der Wahrheit und die Grundlagen der Semantik, in: Sinnreich *1972*, 53–100; wieder abgedruckt in: Skirbekk *1977*, 140–188.

Thau, S. *1971* Illocutionary Breakdowns, in: Mind 80 (1971) 270–275.

Thiel, Ch. *1965* Sinn und Bedeutung in der Logik Gottlob Freges, Meisenheim am Glan.

– (Hrsg.) *1975* Frege und die moderne Grundlagenforschung, Meisenheim am Glan.

Toulmin, S. *1950* An Examination of the Place of Reason in Ethics, Cambridge.

– *1958* The Uses of Argument, Cambridge; dt.: Der Gebrauch von Argumenten, übersetzt von U. Berk, Kronberg, Ts. 1975.

Tugendhat, E. *1970* Phänomenologie und Sprachanalyse, in: R. Bubner u. a. (Hrsg.): Hermeneutik und Dialektik (Gadamer-Festschrift), Bd. II, Tübingen 1970, 3–23.

– *1976* Vorlesungen zur Einführung in die sprachanalytische Philosophie, Frankfurt a. M.

Urmson, J. O. *1950* On Grading, wieder abgedruckt in: Flew *1953*; dt.: Einstufen, in: Grewendorf/Meggle *1974 b*, 140–174.

– *1956* Philosophical Analysis. Its Development Between the Two World Wars, Oxford: Oxford U. P. Paperback 1967.

– *1962* The History of Philosophical Analysis, wieder abgedruckt in: Rorty *1967*, 294–301.

– *1965* J. L. Austin, in: Fann *1969 b*, 76–86.

Vendler, Z. *1967* Linguistics in Philosophy, Ithaca–London.

Vollmer, G. *1981* Evolutionäre Erkenntnistheorie, Stuttgart [3]1981.

Waismann, F. *1939* Von der Natur eines philosophischen Problems, wieder

		abgedruckt in: Waismann *1973*, 81–103.
–	*1956*	How I See Philosophy, in: H. D. Lewis (Hrsg.): Contemporary British Philosophy, 3rd Series, London-New York [2]1961, 447–490. (Dt. in: Waismann *1973*, 121–163.)
–	*1973*	Was ist logische Analyse? Gesammelte Aufsätze, hrsg. von G. H. Reitzig, Frankfurt a. M.
–	*1976*	Logik, Sprache, Philosophie, hrsg. von G. P. Baker und B. McGuinness, Stuttgart.
Walsh, W. H.	*1952*	A Note on Truth, in: Mind 61 (1952) 72–74.
–	*1983*	Rétrospective sur la philosophie linguistique, in: Archives de Philosophie 46 (1983) 353–384.
Warnock, G. J.	*1951*	Verification and the Use of Language, in: Revue Internationale de Philosophie 5 (1951) 307–322.
–	*1956*	Analysis and Imagination, in: Ayer u. a. *1956*, 111–126.
–	*1958*	English Philosophy since 1900, Oxford; dt.: Englische Philosophie im 20. Jahrhundert, übersetzt von E. Bubser, Stuttgart 1971.
–	*1964*	A Problem about Truth, in: Pitcher *1964 b*, 54–67.
Weber, M.	*1922*	Gesammelte Aufsätze zur Wissenschaftslehre, Tübingen [3]1968.
Weitz, M.	*1953*	Oxford Philosophy, in: Philosophical Review 62 (1953) 187–233.
–	*1956*	The Role of Theory in Aesthetics, wieder abgedruckt in:

		Weitz *1959*, 169–180. (Dt. in: Henckmann *1979*.)
– (Hrsg.)	*1959*	Problems in Aesthetics, London [2]1970.
–	*1967*	Analysis, philosophical, in: Edwards *1967* I, 97–105.
Wellman, C.	*1961*	The Language of Ethics, Cambridge, Mass.-Oxford.
White, A.	*1957*	Truth as Appraisal, in: Mind 66 (1957) 318–330.
White, M. G.	*1950*	The Analytic and the Synthetic: an Untenable Dualism, wieder abgedruckt in: Linsky *1952*, 271–286.
–	*1956*	Toward Reunion in Philosophy, Cambridge, Mass.
Whitehead, A. N./ Russell, B.	*1910*	Principia Mathematica, Bd. I, Cambridge [2]1927; oder auch: Paperback Edition to *56, Cambridge 1962.
Whorf, B. L.	*1936*	A Linguistic Consideration of Thinking in Primitive Communities, in: Language, Thought, and Reality, Selected Writings of Benjamin Lee Whorf, hrsg. von J. B. Carroll, Cambridge, Mass. 1956, 65–86. (Dt. in: B. L. Whorf: Sprache, Denken, Wirklichkeit, Reinbek 1963.)
Wiggins, D.	*1976*	Frege's Problem of the Morning Star and the Evening Star, in: Schirn *1976* II, 221–255.
Williams, B./Montefiore, A. (Hrsg.)	*1966*	British Analytical Philosophy, London.
Winch, P.	*1983*	Critical Study: Facts and Super-Facts, in: Philosophical Quarterly 33 (1983) 398–404.
Windelband, W.	*1894*	Geschichte und Naturwissenschaft, Straßburg [3]1904.
Wisdom, J. T.	*1934 a*	Is Analysis a Useful Method in

		Philosophy?, in: Proceedings of the Aristotelian Society, Suppl. Vol. 13 (1934) 65–89. (Auch in: J. T. Wisdom, Philosophy and Psycho-analysis, Oxford 1953.)
–	*1934 b*	Problems of Mind and Matter, Paperback Cambridge 1963.
Wittgenstein, L.	*1921*	Tractatus logico-philosophicus (Logisch-philosophische Abhandlung), wieder abgedruckt in: L. Wittgenstein: *Schriften I.*
–	*1929/ 1930*	Philosophische Bemerkungen. Aus dem Nachlaß hrsg. von R. Rhees, *Schriften II.*
–	*1930– 1933*	Philosophische Grammatik. Aus dem Nachlaß hrsg. von R. Rhees, *Schriften IV.*
–	*1933/ 1934*	The Blue Book, hrsg. von R. Rhees; dt.: Das Blaue Buch, übersetzt von P. v. Morstein, in: *Schriften V.*
–	*1934– 1936*	Wittgenstein's Notes for Lectures on ‚Private Experience' and ‚Sense Data', hrsg. von R. Rhees, wieder abgedruckt in: Jones *1971*, 229–275.
–	*1949– 1951*	Über Gewißheit, hrsg. von G. E. M. Anscombe und G. H. v. Wright, Frankfurt a.M. 1970.
–	*1953*	Philosophische Untersuchungen, hrsg. von G. E. M. Anscombe und R. Rhees, in: *Schriften I.* (Erstveröffentlichung des Mitte der dreißiger Jahre begonnenen und 1949 abgeschlossenen Werkes: Philosophical Investigations, Oxford 1953.)

–	*Schriften I–VIII*	Frankfurt a.M. 1960–1982.
Wood, O. P./ Pitcher, G. (Hrsg.)	*1970*	Ryle, London–Basingstoke.
Wright, G. H. v.	*1971*	Explanation and Understanding, London. (Dt.: Erklären und Verstehen, Frankfurt a.M. 1974.)
Wunderlich, D. (Hrsg.)	*1972*	Linguistische Pragmatik, Frankfurt a.M.
–	*1974*	Grundlagen der Linguistik, Hamburg.
–	*1976*	Studien zur Sprechakttheorie, Frankfurt a.M.
Ziff, P.	*1953*	The Task of Defining a Work of Art, wieder abgedruckt in: Coleman *1968*, 94–111. (Dt. in: Henrich/Iser *1982*.)

Personenregister

Albert, H. 234 mit Anm. 9
Aldridge, V. C. 210, 222
Alston, W. P. 278
Anscombe, G. E. M. 112, 189, 200
Anselm von Canterbury 58
Aristoteles 26, 64, 155, 160 Anm. 17, 249 Anm. 11
Arrington, R. L. 250
Augustinus 65, 92, 107
Austin, J. L. 40f., 47f., 69f., 72, 109, 112f., 123, 128, 129f. Anm. 8, 152, 177–179, 225–237, 239f., 242–253, 257f., 260, 266f., 270, 272 bis 276, 278, 280, 283, 286, 292, 294, 298, 303
Ayer, A. J. 15, 70, 99, 141, 169 Anm. 19, 254, 263

Baier, K. 233
Baker, G. P. 86 Anm. 5
Bar-Hillel, Y. 121, 154 Anm. 14
Beardsley, M. C. 223
Beck, G. 241, 249 Anm. 11
Beckermann, A. 200
Bergmann, G. 13, 25, 48
Berkeley, G. 28
Bieri, P. 15, 99, 183, 200
Birnbacher, D. 87, 173, 193 Anm. 24
Blau, U. 111
Braithwaite, R. B. 169 Anm. 19
Brentano, F. 189
Broad, C. D. 115–118
Buck, R. C. 123, 187f. Anm. 21
Bühler, K. 69, 249 Anm. 11

Carnap, R. 42f., 45, 48, 61–63, 76 Anm. 3, 91, 99 Anm. 6, 132 mit Anm. 9, 134, 142f., 183, 199, 252, 255 Anm. 13
Caton, C. E. 54
Cavell, S. 107, 143, 226 Anm. 4, 233
Cerf, W. 226, 250
Chisholm, R. M. 243 Anm. 10, 270f. Anm. 15
Chomsky, N. 105, 296
Cohen, L. J. 269
Cohen, T. 218
Cook, J. W. 69, 78f., 167 mit Anm. 18
Cooper, D. E. 278
Copleston, F. 227
Corrado, M. 14f.

Danto, A. C. 160
Davidson, D. 26, 96, 200
Delius, H. 99 Anm. 6, 159 Anm. 16
Derrida, J. 299
Descartes, R. 58, 157
Dilthey, W. 165
Donagan, A. 92, 181, 195
Droysen, J. G. 301
Dummett, M. 26, 41, 54, 70, 111

Eppler, E. 17
Ezorsky, G. 270, 272

Fann, K. T. 238
Feigl, H. 82, 111, 234 Anm. 8
Findlay, J. N. 65, 210
Fodor, J. 110, 113
Forguson, L. W. 238f.
Frankena, W. K. 104, 114, 248
Franzen, W. 257
Fraser, B. 287 Anm. 22
Freedman, M. P. 224
Frege, G. 14f., 28, 36, 41–44, 46f., 49–59, 62, 78–80, 98f., 117, 124, 130 Anm. 8, 134f., 153, 160 Anm. 17, 284, 291–293

Gabriel, G. 52
Gallie, W. B. 207
Garver, N. 168
Gassendi, P. 58
Geiger, M. 229
Giegel, H. J. 87
Gier, N. F. 98 Anm. 6, 124 Anm. 7, 170, 179, 195 Anm. 25, 196
Gill, J. H. 245
Glassen, P. 253
Goethe, J. W. 18, 107, 184
Goodman, N. 99, 162
Grant, C. K. 121
Grewendorf, G. 45
Grice, H. P. 132

Habermas, J. 87, 241
Hacker, P. M. S. 80, 86 Anm. 5, 93
Hacking, I. 70, 96
Hahn, H. 59
Hall, R. 240
Haller, R. 70, 169 Anm. 19
Hancock, R. 114
Hare, R. M. 14, 36, 38, 42, 47, 99 Anm. 6, 101, 103f., 106 bis 111, 113f., 119, 125f., 134, 136 Anm. 10, 142, 144, 146, 149, 169 Anm. 19, 170, 178, 228 Anm. 5, 238, 247, 260, 264, 277, 284f.
Hart, H. L. A. 208, 216
Heath, P. L. 234 Anm. 8
Hegel, G. W. F. 27, 62
Heidegger, M. 27, 61–64, 179
Hempel, C. G. 183
Heyer, G. 183, 242f. Anm. 10, 301
Hörmann, H. 130, 301
Hoerster, N. 136
Holborow, L. C. 181
Horwich, P. 86 Anm. 5
Hospers, J. 133
Howard, R. J. 101, 158f.
Hrachovec, H. 37
Hudson, W. D. 104
Hume, D. 88, 222f. Anm. 3, 230 Anm. 6, 243 Anm. 10
Hungerland, I. C. 121, 131, 208–210, 220
Husserl, E. 28, 40, 50f., 63, 82, 90, 95, 106, 110, 148f., 151, 152 Anm. 13, 155, 170, 179, 189 mit Anm. 22, 195–197, 200, 202, 226

Ilting, K. H. 88

Jones, O. R. 74, 182, 273 Anm. 16

Kästle, O. 302
Kainz, F. 61 Anm. 1
Kant, I. 17, 38, 58, 93, 124 Anm. 7, 155, 188f., 192
Katz, J. J. 110, 113
Kemmerling, A. 156, 231 Anm. 7, 301
Kenny, A. 93
Kincade, J. 271f., 275
Kripke, S. A. 30, 36–38, 50, 54, 69, 71, 79, 85 mit Anm. 5, 87–89, 93f., 169 Anm. 19, 191 Anm. 23, 193

Kutschera, F. v. 82, 93, 141

Langford, C. H. 122
Leibniz, G. W. 58
Lenk, H. 234 mit Anm. 9
Lewis, H. D. 284
Locke, J. 160 Anm. 17
Lorenz, Kuno 54, 247
Luhmann, N. 87
Lyons, J. 283f.

Macdonald, M. 267f.
Mackie, J. L. 156, 158
Magee, B. 183
Maimonides, M. 63
Malcolm, N. 81, 93–95, 172 Anm. 20, 187f. Anm. 21, 193 mit Anm. 24, 209 Anm. 1
Marcuse, H. 234f. Anm. 9
Mates, B. 109, 111f.
Maxwell, G. 111, 234 Anm. 8
McGinn, M. 86 Anm. 5
Meager, R. 208
Meggle, G. 45, 200
Meinong, A. 59, 262
Merleau-Ponty, M. 124 Anm. 7, 179
Montague, R. 147
Moore, G. E. 14, 24–27, 59, 69f., 75, 81, 98f., 104, 106, 112, 114f., 117, 120–122, 128, 132 Anm. 9, 133, 148, 150, 167–169 mit Anm. 19, 188, 192f., 198, 261
Morgenstern, C. 61 Anm. 1
Müller, G. 222f. Anm. 3
Mundle, C. W. K. 181
Murdoch, I. 190f. Anm. 23

Nagel, Th. 193
Nakhnikian, G. 114
Neumaier, O. 231 Anm. 7
New, C. G. 113, 234 mit Anm. 9, 235f.
Nowell-Smith, P. H. 120, 214

O'Connor, D. J. 275
Otto, R. 63

Patzig, G. 42, 59, 64
Pears, D. F. 191 Anm. 23, 227, 250
Peirce, C. S. 242f. Anm. 10
Pitcher, G. 71, 93, 181, 230 Anm. 6
Plantinga, A. 29
Platon 26, 59, 102f., 106f.
Popper, K. R. 16, 102, 144, 155
Prauss, G. 52–54, 58, 148, 188f.
Pünjer, B. 124
Puster, R. W. 102
Putnam, H. 38, 169 Anm. 19, 172 Anm. 20, 193 Anm. 24

Quine, W. V. O. 29, 42, 45, 48, 70, 81, 83, 99–101, 106, 110f., 113, 124, 131, 140, 143

Rager, G. 27
Ramsey, F. P. 59, 254
Reichenbach, H. 284
Reinach, A. 69
Rorty, R. 48
Ross, W. D. 136f. Anm. 10
Rundle, B. 30
Russell, B. 14, 27, 32, 36, 44, 50, 58f., 74, 82, 129f. Anm. 8, 138 Anm. 11, 150f., 153, 154 Anm. 14, 157, 159 Anm. 16, 199, 260 mit Anm. 14, 261–266
Ryle, G. 18, 26, 36, 70, 81, 91, 97, 101, 103, 106f., 109, 111 bis 113, 117, 149–168, 170f., 173f., 176, 178, 180–187 mit Anm. 21, 194f., 197, 199, 208, 209 Anm. 1, 210 Anm. 2, 211–213, 218–220, 224, 231 Anm. 7, 241f., 248, 263

Sartre, J. P. 60, 65
Savigny, E. v. 15, 48, 78, 105, 157 Anm. 15, 166, 203, 222, 234
Scheer, R. K. 271
Schirn, M. 59
Schlick, M. 169 Anm. 19
Scholz, F. 78f., 93, 167, 180
Schopenhauer, A. 198
Schwartz, S. P. 39f., 191 Anm. 23
Scruton, R. 86 Anm. 5
Searle, J. R. 25, 31, 36, 41, 69 Anm. 2, 75, 81, 123, 128f., 136 Anm. 10, 149, 161, 169 Anm. 19, 200, 211f., 230f., 247, 249–251, 253, 272, 274, 276 mit Anm. 17, 277f., 280–303
Shanker, S. G. 86 Anm. 5
Sheffer, H. M. 284
Sibley, F. 207–209 mit Anm. 1, 210 Anm. 2, 211–214, 216 bis 223, 252
Singer, M. G. 142
Sinnreich, J. 48
Snare, F. 114
Specht, E. K. 68, 76 Anm. 3, 98f. Anm. 6
Spiegelberg, H. 240
Spilsbury, R. J. 162
Stegmüller, W. 15, 99 Anm. 6, 148, 264, 270f. Anm. 15
Steinvorth, U. 207 Anm.
Stenius, E. 285
Stevenson, C. L. 131
Strawson, P. F. 36f., 59, 79, 124, 129f. Anm. 8, 132, 142, 170, 187f. Anm. 21, 194, 209, 221, 241, 249, 252–278
Stuhlmann-Laeisz, R. 58

Tarski, A. 43, 241, 253, 255f. Anm. 13
Thau, S. 245
Thiel, C. 134
Toulmin, S. E. 223, 230
Trubetzkoy, N. S. 69
Tugendhat, E. 98, 201

Urmson, J. O. 15, 141, 169 Anm. 19, 232, 240f., 246f., 260, 268

Vendler, Z. 26, 99 Anm. 6, 105, 108f., 127, 147, 161
Vollmer, G. 27f.

Waismann, F. 29, 59, 70, 80, 84, 89, 112, 117, 131, 149, 169 Anm. 19, 258
Walsh, W. H. 113, 159, 271
Warnock, G. J. 15, 169 Anm. 19, 228 Anm. 5, 249, 272 mit Anm. 16, 275
Weber, M. 16
Weitz, M. 141, 150, 207f.
Wellmann, C. 303
White, A. 253 Anm. 12
White, M. G. 99
Whitehead, A. N. 58, 138 Anm. 11
Whorf, B. L. 170
Wiggins, D. 53
Wilson, N. L. 131
Winch, P. 86 Anm. 5
Windelband, W. 16
Wisdom, J. T. 115f., 118, 141, 221
Wittgenstein, L. 14f., 29, 36, 46–50, 54, 67–95, 97f. mit Anm. 6, 100, 107, 110, 113, 116–118, 123, 143, 148, 150 Anm. 12, 152, 155, 157 Anm. 15, 159 Anm. 16, 160 Anm. 17, 165–168, 169 Anm. 19, 170–173, 175,

178–185, 187–191, 193 mit Anm. 24, 195 mit Anm. 25, 197f., 221, 226 Anm. 4, 229, 230 Anm. 6, 247, 249f., 252, 264, 269, 284f., 297, 299

Wright, G. H. v. 165
Wunderlich, D. 232, 285, 301

Zenon von Elea 102
Ziff, P. 207

Sachregister

Abhängigkeit, analytische 221
absurd, Absurdität (s. auch Unsinn, Widersinn) 120f., 148, 152 mit Anm. 13, 154, 156, 158, 172, 194, 216–219, 224, 288f.
„Adam-und-Eva-Modell" 302
Äußerung, konstatierende vs. performative 72, 129, 171, 225, 242f., 260, 269f., 275
Akt (s. auch Sprechakt)
– illokutionärer 128–130, 169 Anm. 19, 238, 246–250, 260, 274–283, 286–294, 300 Anm. 23, 302f.
– lokutionärer 246–249
– perlokutionärer 246
– phatischer 244, 280
– propositionaler 281
– rhetischer 244, 280, 293
Analogien
– falsche 55, 92
– neue 256–258, 268
Analysans s. Paraphrase, formalsprachliche
Analyse
– Begriffs- 97f., 99f., 101–114, 132–134, 137, 201–203
– – vs. Begriffsklärung 150f., 162
– Beschreibungsanalyse („description-analysis") 270
– formale, inhaltliche und philosophische (Wisdom) 141
– informal-logische 207–224
– intentionale 201f.
– Komponential- 283f.
– linguistisch-phänomenologische 225–251
– logische (Frege) 49–60
– logische (Russell) 260–266
– Paradox der 133 Anm. 9
– performative 72, 229–247, 252–279
– philosophische (Ryle) 157 Anm. 15
– pragmatische 286–290
– reduktive 141
– semantische 290–293
– „Sprach"- vs. „Sach"- 25, 147, 175–179
– Sprechakt- 171f., 232, 276 Anm. 17, 279, 280–303
– und Unterscheidung 23–40, 78 Anm. 4
– wollenslogische 135–142
analytisch vs. synthetisch 39, 98 mit Anm. 6, 100f., 104, 108f., 123, 124 Anm. 7, 127, 131, 141f.
Analytische Philosophie s. Philosophie
Anamnesis (s. auch Erinnerung) 106
Antinomien s. Paradoxien
Apodeiktik, sprachliche 132f., 150
a posteriori 38–40
a priori 38–40, 98–100, 108f., 123, 124 Anm. 7
Argumente
– der offenen Frage („open-question arguments") 104f., 114–118

– Standardbeispiel- („paradigm-case arguments“) 203
Argumentieren, normatives 102
Arithmetik 41, 46
Arten
– natürliche 29, 38–40
– nominale 38–40
Ausdrückbarkeit, Prinzip der 291 f.
Aussage (s. auch Satz)
– ästhetische 207–224
– Dispositions- 162
– halb-hypothetische 162 f.
– hypothetische 162
– Identitäts- 31–38, 54 f., 60
– kategorische 162
– Meta- 253–256, 259
– Zahl- 49–52
Aussagefaktor („proposition-factor“) 154–156, 171, 213
Aussagefunktion („propositional function“) 153, 198
„avowals“ 186 f., 194–197

Bedeutung (auch Sinn) 44 f., 70 f., 178, 278, 289 f.
– Referenzmodell der 91 f., 155, 181
– und Sinn (Frege) 54 f.
– – (Wittgenstein) 71
– Sprachspiel- oder Gebrauchsprinzip der 70 f., 83, 123, 169 Anm. 19, 178, 228 Anm. 5, 249
– Verifikationsprinzip der 83, 93, 123, 168 f. mit Anm. 19, 193 Anm. 24, 248, 252
Begriff 43 f., 46, 50–59, 62 f., 153, 155, 171, 209, 213
– ‚schwieriger‘ 207, 214, 223 f., 298
Begriffsklärung s. Analyse
Behaupten (s. auch Kraft) 72, 121, 123 f., 128 f., 169 Anm. 19, 171
Behaviorismus 93, 115–118, 167, 172 Anm. 20, 180–187
Bewußtsein 116–118, 157–165, 182 f., 196–199, 201 f.
Bewußtseinserlebnisse 81, 91–93, 96, 110, 116–118, 180 f., 188–199
– intentionale 92, 189–192
„Bewußtseinsstrom“ s. „Innenwelt“
Bewußtseins(un)abhängigkeit 27 f., 90
Beziehungen, interpersonale 140, 147
Biotop 67–70, 79
„blind truth declaration“ 270

Charakterisierung, linguistische 288

Definition 207 f., 263, 284, 289
– Gebrauchs- („definition in use“) 263
Designatoren, starre vs. akzidentelle 36–40
„destruction-test“ 103
Disposition (s. auch Wort) 76 f., 162 f., 164 f., 183, 186 f., 215 bis 217, 220
Dualismus, psychophysischer 157 f., 162
Dynamis und Entelechie 163, 165

Eigenname, grammatischer 32 bis 38, 43 f., 46
Einstufen 268
Elenktik, sprachliche 101–105
Emotivismus 252–254, 269
Empfindung (s. auch Schmerzen) 73, 77–85, 117 f., 166, 173 f., 180–182, 184 f.
empirisch vs. nichtempirisch 100, 106–114
Empirismus 140, 234–237, 248

Epoché
– begriffsanalytische 202f.
– metaethische 145f., 202
– transzendentale (ontologische) 189f. Anm. 22, 202
Ereignis (s. auch Wort) 160f., 163–165
– vs. Tatsache 108f.
Erfahren („in Erfahrung bringen“, „herausfinden“) 72, 166 bis 168, 173f., 180, 182–188, 193–195
Erinnerung 84f., 89, 94–96, 112, 191 Anm. 23
– autarke 95f., 106–108, 110
Erkennen (s. auch Wort) 159, 163–165, 171
Erkenntnis- vs. Seinsgrund 192
erkenntnistheoretisch vs. terminologisch 186f., 190 mit Anm. 23
Erleben, subjektives s. Bewußtseinserlebnisse
Evidenz 90, 95f., 105f., 107, 110, 193 Anm. 24, 229, 240
„excluder word“ 240
Existenz 60f., 67
– -aussage 49–59
– -operator 56f., 62
– -präsupposition 41, 129f. Anm. 8, 244, 259–264, 266
– -verallgemeinerung 138–140
experimentell vs. beobachtend 105f., 113f.
Explikation 143, 150, 299

„fact of the matter“ 83f., 92, 94
Falsifizierung 102f., 144
Fehlschluß („fallacy“)
– deskriptivistischer („descriptive“) 248, 254, 257
– essentialistischer („essentialist“) 222 mit Anm. 3
– naturalistischer („naturalistic“) 104, 114f.
„‚Fido’-Fido-Prinzip“ 91f., 155, 181
Folgerungsmengen, Gleichheit der 134f.
„force“ s. Kraft
Forschungsmaximen 112, 146
„Frege-Prinzip“ 292
„frei(willig)“ 112, 133, 202
Freiheit (Austin) 239
– (Hare) 146
Fremdbewußtsein 73f., 83, 116–118, 198
„Fremdbewußtseinspostulat“ 28f.
Fremderfahrung vs. Selbstgewißheit 73–75, 77, 117f., 182 bis 188, 192–200
Funktion 43–45
– Aussage- 153, 198

Gegenstand 43–46
Gegenstandsbezug („reference“) 275
– Unerforschlichkeit des 83
„Gegenwart“ („présent“) 61, 64–66
„Geheimnis, offenbares“ 107
„Geist“ s. Bewußtsein
Geographie, logische (Ryle) 220
Gesetzesartigkeit
– bei Goodman 162
– bei Ryle 162
Gleichheit (s. auch Identität)
– Anwendungsrestriktionen 79–85, 117f.
– und Identität 77–79, 81
Gleichsetzung, hypothetische 216
Gottesbeweis, ontologischer 49, 58
Grammatik
– logische 170
– Montague- 147
– Oberflächen- 170f.

– Tiefen- 36, 75, 92, 97, 170 bis 172, 192, 195, 197
– Transformations- 109, 147
Grammatische Sätze 75–77, 98
„gut“ 104, 114f., 253, 266–268, 277, 303

Handeln, Handlung 138–140, 146, 160f., 184, 200
– Sprechaktkriterium für 161
Handlungsklassen 140, 147
Handlungstheorie, analytische 200
Heißen vs. Sein (s. auch Eigenname) 34–36
Hermeneutik 165, 300f.
Heuristik, sprachliche 133–144
Hygiene, sprachliche 61, 67, 70
Hypothesen
– empirische 102, 144
– semantische 101f., 103, 144
– Verpflichtungssatz- 102, 144
hypothetisch-deduktive Methode 102f., 105f.

„idealisierter Fall“ 295–299, 301
Idealismus 27f.
Identität (s. auch Gleichheit) 53–55, 60f., 67, 198f.
– Aussagen über 31–38, 54f., 60
– und Gleichheit 77–79, 81
Idiolekt 109–113, 134, 137, 145 bis 147
Imperative 102, 119, 126, 134
Implikation
– logisch-semantische 103, 119–121, 125f., 129f. Anm. 8, 132, 134f., 144, 167 mit Anm. 18
– pragmatische 103, 120–126, 129f. Anm. 8, 134f., 143f.
– sachliche („anschauliche“) 123, 127
– sprachliche („begriffliche“) 123–125
„imply“
– vs. „assert“ 120f., 139
– vs. „entail“, „presuppose“ 128, 129 Anm. 8, 244
„Innenwelt“ 159, 161–163, 183, 185, 187, 196
Intelligenz 116, 217
Intentionalität 92, 112, 189–192, 196f., 200–202
Interesse 102, 106
Intuition, sprachliche 112, 221, 225–237
Intuitionismus 221, 230 Anm. 6
– Eigenschafts- („property-intuitionism“) 218
– logischer 82

Kategorien 153–156, 170f., 173f., 180, 213
– -fehler („category-mistake“) 156–165, 173f., 221, 248
– -gleichheit 156
– -verschiedenheit
– – Begriff der 156, 159
– – Beispiele von 165, 182, 185, 199f.
Kausalgefüge 133, 142
Kausalität 109, 191 Anm. 23, 192, 194
– als ‚Ätiologie‘ 73, 175, 191, 194
– bei Hume 88f.
Kennzeichnung, bestimmte („definite description“) 30, 32f., 35–37, 58f., 129f. Anm. 8, 260
Kombinationstests, pragmatisch-semantische 103, 127–133, 135–138, 140, 145, 147, 149f., 167 mit Anm. 18, 175, 176f., 272, 288
Konservatismus, Struktur- vs. Wert- 17f.

Kontextprinzip
– bei Frege 50
– bei Russell 58f.
– bei Wittgenstein 70f.
Kontradiktion s. Widerspruch
Kraft
– behauptende 41, 129, 139, 284
– illokutionäre („illocutionary force") 41f., 129
Kriterien 72, 78f., 90–95, 168, 177, 192–194
– K-1 und K-2 120–128
Kunstwerk 207f., 266

Leib-Seele-Problem 198f.
Lexikographie 152, 229
„linguistic phenomenology" 40, 134, 147, 175–179, 225f. mit Anm. 4, 245–247
Linguistik 26, 37, 108f., 113, 134, 147, 280, 283, 294, 296, 301
– Berliner 301
Logik
– deontische 141
– formale 41
– Imperativ- 102, 119, 126, 134
– informale 208, 210, 212–214
– intuitionistische 82
– Junktoren- (Aussagen-) 42, 141
– Modal- 29–40
– Quanten- 82
– Quantoren- (Prädikaten-) 42, 141
– Wollens- 137–147
logisch
– Form 124, 264f.
– Grammatik 170
– Konstante 124
– Kunstsprache 42, 56f., 62f., 138 Anm. 11, 142f.
– Merkmal („logical feature") 209–220
– Syntax 119, 124, 127, 210
– Verhalten eines Wortes 170, 192
– Wahrheit 124, 131
„Logotop" 67–69 mit Anm. 2

Meinen 89, 110, 118
Mensch 73
Metaethik 102–105, 114f., 119, 125f., 134–147, 202, 266–269, 303
– Neutralität der s. Epoché, metaethische
Metaphysik 97f., 252
Modalisierung 121f., 127–130
„Mythos" (Ryle) 157f.

Naturalismus, werttheoretischer 104, 114f., 252f., 269
Neustikon 42, 277, 285
„nichts", „Nichts" 61–64
Normenbegründung vs. -durchsetzung 145f.
notwendig vs. kontingent 29–40

Ökologie, sprachliche 67–69, 77f., 81f., 92, 143, 181, 198f.
Optionen, sprachliche 235f.

Paradoxien
– logisch-semantische 44, 46, 151f., 157
– Mooresche 120f., 128f., 148f.
– skeptische P. und ihre Lösung 88f., 117f.
„paramechanisch" (Ryle) 158, 187
Paraphrase 261f.
– formalsprachliche 135, 137 bis 140, 143f.
Perspektivismus, transzendentaler 96f., 117f., 198–200
Phänomenbegriff
– noematischer 196f.
– „phänomenologischer" 179
– „vulgärer" 177–179

Phänomenologie 225f.
– noematische 196f.
– sprachliche (s. auch „linguistic phenomenology") 179
– transzendentale 40, 90, 97, 179f., 189f. Anm. 22, 192, 193 Anm. 24, 195–203
Phantasieabwandlung
– phänomenologische 179
– sprachanalytische 39f., 147, 178f.
Philosophie 75, 97f., 100, 151f., 156, 178
– analytische (begriffs-, sprach-) 13f., 17f., 47f.
– – Geschichte der 14f., 26f., 160 Anm. 17
– – normal- und formalsprachliche 47–49, 57f., 134, 137 bis 140, 142f.
– – Oxford-Philosophie 47, 249
– – und Sprachphilosophie 13f., 25f.
– – und Sprachwissenschaft 26, 108–113, 152, 234–237
– – Universalitätsanspruch der 242
– „analytische" im weiteren Sinn 15, 99f., 199f.
– und Naturwissenschaft 97, 100, 151f., 177
– „Revolution" und „Restauration" in der 15, 99, 199
„Philosophy of Mind and Action" 198–200
Phrastikon 149, 284
Positivismus, logischer 248
Postulate, sprachliche 234–236
Prädikate
– P-Prädikate (Strawson) 194
– „psychische" vs. „physische" 117f., 194, 198
Präskriptivismus, universeller 119, 126, 134, 142, 144
Präsupposition s. Existenz-
Privatheit 73f., 77–96, 180
Privatsprache s. Sprache
„proposition" (Wittgenstein) 188
„propositional attitudes" 74
Psychologismus 196
„Punktsprache" s. Sprache

„Realitätspostulat" 27f.
Redeweise, formale vs. inhaltliche 44f., 76 Anm. 3, 108
reductio ad absurdum 92, 158, 218f.
Reduktion, phänomenologische s. Epoché
Reduktionismus 140f., 183
Reflexion 197
Regel 210f., 230–233, 238, 291, 299
– Aufrichtigkeits- 128f., 287, 294
– Befolgung einer 82–96, 238
– Einleitungs- 129, 272, 294, 297
– Goldene 141f., 144
– logische 209–212
– semantische 291, 294
– wesentliche 287, 294, 297
Regeltypen 270f.
regressus in infinitum 158, 185

Satz (s. auch Aussage)
– Bedingungs-, irrealer 30f., 37f., 133
– deskriptiver 249
– emotiver 249
– grammatischer 75–77, 98
– präskriptiver 126
– Verpflichtungs- s. Verpflichtung, moralische
Satzfaktor („sentence-factor") 154f.
Satzradikal 149, 285
Satzrahmen („sentence-frame") 153f., 156, 158, 161, 171
Schein s. Verscheinung

Schmerzen 72–74, 77–81, 84f., 91f., 96, 166–173, 175–177, 180, 182, 184f., 188, 190f. mit Anm. 23, 194, 198
– unter ‚ätiologischem' Aspekt 73, 175, 191, 194
Sehen 112, 116f., 189–191
Selbstgebung 90
Selbstgewißheit s. Fremderfahrung
„semantic ascent" 45, 199
Semantik
– intensionale s. Welten, mögliche
– logisch-philosophische 41
semantisch vs. syntaktisch 119, 124, 127
Sequenzbildungstests 166–168, 171f., 175f.
Sinn s. Bedeutung, s. Unsinn
Sinnkonstanz 121, 130–132, 134, 136f., 147, 149f. Anm. 12, 167 mit Anm. 18, 171f., 176f., 190
Skepsis s. Paradoxien
Solipsismus 28, 196
Soziolekt 232f.
Sprache (s. auch Idiolekt) 96
– Einzel- 211, 212, 241f., 293
– formale 42–48, 108, 141, 264
– – und normale 47f., 57f., 137 bis 140, 142f., 264, 298f.
– gemeinsame Mutter- 111–113, 145f.
– idealisierte 298
– Irreführung durch die 42–48
– natürliche und künstliche 124f., 134f., 142f.
– normale („ordinary language") 227, 228, 233, 234f., 240, 245f., 264f., 298
– Objekt- und Meta- 43
– private 73f., 82, 85 mit Anm. 5, 90–93, 96f., 110, 180
– Punkt- 110–113, 145
Spracherwerb 118, 231
Sprachkompetenz (-gefühl) 105f., 109, 111f., 115, 121f., 144f., 235f., 296
Sprachphilosophie s. Philosophie
Sprachpragmatik 41, 136 Anm. 10
Sprachspiel 68–73, 76, 83, 169 Anm. 19
Sprechakt (s. auch Akt) 69 mit Anm. 2, 121, 123, 128–130, 152, 169 Anm. 19, 212, 225 bis 232, 237–241, 250
– -intention (sprachliche Absicht) 110f.
– -komponenten 251, 281, 285, 291, 300
– -taxonomie 270, 274
– -theorie 41, 273–275
Standardgebrauchsweisen 235
Substantivierung 60–67
Substitutionstests 109, 149f., 158–165, 170f., 175f.
Synonymie 132f. mit Anm. 9, 134
– -anspruch 143
synthetisch s. analytisch vs. synthetisch
synthetische Urteile a priori 98 mit Anm. 6, 108f.
systematisch irreführende Ausdrücke 157 Anm. 15

Tatsache s. Ereignis
„tertium non datur" 81f., 83
Therapie, sprachliche 47, 60f., 67, 220f., 258
Träumen 94–96, 193
Tropikon 42
Typen, logische s. Kategorien
Typentheorie 151, 154 Anm. 14
Typenverstöße s. Kategorienfehler
Typologie, sprachliche 148–174

Übereinstimmung 87–90, 93f., 96
Übersetzung 261
– Unbestimmtheit der 83
„und“, Anwendungsrestriktionen von 199
Unglücksfälle, sprachliche 123, 152, 225, 228, 237–247, 251, 281, 286
Universalisierbarkeit 142
Unmöglichkeit s. Widerspruch
Unsinn (s. auch Widersinn) 44, 69, 76–85, 91, 148–152, 154, 166f., 172–174, 237
– Philosophen- 75–78
Urteil vs. Urteilsinhalt 148f.
„use“ vs. „mention“ 94

Verifikation 72, 123, 168f., 192–194, 271f.
Verifikationismus s. Bedeutung, Verifikationsprinzip der
Verpflichtung, moralische 102, 126, 134–147, 176f., 202
– absolute vs. prima-facie- 136f Anm. 10
Verscheinung 188–193, 195
Verstehen 96, 106f., 201
– kein Vorgang 163–165
– vs. Beweisen 202f.

Wahrheit
– Korrespondenztheorie der 258, 273
– logische 124, 131
– performative Analyse der 254, 256, 258–260, 269, 273–275, 279
– Redundanztheorie der 255 bis 257, 279
– semantische Theorie der 255 bis 257, 279
Wahrnehmungsurteile (Kant) 188
Welt 27f., 202
Welten, mögliche 29–38, 176f.
Werturteil, epistemisches 253f.
Widersinn (s. auch Unsinn) 148 bis 150, 152 Anm. 13, 173, 177
Widerspruch
– logisch-semantischer 120f., 125, 129f. Anm. 8, 149f. Anm. 12
– pragmatischer 120–122, 128f., 137, 148
– sachlicher („anschaulicher“) 123, 127
– sprachlicher („begrifflicher“) 123–125
– syntaktischer 124
„Willensakte“ 159–163
Wissen 71–75, 77, 109, 166 bis 168, 172f., 175f., 180, 184, 192–195
Wollen 135, 140, 142, 145, 147, 160–163
Wollenslogik 137–147
Wollensprinzipien 145f.
Wort
– Dispositions- 162, 164
– Episoden- 161, 164
– Ereignis- (Vorgangs-) 160f., 163–165
– Erfolgs- (Leistungs-) 149 Anm. 12, 161f., 164, 173, 176
– Erkenntnis- 163–165
– Farb- 215, 217f.
– Wert- 252f.
– –, sekundäres 105

Zahl
– -aussagen 49–52
– der Planeten 29–31

Handbuch Philosophie

herausgegeben von Elisabeth Ströker und Wolfgang Wieland

Die einzelnen Bände in der Reihenfolge, in der sie erschienen sind oder voraussichtlich erscheinen werden:

Politische Philosophie. Von Klaus Hartmann (Tübingen). 1981
Sprachphilosophie. Von Josef Simon (Bonn). 1981
Philosophie der Sozialwissenschaften. Von Karl Acham (Graz). 1983
Religionsphilosophie. Von Richard Schaeffler (Bochum). 1983
Philosophie der Logik. Von Thomas M. Seebohm (Mainz). 1984
Analytische Philosophie. Von Hans Ulrich Hoche (Bochum) und Werner Strube (Bochum). 1985
Philosophie der Geisteswissenschaften. Von Theodor Bodammer (Ludwigsburg)
Philosophie der Mathematik. Von Christian Thiel (Erlangen)
Rechtsphilosophie. Von Erich Fries (Göttingen)
Philosophie der Geschichte. Von Hans Michael Baumgartner (Gießen)
Philosophie der Kunst. Von Willi Oelmüller (Bochum)
Metaphysik. Von Kurt Flasch (Bochum)
Philosophische Hermeneutik. Von Manfred Riedel (Erlangen)
Philosophie der Naturwissenschaften. Von Elisabeth Ströker (Köln)
Ethik. Von Jürgen Sprute (Göttingen)
Erkenntnistheorie. Von Rainer Enskat (Heidelberg)
Phänomenologische Philosophie. Von Paul Janssen (Köln) und Elisabeth Ströker (Köln)
Allgemeine Wissenschaftstheorie

Verlag Karl Alber, Freiburg/München